Dr. Marcus Stiglegger (Jahrgang 1971) ist ein deutscher Kultur- und Filmwissenschaftler mit österreichischem Pass. Er lehrt(e) an den Universitäten Mainz, Siegen, Mannheim, Ludwigsburg, Köln, Regensburg sowie Clemson/SC, USA, und ist Autor zahlreicher Veröffentlichungen über Medientheorie, Filmgeschichte und Filmästhetik.

Seit 2002 gibt er das Kulturmagazin :Ikonen: heraus (www.ikonenmagazin.de). Stiglegger promovierte zum Thema *Faschismus und Sexualität im Film* (1999) und habilitierte zur Seduktionstheorie des Films (*Ritual & Verführung*, Berlin 2006). Aktuelle Publikationen: *Terrorkino. Angst/Lust und Körperhorror* (Berlin 2010, 4. Aufl.), *Nazi Chic und Nazi Trash. Faschistische Ästhetik in der populären Kultur* (Berlin 2011), *David Cronenberg* (Hrsg., Berlin 2011), *Global Bodies* (Mit-Hrsg., Berlin 2011), *Dario Argento. Anatomie der Angst* (Mit-Hrsg., Berlin 2013), *Gendered Bodies* (Mit-Hrsg., Siegen 2013), *Auschwitz-TV. Reflexionen des Holocaust in Fernsehserien* (Wiesbaden 2014), *Verdichtungen. Zur Ikolonologie und Mythologie populärer Kultur* (Hagen 2014) und *Kurosawa. Die Ästhetik des langen Abschieds* (München 2014). Zudem ist er Mitglied der Fipresci sowie der GfM (AK Filmwissenschaft, AK Populärkultur und Medien, AK Genre). Seine Forschungsschwerpunkte umfassen Körpertheorie und Performativität des Films sowie die Dialektik von Mythos und Moderne.

Neben seiner wissenschaftlichen Tätigkeit hat Stiglegger Kurzfilme gedreht, Drehbücher geschrieben (u.a. zur TV-Serie *Der Fahnder*), produziert DVD-Bonusmaterialien und spielt in mehreren Folk- und Ambient-Bands.

SadicoNazista

Marcus Stiglegger

SadicoNazista
Geschichte, Film und Mythos

Mit einem Nachwort von Robert Sommer

Mythos | Moderne
Kulturkritische Schriften
Herausgegeben von Marcus Stiglegger

Band 2

Mythos und Moderne bilden von Beginn an ein dialektisches Paar, das als unvereinbarer Gegensatz erscheinen mag, und doch in engem Verhältnis steht. Die vorliegende kulturkritische Schriftenreihe betrachtet diese Dialektik als einen Schlüssel zum Verständnis unserer Gegenwart, die sich in ihren Kommunikationsmedien spiegelt. Die Beiträge untersuchen Artefakte der populären Kultur mit analytischem Blick auf dieses Verhältnis, vorrangig in Film, Literatur und Musik, aber auch in Fotografie, Theater und Computerspielen.

Dieses Buch ist auch als eBook erhältlich

3. Auflage 2015 [1. Auflage in dieser Reihe]
© 2015 Eisenhut Verlag Silvia Stolz-Wimbauer, Hagen-Berchum,
www.eisenhutverlag.de
Einbandgestaltung: Susanne Schattmann, Nürnberg,
www.wohlgestalt.de, nach einem Konzept von
Michaela von Aichberger, Erlangen,
www.michaela-von-aichberger.de
Alle Rechte vorbehalten
Druck und Bindung: BoD, Norderstedt
Printed in Germany
ISBN 978-3-942090-36-0

Inhalt

8 : Vorbemerkung zur 3. Auflage
9 : Vorwort
17 : Faszinierender Faschismus?
27 : Die Uniform als Fetisch
39 : Von der Nazi-Operette zum Apokalypsegemälde
49 : Die Avantgarde
60 : SadicoNazista
73 : Neurotiker, Kollaborateure und Standardsituationen
86 : Das filmische Simulakrum als historisches Trugbild
97 : Der »souveräne Mensch« de Sades als Despot
108 : Bilder von Kitsch und Tod – Die »Deutsche Trilogie« Viscontis
131 : Der Konformist
146 : Wiedersehen in Wien
184 : Umgekehrte Chirurgie
199 : Vom Ernst des Grotesken
213 : Die »Anarchie der Macht«
223 : Die »letzte Orgie«
234 : Die mediale Rückkehr des Verdrängten
250 : Mythen jenseits der Geschichte
264 : Von der Enthistorisierung zur Entpolitisierung
276 : Zur Kontinuität des SadicoNazista-Phänomens
281 : Nachwort : Mythos und Wahrheit im sexualisierten Bild des deutschen Faschismus
293 : Bibliografie

Vorbemerkung zur 3. Auflage

Diese Arbeit wurde 1999 an der Universität Mainz im Fach Filmwissenschaft als Dissertation angenommen. Der vorliegende Haupttext entspricht bis auf kleine Korrekturen und Aktualisierungen in der Rechtschreibung der Erstveröffentlichung der Dissertation. Ergänzt gegenüber den ersten beiden Auflagen von 1999 und 2000 wurden die Vor- und Nachworte. Der Bibliografie wurden einige wichtige Neuerscheinungen seit 1999 hinzugefügt.

Vorwort

Der Faschismus ist im Grunde genommen nichts anderes als das politische Projekt, die Welt in Kino zu verwandeln. Umgekehrt ist die Kinematographie eine Technologie, die im Kino eine faschistische Ästhetik entfaltet. Die Verschränkungen zwischen beiden sind nie aufzuheben.
QRT, *Zombologie. Teqste*

Die Ära des Nationalsozialismus zur Zeit des Zweiten Weltkrieges erweist sich als beständiges Thema im Filmschaffen Europas und Amerikas. Neben zahlreichen auf Authentizität angelegten Historiendramen und Fernsehserien entwickelte sich jedoch – angefangen möglicherweise mit dem antifaschistischen Propagandafilm Hollywoods der Kriegsjahre – eine Tendenz, die den deutschen Faschismus als eine vornehmlich sexuell motivierte Bedrohung charakterisierte. Ein in Deutschland wenig bekanntes Beispiel dafür ist *Hitler's Children* (1943) von Edward Dmytryk[1]: Diese Geschichte eines Jungen und eines Mädchens im Dritten Reich stellt einen der ersten Versuche dar, zum Zwecke der Propaganda nationalsozialistische Schandtaten in Kontext eines Spielfilms auszuwerten. Die Sexualisierung nationalsozialistischer Stereotypen fasste auch im europäischen Film der späten 1960er und frühen 1970er Jahre Fuß, und zwar sowohl im ambitionierten Kino Luchino Viscontis, Pier Paolo Pasolinis und Louis Malles als auch im kommerziellen, exploitativen Kino Frankreichs und Italiens. Diese Strömung lässt sich rückblickend geradezu als kommerzieller Trend[2] betrachten, bemerkt man die Häufung derartiger Produktionen in den Jahren 1975 bis 1979. Die Gründe hierfür lassen sich nicht

---

[1] Halliwell's Film Guide bemerkt positiv das wenig stereotype Bild, das hier von den Nazis gezeichnet wird (1996, S. 532).
[2] siehe auch Keßler 1997, Cruz 1998.

eindeutig rekonstruieren. Es ist zu vermuten, dass die zeitliche Distanz von den historischen Ereignissen einerseits und von den antifaschistischen Filmströmungen der Nachkriegszeit andererseits im Zusammenhang mit einer deutlichen Lockerung der Zensurbedingungen innerhalb der Filmindustrie Ende der 1960er Jahre die Entstehung eines neuen Zugangs zu diesem Thema begünstigten. Gerade in Italien begann eine junge Generation von Filmemachern mit durchaus politischen Ambitionen das Erbe des Neorealismus abzuschütteln: Bernardo Bertolucci, Lina Wertmüller und Liliana Cavani gehörten dazu. Hinzu kommt die eher pornographisch orientierte Unterhaltungsproduktion, die zu jener Zeit sämtliche Tabus des Kinos ausreizte. Unter einem Exploitationfilm verstehe ich in diesem Zusammenhang nicht etwa ein Genre, sondern eine Produktionskategorie, wenn man so will einen Inszenierungsstil, der sich auf Filme bezieht, die aus einer reißerischen Grundidee ein Höchstmaß an visuellen Schauwerten beziehen. Oft dienen dem Exploitationfilm aktuelle oder historische Ereignisse (wie im Fall des SadicoNazista) als Ausgangspunkt, sie werden in der Inszenierung spekulativ ausgeschlachtet, daher auch die Herleitung von dem englischen Begriff ›exploitation‹, der ›Ausbeutung‹ bedeutet. Beliebte Themenbereiche sind demnach politische oder weltanschauliche Systeme, die auf Unterdrückungs- und Zwangssituationen basieren, wie Sekten, Gefangenenlager oder etwa der Straßenstrich. Hier werden Szenarien entworfen, die möglichst viele Vorwände für Nacktheit, Folter, Vergewaltigung und Exekution bieten. All diese Kategorien sind Standardsituationen, die auch im seriösen SadicoNazista vorkommen. Häufig werden auch allgemein Filme mit exzessiver Sex- und Gewaltdarstellung als exploitativ bezeichnet.[3]

---

[3] Exploitationfilme sind nicht nur im westlichen Kommerzkino eine beliebte Geldquelle, sondern werden auch in der Türkei, Mexiko und auf den Philippinen produziert. Einige heute renommierte Regisseure be-

Die vorliegende Studie »SadicoNazista« stellt den Versuch dar, zu zeigen, welches Bild vom Nationalsozialismus durch die analysierten Werke vermittelt wird, und auf welche Weise dieses Bild und seine Stereotypen bis in die Medienwelt der jüngsten Gegenwart nachwirken. Die Studie belegt die Macht des Kinos, Mythen zu generieren. Diese dritte und leicht aktualisierte Auflage des Buches optiert für eine modifizierte Schreibweise des ursprünglichen Titels (mit großem N in der Mitte), um den besonderen Status der Arbeit zu belegen: Es handelt sich bis heute um die weltweit einzige Monografie zu diesem Thema, und zugleich um die erste akademische Studie, die diesen Begriff in die Diskussion einführte, wo er heute immer wieder aufgegriffen wird. Zudem erschien inzwischen eine englischsprachige Zusammenfassung der Schlüsselthesen in der amerikanischen Publikation von Elizabeth Bridges, Dan Magilow und Kris Vander Lugt: »Nazisploitation. The History, Aesthetics and Politics of the Nazi Image in Low-Brow Film and Culture« (2012). Die ersten beiden Auflagen von »SadicoNazista« waren im Gardez! Verlag erschienen, die vorliegende dritte Auflage im Eisenhut-Verlag garantiert die Verfügbarkeit des Buches auch für die Zukunft und kontextualisiert es im Rahmen der Reihe »Mythos|Moderne. Kulturanalytische Studien« als das, was es ursprünglich bereits war: eine Arbeit zur modernen Medienmythologie. Im Rahmen meiner eigenen Forschungsarbeit erschien 2011 noch der Band »Nazi Chic & Nazi Trash. Faschistische Ästhetik in der populären Kultur« als Ergänzung zu »SadicoNazista« und erweitert das Blickfeld in Richtung Popkultur (Mode und Musik).
Es wird deutlich, dass sich die dramaturgischen Konstruktionen dieser Filme, die dort als Erklärungsansätze für das historische und ästhetische Phänomen Faschismus herhal-

---

gannen ihre Karriere im Exploitationkino, z.B. Francis Ford Coppola (*Dementia 13*, 1964), Martin Scorsese (*Boxcar Bertha*, 1972) und Jonathan Demme (*Caged Heat*, 1974).

ten müssen, in Form oberflächlich überzeugender, aber inhaltlich fragwürdiger Trugbilder und Medienkonstrukte – also moderner Mythen – in der Populärkultur etabliert haben. Zu zeigen, wie diese Filme funktionieren, heißt in erster Linie zu fragen: Wie gehen die Regisseure jeweils mit dem Phänomen des Faschismus um? Zeigt sich ein Problembewusstsein oder dient die historische Epoche nur als pittoresker Hintergrund? Werden historische Fakten zugunsten der filmischen Dramaturgie offensichtlich verändert oder verfälscht? Die Auswirkungen der Sadico-Nazista-Tendenz auf das Kino der Gegenwart wird vor allem die Beschäftigung mit dem Werk von Steven Spielberg verdeutlichen. Ich werde zeigen, auf welch drastische Weise Steven Spielberg den zunächst gewagt erscheinenden Sprung vom Comic-Nazi in *Raiders of the Lost Ark* (*Jäger des verlorenen Schatzes*, 1981) zur ernsten Geschichtsbewältigung in *Schindler's List* (*Schindlers Liste*, 1994) wagt. Wie er hier mit längst bekannten und etablierten Stereotypen arbeitet, weist einem zukünftigen Kino zumindest ansatzweise den Weg zu einer neuen Authentisierung der Filmerfahrung nach einer Zeit der spielerischen Simulation.

»Faschismus« ist ein in der öffentlichen Diskussion vielseitig umgedeuteter Begriff, und es scheint arg verallgemeinert, im filmwissenschaftlichen Zusammenhang von ›stereotypen Bildern vom Faschismus‹ zu sprechen. Betrachtet man die angeführten Beispiele, thematisieren sie zunächst einmal den deutschen Nationalsozialismus von 1933 bis 1945 – abgesehen von einigen Ausnahmen, die in der Weimarer Republik spielen, wie *The Serpent's Egg* (*Das Schlangenei*, 1977) von Ingmar Bergman. Es handelt sich also um ›Stereotypen vom Nationalsozialismus‹. Berücksichtigt man jedoch, dass es sich bei den meisten der Filme um italienische Produktionen handelt, also Filme aus einem Land, das seinerseits eine totalitäre, faschistische Vergangenheit vorzuweisen hat, ist es interessant, dass sich nur sehr wenige italienische Filme dem eigenen Faschismus-Phänomen zuwenden. Die Werke von Liliana Cavani, Luchino Visconti und Lina Wertmüller bieten stattdessen eine italienische Perspektive auf die deutsche Vergangenheit. Einige der interpretatorischen Missverständnisse und Ungereimtheiten, die diesen Filmen von der Kritik vorgeworfen werden, sind letztlich auf diesen spezifischen Blick zurückzuführen: der Projektion des italienischen Faschismus auf den deutschen Nationalsozialismus. Dieser Blick ist nie wirklich treffend, da der italienische Faschismus, wie ihn Mussolini vertrat, weder mit den Verfolgten der politischen und intellektuellen Opposition, noch mit Kunst und Literatur oder Sexualität derart rigoros abrechnete wie der nach Eugen Kogon u.a. bürokratisch-kalte deutsche SS-Staat. Die von den selbsternannten ›Moralhütern‹ scheinbar angestrebte Domestizierung und Eliminierung der Triebhaftigkeit kann nur – so die italienische Perspektive – zu einer unterdrückten Sexualität geführt haben, die dann in Akten perverser Dekadenz hemmungslos nach Abreaktion drängte. Immer wieder kommt es dabei zu einer Auseinandersetzung mit der Figur Adolf Hitler:

> Später [...] verfielen nicht wenige Filmemacher, die das Phänomen Hitler emotional, analytisch oder visuell zu deuten versuchten, auf die Idee, ihm eine verdrängte Sexualität zu unterstellen. Dieser Mann, der sich nach außen hin streng, asketisch, scheinbar geschlechtslos und ohne privat-individuelle Züge darstellte, konnte nur ein Wüstling sein, der sein wahres Ich geschickt zu tarnen verstand. Deshalb spielen diese Filme immer wieder auf der Geige der Lust, der hemmungslosen Geilheit, die sich in ausschweifenden Orgien hinter verschlossenen Türen austobte.[4]

---

[4] Heinzlmeier / Schulz 1989, S. 159.

Nach diesem einfach strukturierten freudianischen Modell ist z.B. die Welt des SS-Bordells *Salon Kitty* beschaffen, die Tinto Brass in seinem gleichnamigen Film zeigt. Viele Italiener verbinden mit dieser Idee der Dekadenz oft eine latente Homosexualität (wie Rossellini in *Roma, citta aperta* [*Rom, offene Stadt*, 1945] und Bertolucci in *Il conformista* [*Der große Irrtum*, 1970]), oder einen destruktiven Sadismus (wie Liliana Cavani in *Il portiere di notte* [*Der Nachtportier*, 1973]). Vor allem Bernardo Bertolucci lässt in seinen Filmen *Il conformista* und *Novecento / 1900* (1975) auch italienische Faschisten auftreten, die beide Züge aufweisen. Es findet also bereits in den zur Diskussion stehenden Filmen eine Vermischung der historischen Faschismusbegriffe statt.

Der Begriff der »Stereotypen von Faschismus und Nationalsozialismus« sollte im sozialpsychologischen Kontext verstanden werden, nicht nur als Verweis auf inhaltsleere, kolportierte Elemente. Wie im Bereich der Vorurteilsforschung, wo die Abgrenzung einer kulturellen Gruppe gegenüber einer anderen durch reduzierte, selektive Wahrnehmung (Vorurteile) gewährleistet wird, werden hier – im Film – kulturspezifische und historische Auffälligkeiten zu etablierten Perspektiven, eben historischen Stereotypen. Da man von einer allgemeinen Verbreitung historischer Stereotypen ausgehen kann – u.a. durch Presse und Propaganda –, bietet sich dem Künstler die Möglichkeit, diese Elemente für seine Zwecke einzusetzen. Vor allem in der Populärkultur begegnet man kulturellen und historischen Stereotypen immer wieder: das treuherzige schwarze Kindermädchen, der todesverachtende japanische Krieger oder etwa der mitleidlose SS-Scherge. Der Filmemacher kann mit den Publikumserwartungen spielen, indem er dem Zuschauer bekannte, stereotype Elemente präsentiert, diese jedoch in einen neuen, verfremdeten Kontext setzt. Das käme einer Umcodierung von Zeichen gleich. Andererseits kann er die kulturellen und historischen Vorurteile seines Publikums auch nutzen, um allgemeinverständlich auf Sachverhalte zu verweisen, die inhaltlich darüber hinaus gehen. Stereotype Bilder vom Nationalsozialismus sind nicht zuletzt immer wieder modische Beigaben populärer Medienproduktionen, da sie eine bestimmte Atmosphäre politischen Terrors auf den Punkt bringen. So eignen sich einige Subkulturen wie der Bikerkult, die Punk-, Gothic- oder etwa die BDSM-Szene diverse Versatzstücke an, um sich in einen klaren Gegensatz zu den aufgeklärt-humanistischen Werten der jeweiligen Gesellschaft zu stellen und sich mit dem vermeintlich morbiden Kitzel von Domination und Genozid zu umgeben.[5] Die Arbeit mit derartigen Stereotypen in der Kunst ist weit verbreitet: in der Literatur durch Michel Tournier, Alain Robbe-Grillet und Jean Genet, im Film durch Ken Russell, Derek Jarman und Hans Jürgen Syberberg, in der Musik durch Leonard Cohen (»Flowers for Hitler«), Laibach (»Geburt einer Nation«), Nico (»Das Lied der Deutschen«), Death in June (»The Wall of Sacrifice«, »Rose Clouds of Holocaust«) und in der Bildenden Kunst etwa durch Anselm Kiefer, der in den siebziger Jahren Aufsehen erregte, als er sich auf einer Italienreise mehrfach mit Reithose und Führergruß fotografieren ließ, sowie natürlich Jonathan Meese mit seiner »Diktatur der Kunst«.

Zahlreiche Personen standen mir bei der Entstehung dieses Buches mit Rat und Tat zur Seite. Mit tiefem Respekt danke ich meinem Doktorvater Thomas Koebner für seine tatkäftige Unterstützung und die vielen Türen, die er über die Jahre geöffnet hat. Für ihre Hilfe und Inspiration möchte ich folgenden Personen danken: Bernd Kiefer, Karsten Rodemann, Marisa Buovolo, Vera Thomas, Jörg Buttgereit, natürlich dem Historiker und Freund Robert Sommer und nicht zuletzt Silvia Stolz-Wimbauer und

---

[5] Beispiele hierfür sind unzählig, u.a. in Kenneth Angers *Scorpio Rising*, Julian Temples *The Great Rock'n'Roll Swindle*. Siehe hierzu auch Stiglegger 2011.

Tobias Wimbauer, die das Wagnis einer Neuauflage ermöglichten. Und wie stets las Nadine Demmler das Manuskript intensiv Korrektur und diskutierte bereitwillig die Inhalte, wofür ich ihr von Herzen danke. – Ich widme diese Arbeit weiterhin meinen Eltern Ingrid und Rudolf Stiglegger, ohne deren wohlwollende Unterstützung und Kritik ihr Entstehen kaum möglich gewesen wäre.

Marcus Stiglegger
Mainz, im September 2014

Faszinierender Faschismus?

> Der schwarze Orden unterm Totenkopf gilt seit den Tagen des Dritten Reiches als die Inkarnation des Bösen schlechthin. Das Außergewöhnliche seiner Schreckensherrschaft und seines äußeren Erscheinungsbildes erschwert die analytische Distanz und erregt bis heute die – nicht zuletzt sexuellen – Phantasien der Nachwelt.
>
> Peter Reichel, *Der schöne Schein des Dritten Reiches*

Nur wenige Jahre, nachdem in der finnisch-deutschen Satire *Iron Sky* (2012) von Timo Vuorensola die auf den Mond geflüchteten Nazis auf die Erde zurückkehrten, um sie ein für allemal zu übernehmen, bietet sich ein Blick in die Vergangenheit an, der zeigen mag, woher das popkulturell anmutende Bild des Faschismus stammt, das in Filmen, Musikvideos und Comics der letzten drei Jahrzehnte immer wieder auftaucht. Ich will bei diesem Überblick weniger eine rückwirkende Kritik formulieren, wie es der Historiker Saul Friedländer in »Kitsch und Tod« unternimmt, noch sexuelle Beweggründe im ästhetischen Kontext bloßlegen, wie es Susan Sontag in ihrer Darstellung subkultureller Phänomene in »Fascinating Fascism II« tut[6]. Vielmehr geht es mir darum, den Blick zu schärfen für eine klarere Einschätzung des Faschismusbildes, das der Film heute wie damals transportiert. Es geht um die filmische Darstellung des Faschismus als eine Art »phallischer Neurose« mit sadomasochistischen Akzenten, eine beispielhafte Sexualphantasie also, wie sie von Wilhelm Reich[7] und später Klaus Theweleit[8] formuliert wurde. Nicht zuletzt die zeitgenössische Exilliteratur wirft

---
[6] Sontag 1980.
[7] Reich [1933] 1986.
[8] Theweleit [1977] 1995.

immer wieder einen deutlich sexuellen Blick auf die Nationalsozialisten, man denke an Klaus Manns Aufsatz »Homosexualität und Fascismus«[9] aus dem Jahr 1934 oder Romane wie »Der Augenzeuge« (1939/1940) von Ernst Weiß[10], in dem der Autor eine Rede Hitlers als sexuelle Überwältigung der Zuhörer beschreibt. Die Künstler der 1970er Jahre begaben sich somit in einen latenten Faschismusdiskurs. Die ausgewerteten Filme habe ich weitgehend in der anschließenden Filmografie kurz kommentiert, der Haupttext jedoch wird die Entwicklung des Phänomens, das ich nach seinem italienischen Namen »SadicoNazista« benannt habe – der eigentlich italienische Pulpliteratur mit ähnlichen Themen bezeichnet –, anhand exemplarischer Beispiele verfolgen, die sich auch heute noch einiger Popularität erfreuen. Der eigentlich sehr eng eingegrenzte Begriff »SadicoNazista« scheint mir dienlich, da er bereits in einem Begriff zusammenfasst, was die meisten dieser Filme andeutungsweise vereinigen: »Sadismus« und »Faschismus«. Ich benutze den Begriff also in einem weiter gefassten Zusammenhang als üblich.

Die erste umfassende Abhandlung über das vorliegende Thema lieferte der Historiker Saul Friedländer 1986 mit seinem großen Essay »Kitsch und Tod – Der Widerschein des Nazismus«, in dem er, ausgehend von einigen Schlüsselwerken aus Literatur und Film, einen neuen Diskurs über den Faschismus zu eröffnen versucht:

> [...] gegen Ende der 1960er Jahre begann sich das Bild des Nazismus in der ganzen westlichen Welt zu verändern. Nicht grundlegend und nicht einhellig, aber doch hier und da, in der Linken wie

---

[9] Mann 1934 in: Mann, Klaus und Tucholsky, Kurt: Homosexualität und Faschismus, Kiel 1989 / 1990, S. 5 ff.
[10] Weiß 1939; weiterführende Gedanken zu diesem Thema finden sich in: Bock, Sigrid und Manfred Hahn (Hrsg.): Erfahrung Exil. Antifaschistische Romane 1933-1945, Berlin / Weimar 1981, sowie Thomas Koebner: Unbehauste. Zur deutschen Literatur in der Weimarer Republik, im Exil und in der Nachkriegszeit, München 1992, S. 220-236.

in der Rechten, so merklich und so bezeichnend, dass es erlaubt ist, von einer neuen Sicht zu sprechen, von einem *neuen Diskurs* über den Nazismus.[11]
Als erste bedeutende Beispiele dienen ihm Michel Tourniers Roman »Le Roi des aulnes«[12] und Luchino Viscontis Film *La caduta degli dei*. Er versucht im Folgenden »die Erscheinungsformen dieses Wandels zu erfassen und ihre innere Logik zu erklären«[13]. Drei Rezeptionskategorien scheinen den neuen Diskurs möglich zu machen:
a) eine bewusste Verzerrung historischer Fakten zur Umbewertung der Vergangenheit (die Strategie der ›neuen Rechten‹);
b) ein »freies Spiel eingebildeter Phantasmen«[14] im Sinne von Trugbildern – also durchaus vergleichbar der Simulakren-Theorie Baudrillards; und
c) ein Bemühen um besseres Verständnis der geschichtlichen Fakten sowie ein »Exorzismus«, ein Austreiben der historischen Schuld: Hans Jürgen Syberbergs Experiment *Hitler – Ein Film aus Deutschland* (1977) mag für diesen Versuch stehen, sich von der historischen ›Erbschuld‹ zu befreien: »Der Kosmos, der beginnt in den Abgründen des Leidens und der Schuld und in die Unendlichkeit der Moral führt, jener Trauer-Ritus der ästhetisierbaren Ethik wenigstens zeitweiser Rettungsversuche. [...] ist es möglich, Hitler, [...], durch einen Film aus Deutschland zu besiegen?«[15]
Auch Friedländer drängte sich die Erkenntnis auf, der neue Diskurs vereinige zwar Kunstwerke höchst unterschiedlicher Qualität, Zielsetzung, Gattung (Roman, Dokumentation, Spielfilm, usw.) und Nationalitäten – vor-

---

[11] Friedländer 1986, S. 8.
[12] dt. Der Erlkönig, 1972.
[13] Friedländer 1986, S. 8.
[14] a.a.O.
[15] Syberberg 1978, Klappentext.

wiegend aus Italien, Deutschland und Frankreich –, doch es lasse sich eine gemeinsame Grundstruktur erkennen. Diese Struktur existiere scheinbar jenseits ökonomischer und politischer Prozesse: Es handle sich um eine »psychische Dimension«[16], die einer Eigendynamik im Rahmen der »imaginären Ebene« des Faschismus folge. Friedländer gesteht den untersuchten Werken zu, dass ihre Argumentationslinien an der Oberfläche rational nachvollziehbar sind, doch darunter wird eine symbolische Energie wirksam, die jenseits von Ideologie und Doktrin funktioniert. Seine Untersuchung richtet ihren Blick folglich bewusst auf die durch die entsprechenden Werke erweckten »Bilder und Gefühle«[17]. Nicht zuletzt weil es sich um unterbewusste Prozesse handelt, wird für ihn die ideologische Intention der jeweiligen Künstler irrelevant. Es geht ihm nicht darum, Künstler wie Fassbinder, Visconti oder Tournier als ideologisch suspekt zu diffamieren, doch zeigt Friedländer sehr deutlich, wie hier die vermeintlich kritische Verarbeitung des Faschismus an der bei ihm vorausgesetzten Attraktivität (s.u.) des eigenen Themas krankt. Gleichzeitig sieht der Autor hierbei indirekt die Chance, einen neuen Zugang zum Faschismus zu finden, indem dessen Faszination bewusst werden könnte; das hängt freilich von der Rezeptionshaltung ab. Dies betont die Möglichkeit, eine mythische Interpretation des deutschen Faschismus wie etwa Viscontis Film könnte Elemente fassbar machen, die dem nüchternen Dokumentaristen verborgen bleiben. Friedländer geht davon aus, dass sich solche Elemente aus dem *gros* der vorliegenden Werke filtern lassen und letztlich Rückschlüsse auf die ästhetischen Strategien des historischen Faschismus ermöglichen.

Genauer: Unter den sichtbaren Themen entdeckt man den Auslöser eines Reizes, das Vorhandensein

---

[16] Friedländer 1986, S. 10.
[17] a.a.O., S. 11.

eines Verlangens und die Manöver eines Exorzismus. Jede dieser drei Bedeutungsschichten ist von tiefen Widersprüchen durchzogen: Der ästhetische Reiz wird ausgelöst durch den Gegensatz zwischen Kitsch-Harmonie und permanenter Beschwörung der Themen Tod und Zerstörung; das Verlangen wird durch Erotisierung der Macht, der Gewalt und der Herrschaft geweckt, aber gleichzeitig auch durch Darstellung des Nazismus als das Zentrum aller Entfesselungen der unterdrückten Affekte; der Exorzismus schließlich setzt – heute wie damals – sein ganzes Bestreben darein, durch die Sprache Distanz zu halten gegenüber der Realität des Verbrechens und der Vernichtungspolitik, durch Verkehrung der Vorzeichen eine andere Realität zu behaupten – und letztlich uns zu beschwichtigen durch den Beweis, dass die elementaren Moralgesetze immer befolgt worden seien, weshalb es auch dort noch eine Logik und eine Erklärung gebe, wo man bisher nur Chaos und Grauen sah.[18]

Die scheinbar unleugbare Faszination des Faschismus qualifiziert ihn als Thema immer neuer Abhandlungen und Fiktionen. Das Analysemodell, das Friedländer hier anbietet, ist aufschlussreich und hauptsächlich anwendbar auf die Hauptobjekte seines Interesses, Syberbergs *Hitler-Film* und Tourniers »Erlkönig«, doch Friedländer bleibt eine filmanalytische Beweisführung schuldig; Tatsächlich fühlt er sich selbst nicht qualifiziert dafür.[19] Es mag sein, dass der Exorzismusgedanke eine gewisse Rolle gespielt haben mag (bei Syberberg war es zweifellos der Fall, vor allem, wenn man dessen Aufsätze über den eigenen Film beachtet), doch beispielsweise Pasolini dürfte dies sehr fern gelegen haben, als er *Salò* inszenierte, denn er hatte

---

[18] a.a.O., S. 14 f.
[19] a.a.O., S. 13.

vor, den latenten Faschismus der Gesellschaft offenzulegen, nicht ihn auszutreiben. Auch Luchino Viscontis späte Werke (*Il gattopardo* / *Der Leopard*, 1960, *Caduta degli dei, Morte a Venezia*/*Der Tod in Venedig*, 1971, *Ludwig*, 1972, und *L'innocente* / *Die Unschuld*, 1975) tragen trotz ihrer aristokratischen Wehmut eher die Züge der Agonie denn der Abrechnung und Erlösung:

> Der Nazi-Tod ist bei Visconti – wie bei so vielen anderen – Schauspiel, prunkvolle Inszenierung, Spektakel. Und für die Zuschauer heißt das Faszination, Erschauern, Ekstase.[20]

Ein Exorzismus scheint mir hier zweifelhaft, die Ekstase (ein sehr extremer Begriff) bleibt den Neigungen des Betrachters überlassen; mit dem (zugegeben) apokalyptischen Brodeln der Essenbeckschen Stahlschmelze, das dem Vor- und Abspann des Films unterlegt ist, hinterlässt der Film den Hauch der Vernichtung. Auch Liliana Cavanis *Portiere di notte* mag den faschistischen Kontext in den Bereich sexueller Obsession transportieren, als effektive Verarbeitung taugt er jedoch kaum. Mit der These der »Negativ-Transzendenz«[21] – der fatalen Zerstörung, die über den »Helden« dieser Epen lauert – leitet Friedländer schließlich einen Mythenexkurs ein, der die bedeutende Rolle des Kitsches im modernen Mythos betont (aus diesen Zitaten lässt sich auch die »Kitsch«-Definition des Autors ablesen, die vor allem auf einem Essay von Hermann Broch[22] basiert):

> Was also hier wirksam wird [...] ist die Juxtaposition entgegengesetzter Bilder von Harmonie (Kitsch) und Tod, mithin das

---

[20] a.a.O., S. 38.
[21] a.a.O., S. 39.
[22] Hermann Broch: Anmerkungen zum Problem des Kitsches, in: Schriften zur Literatur 2, Frankfurt 1975; Friedländer nennt außerdem Rolf Steinberg: Nazi-Kitsch, Darmstadt 1975, und Ludwig Giesz: Phänomenologie des Kitsches, München 1971.

unmittelbare Nebeneinander hart widerstreitender Gefühle von Rührung und Entsetzen.[23] Der Kitsch ist eine heruntergekommene Form des Mythos, aber noch immer bezieht er aus der Mythensubstanz einen Teil seiner emotionalen Durchschlagskraft.[24] Der Autor erläutert so den Titel seiner Studie (»Kitsch und Tod«) einigermaßen einleuchtend an einer Beschreibung von Rainer Werner Fassbinders Melodram *Lili Marleen* (1981). Die Vorgehensweise der Regie, die hier durch repetitive semiotische Motivketten und Kumulation[25] – vor allem in der Ausstattung und der Häufung weiterer bekannter Versatzstücke der Alltagskultur jener Zeit, also Volksempfänger, Reden, Musik – ein deutlich von Kitsch und Tod bestimmtes Bild des nationalsozialistischen Deutschlands entwirft, beschreibt er als Methode der »Invokation und Hypnose«[26], zwei Begriffe aus dem metaphysischen, religiösen Bereich (Hypnose z.B. als Manipulation des Sekten-Jüngers), die mir hier durchaus zutreffend erscheinen. Gerade angesichts des Bezugs zur großen Oper bei Visconti und – mit Einschränkungen – bei Fassbinder und Syberberg wirkt diese Invokation (durchaus im Sinne von ›Heraufbeschwörung‹) als Verführung des Rezipienten. Die behandelten Kunstwerke entlehnen hier ästhetische Strategien der faschistischen Ästhetik, um in dem Zuschauer eine diffuse Leidenschaft zu wecken[27]. An Filmen wie Cavanis *Portiere di notte* und Louis Malles *Lacombe Lucien* wird nun einerseits mit Pascal Bonitzer durchaus unzutreffend kritisiert, alle Welt glaube »mit Madame Cavani, dass der Nazismus eine verrückte Liber-

---

[23] Friedländer 1986, S. 44.
[24] a.a.O., S. 43.
[25] nach: Walter Killy: Deutscher Kitsch, Göttingen 1961, S. 14.
[26] Michel Foucault zit. n. Friedländer 1986, S. 45.
[27] Besonders Friedländers Ausführungen über *Caduta* verdeutlichen diesen Ansatz.

tinage gewesen sei«[28]; andererseits stellt Friedländer richtig fest, Cavanis und Malles Filme zeigten, »wie jenseits der Ideologie die überwältigende Macht der Leidenschaft beschworen wird«[29], doch darin liege eine Gefahr für den Rezipienten gerade *wegen* des historischen Hintergrundes. Friedländer vernachlässigt dabei die Vielschichtigkeit beider Werke, die an sich nur sehr oberflächlich vergleichbar sind (die Liebe zwischen Henker und Opfer). Malle scheint mehr an einer realhistorisch geprägten Korrektur der französischen Kriegsgeschichte zu liegen, die aufgrund eines ganz anderen ›Mythos‹ (nämlich desjenigen der ›umfassenden französischen *résistance*‹, wie sie zeitweise von Franzosen behauptet wurde) zum Skandal wurde. Cavanis philosophischer, hauptsächlich von Friedrich Nietzsche geprägter Zugang erfordert zudem eine sehr große Aufmerksamkeit und Vorbildung vom Zuschauer. Der Skandal um Cavanis Film spielte sich mehr auf den Feuilletonseiten als in der populären Filmlandschaft ab. Meine Analyse des Films wird zeigen, dass nur eine Reduktion auf vereinzelte Reizszenen des Films den Vorwurf einer einseitigen Faschismus-Sexualisierung ermöglichen kann. Auch Friedländer begnügt sich mit der Reduktion beider Filme auf denselben Nenner unter dem Vorwand, das Hauptaugenmerk seiner Analyse gelte der gemeinsamen Grundstruktur.

Jean Baudrillard beschwört die oben formulierte »Gefahr« in der Wirkung einiger Filme der frühen 1970er Jahre auf ihr Publikum in seinem Aufsatz »L'Histoire, un scénario

---

[28] Zit. n. Friedländer 1986, S. 67: Bonitzer 1974, S. 33; auch Foucault 1974, S. 12, äußert sich zu diesem Problem: »Ce problème est en effet très difficile et il n'a peut-être pas été assez étudié, même par Reich. Qu'est-ce qui fait que le pouvoir est désirable et qu'il est effectivement désiré? On voit bien les procédés par lesquels cette érotisation se transcend, se renforce, etc. Mais pour que l'érotisation puisse prendre, il faut que l'attachement au pouvoir, l'acceptation du pouvoir par ceux sur qui il s'exerce soient déjà érotiques.«
[29] a.a.O., S. 69.

rétro«, um bei einem weniger moralistischen Schluss zu enden. Friedländer beschließt die um ein Nachwort ergänzte Taschenbuchausgabe von »Kitsch und Tod« mit folgenden Worten:
> Dieser Widerschein [des Faschismus‹, d.A.] kommt heutzutage in dieser direkten Form weniger häufig vor als noch vor wenigen Jahren, obwohl man ihn auf außereuropäische Phänomene ähnlicher Art verlagert findet, wie zum Beispiel in Liliana Cavanis ›Leidenschaften‹ oder in Paul Schraders ›Mishima‹. Diese Permanenz dunkler Phantasien scheint mir eine ständige Gefahr für unsere Kultur und möglicherweise für die menschliche Existenz überhaupt zu sein und sollte als solche nicht unterschätzt werden, wie ich es in den letzten Absätzen dieses Buches zum Ausdruck zu bringen versuchte[30].

Diese Warnung vor dem kulturellen Verfall (»Gefahr für die menschliche Existenz überhaupt«!) scheint mir von ähnlicher Panik geprägt wie »bekehrende« Rezensionen aus den 1970er Jahren (z.B. Claudia Alemann über *Portiere di notte* in Medium, März 1975), wobei Friedländers Befürchtungen auf den ›latenten Faschismus‹ in jedem Menschen anzuspielen scheinen. Auf jeden Fall ist seine Ausdrucksweise hier etwas ungenau. Zudem scheint er *Inferno Berlinese* (*Leidenschaften*, 1985) von Cavani nicht gesehen zu haben, da sich dieser Film tatsächlich nahtlos einreiht in den »neuen Diskurs« der 1970er Jahre, geht es doch nicht um ein außereuropäisches Land, sondern um Diplomatenkreise im Berlin der 1930er Jahre (adaptiert nach einem japanischen Roman von Junichiro Tanizaki). Saul Friedländers Essay hat angesichts seiner Einzigartigkeit in der Behandlung dieser Thematik dennoch kaum etwas an Qualität als Diskussionsgrundlage eingebüßt und erweist

---

[30] a.a.O., S. 125.

sich trotz der zuvor formulierten Kritik gerade für die Filmanalyse als ergiebige Stichwortsammlung.

Die Uniform als Fetisch

> In pornographic literature, films, and gadgetry throughout the world, especially in the United States, England, France, Japan, Scandinavia, Holland, and Germany, the SS has become a referent of sexual adventurism. Much of the imagery of far-out sex has been placed under the sign of Nazism. Boots, leather, chains, Iron Crosses on gleaming torsos, swastikas, along with meat hooks and heavy motorcycles, have become the secret and most lucrative paraphernalia of eroticism. [...] But why? Why has Nazi Germany, which was a sexually repressive society, become erotic?[31]

Susan Sontag widmet sich in ihrer zweiteiligen Untersuchung zum medialen Bild vom Faschismus in ihrem Aufsatz »Fascinating Fascism« zunächst der ehemaligen Nazi-Filmemacherin Leni Riefenstahl, deren in ihren frühen Propagandafilmen dokumentiertes Körperbild sie in den späteren ethnologischen Untersuchungen bei den Nuba reflektiert sieht. Im zweiten Teil geht sie dann von einem Militaria-Bildband zum Thema »SS-Regalia« aus, um über die erotische Ausstrahlung nationalsozialistischer Symbole und Versatzstücke (Uniformen, Waffen etc.) nachzudenken. Von einer kurzen Beschreibung kommt sie schließlich zur zentralen Frage: Was ist an den Veräußerlichungen eines bürokratisierten, hygienefanatischen, totalitären Systems erotisch?

Dass militärische Uniformen bisweilen zu einem sexuellen Fetisch erhoben werden, ist bekannt und des öfteren in Fachpublikationen aus dem Bereich der sexuellen Phänomenologie knapp behandelt worden (in der Tat wird die-

---
[31] Sontag 1980, S. 101 f.

sem recht verbreiteten Fetisch stets sehr wenig Raum zugestanden), doch eine eingehende Analyse dieses Phänomens blieb bisher aus. Einen diskussionswürdigen Ansatz liefert Valerie Steele in ihrem Buch »Fetish«:

> Military Uniforms are probably the most popular prototype for the fetishist uniform because they signify hierarchy (some command, others obey), as well as membership in what was traditionally an all-male group whose function involves the legitimate use of physical violence.[32]

Was den ›Appeal‹ der Uniform also ausmacht, ist scheinbar die Abstraktion des Martialischen in Form eines Modegegenstandes. Sie symbolisiert die Zugehörigkeit zu einer Elite und konkretisiert Dominanz und kanonisierte Attraktivität – falls es sich nicht um rein funktionalisierte Felduniformen handelt. In Kombination mit der erotisch konnotierten Farbe Schwarz haben sich vor allem folgende Uniformen für eine sexuell motivierte Rezeption angeboten: die Totenkopfhusaren mit ihren bedrohlich geschmückten Pelzmützen, die Panzerfahrer der deutschen Wehrmacht und die Allgemeine SS. Vor allem die schwarze SS-Uniform stellt den ambitionierten Versuch dar, exzentrischen Schick, elitäre Eleganz und Todessymbolik zu vereinen.

Die schwarze SS-Uniform, wie sie in zahlreichen der behandelten Werke auftaucht[33], präsentiert sich wie folgt: Schirmmütze mit weißer oder silberner Borte und gelacktem Schirm sowie Lederriemen oder Aluminiumkordel; als Embleme sind der Reichsadler mit Hakenkreuz und der SS-Totenkopf aus Metall zu sehen; die Jacke ist mit silbernen Metallknöpfen, samtenen Kragenspiegeln mit den

---

[32] Steele 1996, S. 180.
[33] Ich möchte hier als Beispiel Jeanne de Bergs (= Cathérine Robbe-Grillet) sadomasochistischen Bericht »Cérémonies de Femmes«, Paris 1985, nennen, in dem sie einen SS-Soldaten als Wunschopfer beschreibt (dt. Ausgabe »Die Frau«, München 1995, S. 88 f.).

bekannten Sig-Runen, weißer oder silberner Kragenpaspellierung und einer Schulterklappe versehen; die von geknöpften Hosenträgern gehaltenen Reithosen fallen durch weit geschnittene Oberschenkelpartien auf; der Koppel mit silbernem Schloss wird durch einen schmalen Schulterriemen ergänzt; Reitstiefel mit hohem, engem Schaft; am linken Ärmel ist die schwarz-weiß-rote Hakenkreuzarmbinde befestigt; am Gürtel wird entweder der schwarze Dienstdolch mit der Klingenätzung »Meine Ehre heißt Treue« getragen oder aber die Dienstpistole.[34] Ergänzende Kleidungsstücke sind der Dienstmantel aus schwarzem Filzstoff in vergleichbarer Ausführung sowie seltener der doppelreihig geknöpfte Ledermantel, der eher zum »Markenzeichen« der zivilen Gestapo wurde. Diese Uniform wurde von der Allgemeinen SS – nicht der militärischen Waffen-SS – in der Zeit zwischen 1933 und 1938 getragen. Bereits 1935 wurde alternativ die graue Uniform eingeführt, die während des Krieges und von Angehörigen der Waffen-SS getragen wurde und wesentlich verbreiteter war. Die schwarze Uniform taucht jedoch angesichts ihrer offensichtlichen ästhetischen Wirksamkeit recht häufig an historisch nicht korrekten Orten auf, so z.B. in Matteis *KZ 9 – Lager di stermino* (1977), J. Lee Thompsons *The Passage* (1978) und zahlreichen Hollywood-Kriegsfilmen. Besondere Freiheit in dieser Hinsicht leisten sich natürlich die nachlässig recherchierten Exploitationfilme der 1970er Jahre, die teilweise Phantasieuniformen präsentieren, z.B. *Ilsa – She-Wolf of the SS* (1974), in dem eine wahre Inflation an SS-Totenköpfen herrscht. Die historische Entwicklung der SS-Uniform lässt sich gut in der semidokumentarischen Höß-Biografie *Aus einem deutschen Leben* (1977) von Theodor Kotulla verfolgen, da dieser Film die Karriere eines Konzentrati-

---

[34] Eine deutliche fetischisierte Darstellung all der hier aufgezählten Elemente findet sich in der videoclipartig montierten Titelsequenz der dreiteiligen MDR-Dokumentation *Die Waffen-SS* (1998).

onslager-Kommandanten von der Weimarer Republik bis zum Ende des Krieges nachvollzieht. Es ist auffällig, dass vor allem die Historien- und Kriegsfilme der 1980er und 1990er Jahre – wie *Schindler's List* (1994), *Hasenjagd* (1994) oder *Mutters Courage* (1996) – eine wesentlich größere Sorgfalt auf die Recherche historischer Details verwenden und auffällig das »fetischistische Potential« der Kostüme außer Acht lassen.

Susan Sontag geht in ihrem Essay »Fascinating Fascism II«[35] auf die Sexualisierung faschistischer Stereotypen ein. Obwohl ich ihrem Urteil bezüglich bestimmter subkultureller Phänomene, die sie beschreibt, nicht in dieser Konsequenz folgen möchte, gibt sie ein interessantes Phänomen zu bedenken:

> There is a general fantasy about uniforms. They suggest community, order, identity […], competence, legitimate authority, the legitimate exercise of violence. But uniforms are not the same thing as photographs of uniforms – which are erotic material and photographs of SS uniforms are the units of a particularly powerful and widespread sexual fantasy.[36]

Die Autorin sagt dies bezüglich eines Militaria-Bestimmungsbuches, angesichts der spezifischen Verwendung von SS-Uniformen im Spielfilm ist aber eine Übertragung dieses Gedankens sehr aufschlussreich[37]. Tatsächlich wird der Uniformträger im Unterhaltungskontext offenbar anders rezipiert als etwa im Dokumentarfilm. Der Medienwechsel vom Foto zum Spielfilm scheint diese Veränderung zu bedingen: Die filmisch projizierte Uniform wird ihrerseits zur Projektionsfläche sexueller Wün-

---

[35] Sontag 1980, S. 98-105.
[36] a.a.O., S. 99.
[37] Tatsächlich wurde ich bei meiner Recherche ebenfalls mit derartigen Bestimmungsbüchern konfrontiert und kann die Beobachtungen der Autorin bestätigen.

sche und Phantasien. Die sexuelle Konnotation der Uniform rührt von der offensichtlichen sexuellen Erregung her, die einige Leute mit Gewalt und dem damit einhergehenden Verhältnis von Dominanz und Unterwerfung verbinden[38]. In diesem sexuellen Kontext wird es zumindest nachvollziehbar, warum immer wieder auf das Klischee der Uniformierung nach den Vorgaben der faschistischen Ästhetik zurückgegriffen wird, wenn es um die Dämonisierung von Charakteren geht. Susan Sontag vermutet, die SS-Uniform bietet sich vor allen anderen an, da die SS ihren Herrschaftsanspruch ins Dramatische überhöhte, indem sie sich gewissen ästhetischen Regeln unterwarf: »SS uniforms were stylish, well-cut, with a touch (but not too much) of eccentricity«[39]. Auch Filme anderer Genres greifen immer wieder – nicht selten mangels Originalität – auf das sexuell aufgeladene Potential dieser Kleidungsstereotypen zurück: *Star Wars / Krieg der Sterne,* (1976) von George Lucas, Ken Russells *Mahler* (1976), Alan Parkers *The Wall* (1981), Richard Loncraines *Richard III* (1995), Paul Verhoevens *Starship Troopers* (1997) oder etwa die *Casablanca*-Parodie *Barb Wire* (1995) von David Hogan, um nur einige zu nennen. Während einige Filme tatsächlich nur zur Ausbeutung der Fetischwirkung militaristischer Elemente produziert wurden (z.B. *Train spécial pour Hitler,* 1978, oder *SS Girls,* 1976), gelingt es einem Filmemacher im besten Fall, mit der Wirkung dieser Stereotypen bewußt zu spielen: In *Caduta degli dei* z.B. spielt Visconti sehr deutlich die proletarisch plumpe Ausstrahlung der braunen SA-Uniformen mit ihren Kepis[40] gegen die dämonische Bedrohlichkeit der eleganten SS-Uniformen aus und bereitet den SA/SS-Konflikt bereits auf symbolischer Ebene vor; sowohl in *Caduta* als auch in Cavanis

---

[38] a.a.O., S. 99.
[39] a.a.O., S. 120.
[40] Zylinderförmige Kopfbedeckungen, ähnlich denen der französischen Fremdenlegion.

Portiere di notte wird der Uniform in Verbindung mit den jeweiligen Trägern – hier Charlotte Rampling, dort Helmut Berger – ein spezieller Travestiecharakter zu eigen, der wiederum den sexuellen Aspekt dieses speziellen Designs bestätigt. Dieses Travestieelement kann auch zu unfreiwillig komischen Entgleisungen führen, wie z.b. Bergers affektierte Auftritte in *Salon Kitty* zeigen. In der bizarren Musikerbiographie *Mahler* konstruiert Ken Russell aus fetischisierten Faschismussymbolen den religiösen Konflikt, in den der Komponist durch die Antisemitin Cosima Wagner getrieben wird, die hier als Wagnersche Walküre mit Hakenkreuzpanzer auftritt. Der Versuch, den Uniformfetisch als sexuelles Reizmittel zu nutzen, ist auch im Bereich des Pornofilms nachweisbar, wie Joe D'Amatos Film *Le bambole del Führer* (*Frauengefängnis 3*, 1996) zeigt. Er verkommt in diesem Zusammenhang jedoch lediglich zum unreflektiert eingesetzten Beiwerk[41].

Einen Schritt weiter gehen einige der schon erwähnten Romane der 1940er bis 1960er Jahre, indem sie die Begegnung mit dem SS-Mann nicht primär als sexuelles, sondern gar mystisch-religiöses Erlebnis schildern. Derartige Momente gibt es in Tourniers »Le Roi des aulnes«, Genets »Pompes funèbres«, am deutlichsten jedoch in Jerzy Kosinskis »The Painted Bird« (1965): Aus der Sicht des verfolgten, gequälten jüdischen Jungen beschreibt er dieses Erlebnis mit folgenden Worten:

> Bald darauf betrat ein SS-Offizier in rußschwarzer Uniform den Hof. Noch nie hatte ich eine so eindrucksvolle Uniform zu Gesicht bekommen. Über dem blanken Mützenschirm prangte ein

---

[41] Auch der italienische Horrorregisseur Lucio Fulci begab sich auf dieses Terrain mit *I fantasmi di Sodoma* (1988); in der dilettantischen Selbstbespiegelung *Un gatto nel cervello* (Nightmare Concert, 1990), einem Episodenfilm, lamentiert er anläßlich einer Sequenz aus diesem Film: »Faschismus, Sadismus. Oder war es Faschismus und Sadismus?« Er mag stellvertretend für den unreflektierten Sergio-Garrone-Typus (*SSadi Kastrat Kommandantur*) des Filmemachers stehen.

Totenkopf mit zwei gekreuzten Knochen, während blitzähnliche Aufschläge den Kragen verzierten. [...] Der Offizier rückte etwas beiseite. Jetzt war sein Gesicht in der Sonne und strahlte eine reine, gewinnende Schönheit aus, fast wächsern, mit Flachshaaren so glatt wie die eines Kindes. Einst hatte ich in einer Kirche Gesichter von solcher Schönheit gesehen. Sie waren auf Wände gemalt, von Orgelklängen umbraust und wurden nur von dem Licht berührt, das durch bunte Fenster rieselte. [...] In seiner ganzen Erscheinung lag für mich etwas Übermenschliches. [...] In einer Welt, wo die Gesichter der Menschen zerfurcht waren, zerschlagene Augen und blutige, zerschundene Gliedmaßen hatten, [...] stellte er etwas Vollkommenes dar, das nicht zu besudeln war. [...] Der granitene Klang seiner Sprache war wie geschaffen dafür, Todesurteile über minderjährige, hilflose Geschöpfe zu verhängen. Etwas wie Neid packte mich [...]. In Gegenwart eines so strahlenden Wesens, ausgestattet mit allen Symbolen der Macht und Größe, schämte ich mich meines Aussehens. Ich hätte nichts dagegen gehabt, wenn er mich getötet hätte.[42]

Kosinski nimmt deutlich Friedländers »neuen Diskurs« bereits Mitte der 1960er Jahre vorweg, indem er einerseits den Auftritt der SS zur Erfahrung des absoluten, verlockenden Bösen macht (»Neid«), und andererseits die stumme Hingabe an das tödliche Schicksal als staunende Ergebung deutet (»ich hätte nichts dagegen gehabt ...«). Audiovisuelle Entsprechungen zu derartigen Texten, die im Zusammenhang mit den jeweils kontrastierenden Handlungselementen durchaus Sinn machen können, zumindest aber irritieren, würden auf der filmischen Ebe-

---

[42] Dt.: Der bemalte Vogel, Frankfurt am Main / Hamburg 1968, S. 101 ff.

ne unweigerlich zur platten Verherrlichung oder aber zur peinlichen Klamotte führen. Solche Momente finden sich tatsächlich in *Salon Kitty* und einigen der exploitativen SadicoNazista-Filme. Auch Alain Robbe-Grillet führt in seiner autobiografischen Trilogie mystische Nazifiguren als negative Doubles seines *alter ego* Henri de Corinthe ein:

> Er reitet näher heran und erkennt an diesem jungen Oberleutnant ohne sichtbare Verwundung alsbald die schwarze Uniform der deutschen Panzerdivisionen [...]. Sein Tier, das sich genausowenig bewegt, bläst den warmen Nebel seines Atems durch die Nüstern, als suchte es die reglose[,] mit dem breiten schwarzweißroten Band eines Eisernen Kreuzes dekorierte Brust zu wärmen. Auf dem dünnen Wollstoff ist kein weißer Staub zu sehen, so wenig wie auf den schwarzen Stiefeln und Handschuhen oder auf dem ruhigen Gesicht des Toten. Eine mögliche Erklärung dafür könnte sein, dass der schöne Oberleutnant von einer verirrten Kugel getroffen wurde, als es fast aufgehört hatte zu schneien.[43]

Diese Schilderung des Erhabenen, des Unantastbaren, die in Robbe-Grillets spätem Werk direkt neben explizit sadomasochistischen Phantasmagorien steht, ist demnach ein weiteres Beispiel für eine französische Perspektive, die aus der Ferne das nationale Trauma der Besetzung von Paris reflektiert. Erneut formuliert sich die Bewunderung für und Identifikation mit dem Aggressor, bei Robbe-Grillet sehr deutlich als mythisches Double klassifiziert.

Volker Schlöndorff sah sich bei seiner Tournier-Verfilmung *Der Unhold* schließlich gezwungen, die ›erhabenen Figuren‹ satirisch zu demontieren, was den Film

---

[43] Robbe-Grillet in: Corinthes letzte Tage, Frankfurt am Main 1997, S. 144 f.; auch auf diese Episode folgt eine erotische Konnotation, als Henri de Corinthe in der Tasche des deutschen Kurt von Corinth (!) das Foto eines nackten Mädchens findet.

(im Gegensatz zum Roman) gelegentlich zur ›Klamotte‹ macht. Die angeblich existierende Adaption von Genets Liebesgeschichte zwischen einem französischen Resistance-Mitglied und einem deutschen Panzerfahrer, Pierre Grimblats *Arrestation d'un tireur des touts* (1962), wäre in diesem Zusammenhang höchst interessant, die Existenz dieses Film lässt sich jedoch nicht verifizieren.[44] Das quasireligiöse Charisma der SS wird deutlich in der Bad-Wiessee-Sequenz aus Viscontis *Caduta* evoziert, als das Schwarze Corps einem Gottesgericht gleich aus der Nacht herangleitet und -dröhnt. 1983 drehte der amerikanische Kinoästhet Michael Mann einen mystischen Horrorfilm mit dem Titel *The Keep* (*Die unheimliche Macht*), in dem er den SS-Mann Kaempffer (Gabriel Byrne) als Prinzip des absoluten Bösen dem irrealen Monster des Films gegenüberstellt. Trotz einiger Ausnahmen bleiben diese mythischen Adaptionen jedoch letztlich die Ausnahme. Bis in die Gegenwart hat sich das Klischee des dekadenten, sadistischen SS-Folterknechtes jedoch gehalten, z.B. Jürgen Prochnow in Anthony Minghellas *The English Patient* (*Der englische Patient*, 1996).

Eine Anmerkung zu den Begriffen Sadismus und Masochismus wird nötig sein, um diese in der Sekundärliteratur inflationär benutzten Worte auf eine differenzierte Weise angemessener zu benutzen. Laut dem »Vokabular der Psychoanalyse«[45] von Jean Laplanche ist Sadismus »eine sexuelle Perversion, bei der die Befriedigung an das dem anderen zugefügte Leiden oder an dessen Demütigung gebunden ist«. Insoweit ist auch verständlich, wie diese von Richard von Krafft-Ebing eingeführte Begriffsschöpfung auf die Schriften des Marquis de Sade zurückzuführen ist: Dessen literarische Protagonisten, Männer wie

---

[44] Nach: Jane Giles: The Cinema of Jean Genet: Un Chant d'amour, London 1991, S. 12.
[45] Jean Laplanche: Das Vokabular der Psychoanalyse, Frankfurt am Main 1994, S. 447.

Frauen, leben ihre Souveränität auf der Basis des Leides der anderen aus. Wichtig ist jedoch die Präzisierung, die Laplanche anfügt: »Die Psychoanalyse erweitert den Begriff des Sadismus über die von den Sexualforschern beschriebene Perversion hinaus, indem sie zahlreiche verhüllte Manifestationen, besonders infantile, darin erkennt und eine der grundlegenden Komponenten des Sexuallebens daraus macht.«[46] Gerade in der kritischen Rezeption der SadicoNazista-Filme wird die pathologische Ebene der missbrauchten Machtposition mit der ritualisierten, privaten Lust an der Tortur auf eine Weise vermischt, dass der Begriff Sadismus zur ungenauen und letztlich willkürlichen Bezeichnung wird. Die Spaltung zwischen dem pathologisch-aggressiven Sadismus aufgrund der Machtposition einerseits und dem freiwilligen zwischenmenschlichen Sadismus andererseits wird vor allem in *Portiere di notte* deutlich, als sich Lucia bemüht, die Lagervergangenheit im Bereich der privaten Sexualität zu wiederholen und (eventuell) zu verarbeiten. De Sades Texte hingegen setzen sich meist mit der hemmungslosen Destruktivität der Souveräne auseinander und müssen als exzessive Phantasieprodukte gewertet werden. Die SadicoNazista-Filme befinden sich in dem Zwiespalt, die Ausschweifungen ihrer Protagonisten, die letztlich nichts als Kriegsverbrecher sind, aus der moralischen Distanz und dennoch voyeuristisch präsentieren zu wollen. Sie retten sich also immer wieder in die private Sphäre der ›Liebesgeschichte‹, innerhalb der die individuelle Freiwilligkeit, das Einverständnis zum Folterspiel garantiert ist.

Um die Dialektik zwischen Henker und Opfer im sexuellen Bereich kompakt zu erfassen, führen einige Rezensenten den Begriff des ›Sadomasochismus‹ ein. Das Wort ist kombiniert aus den Begriffen Sadismus und Masochismus und verweist in der Kombination Sadomasochismus folg-

---

[46] a.a.O.

lich auf einen Zusammenhang – möglicherweise eine
Dialektik – beider Phänomene. Jean Laplanche schreibt
dazu, Sadomasochismus sei ein
> Ausdruck, der nicht nur hervorhebt, was bei
> beiden Perversionen symmetrisch und komple-
> mentär sein kann, sondern auch ein fundamentales
> Gegensatzpaar bezeichnet, und dies sowohl in der
> Entwicklung als auch in der Manifestation des
> Sexuallebens. – Aus dieser Perspektive wurde der
> Ausdruck […] aufgegriffen, um das gegenseitige
> Verhältnis der beiden Positionen sowohl im
> intersubjektiven Konflikt (Beherrschung-Unter-
> werfung) als auch in der Strukturierung der Person
> (Selbstbestrafung) hervorzuheben.[47]

Während der Begriff ›Sadist‹ – wie bereits erwähnt – den
genießenden Folterer bezeichnet, der sich an der von ihm
selbst ausgeübten Tortur an einem Wunschopfer stimu-
liert, ist der ›Masochist‹ sein programmatischer Partner,
der die Tortur seinerseits in vollem Einverständnis als
Stimulation goutiert. Sadist und Masochist sind somit
gleichwertige Partner eines sexuellen Beziehungsgeflechts,
wobei ein Changieren zwischen aktiver und passiver Rolle
stattfinden kann – aber nicht muss. Wichtig für eine Definition des Sadomasochismus ist die Prämisse des gegenseitigen Einverständnisses. Eine erzwungene Situation, die
nur jeweils einen der Partner ohne Einverständnis des
anderen in die aktive Position versetzt, kann in keinem
Fall als sadomasochistisch gewertet werden. Die ausweg-
lose Zwangssituation gleicht eher einer banalen Henker-
Opfer-Konstellation, die in den wenigsten Fällen bewusst
sexuell motiviert sein dürfte. Die unreflektierte Verwendung dieses sexualpsychologischen Begriffes trägt häufig –
so auch in Susan Sontags Text »Fascinating Fascism II« –
einen diskriminierenden Beigeschmack. Auch die dort

---

[47] a.a.O., S. 448.

angesprochene Variante der im Rahmen des Sadomasochismus praktizierten Fetischerotik muss differenziert werden. Zu unterscheiden ist hier die genuin heterosexuelle Dominanzphantasie, die die Frau in zwei Wunschmodelle einteilt: das unterwürfige, gegängelte Opfer und die gnadenlose, dominante Herrin bzw. Domina, eine Perspektive, die als Spiegelbild der patriarchalen Macht fungiert. Auf diese heterosexuelle Machtphantasie ist möglicherweise die Faszination zurückzuführen, die z.B. die Bondagefotografie des Japaners Araki oder des Amerikaners Eric Kroll auch auf nicht explizit sadomasochistisch veranlagte Männer ausstrahlt. Eine weitere Spielart ist die für den praktizierenden Sadomasochisten bzw. Fetischisten wesentlichere: Für diese(n) wird der Akt des sexuellen Psychodramas zur Reinigung, zum kathartischen Vorspiel, das in den wenigsten Fällen direkt auf einen Orgasmus abzielt. Es ist also wichtig, diese Differenzierung zu bedenken, wenn in der Filmliteratur wiederholt auf einen diffusen Sadomasochismus-Begriff rekurriert wird. Im Bereich des SadicoNazista-Zyklus sind die Dominanzverhältnisse fast immer von Zwang geprägt (lediglich die Filme von Cavani und Wertmüller bilden streitbare Ausnahmen): Der politisch legitimierte Henker ›spielt‹ mit seinem entmündigten Opfer. Außerdem ist das Figurenarsenal des SadicoNazista geprägt von durchschaubaren Figurenmodellen, die nur allzu deutlich mit den oben erwähnten patriarchalen Machtphantasien korrespondieren: sei es die SS-Ärztin *Ilsa* oder die vielen willigen (meist weiblichen) Opfer – etwa aus *Ultima orgia del Terzo Reich*.

Von der Nazi-Operette zum Apokalypsegemälde

> Aber je klischeehafter die Bilder vom Faschismus erscheinen, desto mehr »passen« sie, denn zum Wesen des Faschismus gehört es, vollständig Bild und Ritual zu werden.
>
> Georg Seeßlen, *Tanz den Adolf Hitler*

Als der »Aristokrat« des italienischen Films, der frühere Neorealist Luchino Visconti, sein aufwendiges Sittengemälde *La caduta degli dei* nach produktionsbedingten Querelen in die Kinos brachte, löste er mit dieser opernhaften Umsetzung der Geschehnisse der deutschen 1930er Jahre eine Welle der Entrüstung aus: Pier Paolo Pasolini warf ihm vor, in Kitsch und Ausstattung zu schwelgen, ohne dem Geschehen die nötige Schärfe zu verleihen[48]. Der Film schildert in düsterem Schwarzrot die Geschichte vom moralischen »Verkauf« der Industriellenfamilie Essenbeck an die Schergen des »Dritten Reiches«, verkörpert durch den machiavellistischen SS-Mann Aschenbach (Helmut Griem), der durch intrigantes »Marionettenspiel« die Familie auf den dekadenten Sohn Martin (Helmut Berger) reduziert. Historische Ereignisse wie der Reichstagsbrand oder die »Nacht der langen Messer« 1936 werden mit dem fiktiven Schicksal der Protagonisten vermischt: Der SA-Mann Konstantin (René Kolldehoff) wird im Bad Wiessee-Massaker von seinem Verwandten Bruckmann (Dirk Bogarde) unter Aschenbachs Aufsicht erschossen. Die Mutter Sophie (Ingrid Thulin) bekommt von Aschenbach das umfassende Archiv des Reichssicherheitshauptamtes vorgeführt, ihr Sohn Martin wird nach dem Tod seiner Sippe die Essenbeck-Stahlwerke der SS zuschanzen: Immer wieder historische Verknüpfungen, die das an »Macbeth« (Dirk Bogardes Charakter) orientier-

---

[48] Pier Paolo Pasolini: *Chaos*, Berlin 1981, S. 160 f.

te Familiendrama illustrieren. Stilistisch indes orientiert sich Visconti am Dekor der Zeit: Seine Tableaus transportieren viel von der arrangierten Prunkästhetik faschistischer Kunst und dämonisieren sie gleichzeitig mit gespenstischer Lichtsetzung und verfremdetem Einsatz des Tons (z.b. das Lied, das die todesschwangere Szenerie am Schluss untermalt).

> ... die ökonomische Dimension der allmählichen Faschisierung der Machtinteressen und der Subjekte tritt in Viscontis opernhafter Regie zurück hinter eine von Shakespeare, Dostojevskij und Wagner gleichermaßen bestimmte Dramaturgie des Tragischen. In ihr zeigt sich, gerade in der Übersteigerung, das ästhetische Prinzip Viscontis: ein Realismus des Begehrens. Wie und warum wird Macht begehrt, und zu welchem Zweck wird sie ausgeübt – darauf findet Visconti eine äußerst provozierende Antwort.[49]

Bereits in diesem Film wird sexuelle Perversion und Dekadenz mit faschistischem Despotentum in Zusammenhang gebracht – sexuelle Mechanismen ersetzen politische Interaktion: Martin ist pädophil, verführt bzw. vergewaltigt seine Mutter und tötet sie schließlich gemeinsam mit ihrem Geliebten, um an seine Ziele zu kommen. Indem Visconti die Repräsentanten des korrupten Systems sexualisiert, schafft er eine sexuelle Codierung, die vom Rezipienten vor allem auf sinnlicher Ebene entschlüsselt werden kann.

Zwei weitere Produktionen desselben Jahres beschäftigten sich mit einer Sexualisierung des Faschismus: Bernardo Bertolucci verlagert in *Il conformista* (*Der große Irrtum*) den inneren Konflikt des systemkonformen Henkers auf die Ebene privater Beziehungen und lässt den aus verdrängter Homosexualität zum Faschisten gewordenen Marcello

---

[49] Kiefer 1996, S. 26.

(Jean-Louis Trintignant) der Ermordung seiner Geliebten Anna (Dominique Sanda) und seines Universitätsprofessors tatenlos zusehen. Das Opfer Anna ist sich hier – ebenso wie ein Jahr später in Louis Malles *Lacombe Lucien* – der Gefährlichkeit des (potentiellen) Liebhabers ausgesprochen bewusst. Bertoluccis Verfilmung eines Romans von Alberto Moravia[50] ist einer der eher seltenen Versuche, mit den Mitteln des SadicoNazista den italienischen Faschismus aufzuarbeiten. Er versucht, auf mehreren Ebenen die Konfrontation zwischen Individuum und Regime, zwischen privater Obsession und offizieller Ideologie durchzuspielen, indem er z.B. den Konformisten durch die Hallen eines monumentalen Gebäudes laufen lässt, dessen hohe, kahle Mauern den Menschen als nichtig erscheinen lassen. Die ständige Observation durch die Geheimpolizei, Anlass für Misstrauen und Verunsicherung, spiegelt sich in dem voyeuristischen Gestus des Protagonisten, der seinen Höhepunkt in der Hinrichtungsszene findet: Marcello beobachtet scheinbar ungerührt, wie Anna flehend an die Fensterscheibe seines Wagens trommelt. Die sadomasochistischen Neigungen Marcellos änderte Bertolucci jedoch in eine latente Homosexualität, die durch die Avancen des Chauffeurs in seiner Kindheit initiiert wurde. *Il conformista* ist bis heute eine der geschlossensten und stilistisch radikalsten Faschismusallegorien des europäischen Kinos, bedient sich zwar der plakativen Verbindung von Sexualität und Politik, verfällt jedoch selten den audiovisuellen Stereotypen, denen nicht einmal Pasolini und Visconti widerstehen konnten. Der junge Lucien (Pierre Blaise) in Louis Malles Film *Lacombe Lucien* (1971) ist gegen den bourgeoisen *décadent* Marcello ein etwas tumber Gestapo-Spitzel und rettet schließlich das jüdische Mädchen (Aurore Clément), statt es dem Henker auszuliefern. Auch Malle bedient sich

---

[50] Moravia [1951] 1965.

einiger bekannter Motive, indem er die Folter-Villa der Gestapo als dekadentes Orgienzentrum darstellt, konzentriert sich ansonsten aber ganz auf den naiven, ungebildeten Protagonisten, der in seiner Unwissenheit um die ideologischen Zusammenhänge zur Marionette der Faschisten wird. So ist es nur folgerichtig, dass einzig der emotionale Schock – er soll das Mädchen abführen, das er begehrt – ihn zum Rebellen macht. Malles lapidare Verweise auf die ihrerseits aggressive Résistance-Bewegung, die Lucien nach dem Leben trachtet und ihn schließlich exekutiert, wurden ihm zum Verhängnis:

> [Lucien ist] ein amoralischer Opportunist – also ein typischer Fall. Weil sich Malle so ausführlich auf diese Figur eingelassen hat, haben einige in Frankreich gereizt reagiert. Neben Melville und Truffaut hat Malle zur Entzauberung der Résistance beigetragen, ohne einer konservativen Tendenz zu dienen. Zur komplexen Wirklichkeit gehört das Phänomen des Verräters hinzu. Und Grenzgängern gilt Malles Neugier prinzipiell.[51]

Interessant ist in diesem Zusammenhang auch die Charakterisierung der Nazi-Kollaborateure, die in der Villa in erschlichenem Reichtum hausen und sich dekadenten Vergnügungen hingeben, während die Bevölkerung unter ihrem Terror leidet.

> Zu den bevorzugten ›Freizeitbeschäftigungen‹ dieser dekadenten Clique zählt Promiskuität in jeder Form; über all ihren Zusammenkünften liegt eine unverholen sexuelle Atmosphäre. ›Neckische‹ Fangspiele [...] scheinen zugleich zu suggerieren, dass die Kollaborateure durch den permanenten, ›institutionalisierten‹ Ausnahmezustand des Krieges bzw. der deutschen Besatzung in das privilegierte [...] Kind-Stadium zurückfallen [...].[52]

---

[51] Koebner 1997, S. 307.
[52] Schutz 1998, S. 61 ff.

Auch in *Lacombe Lucien* werden libertines Verhalten und Grausamkeit zusammengeführt: Folter und Feier finden gleichzeitig statt. Die Kollaborateure scheinen sich in einem ideologischen Niemandsland zu bewegen, das ihnen ein hemmungsloses Leben ermöglicht und eher beiläufig dem faschistischen System dient. In Liliana Cavanis *Portiere di notte* werden die Verhältnisse komplexer: Das Mädchen Lucia (Charlotte Rampling) verliebt sich im Konzentrationslager in ihren persönlichen Peiniger und Beschützer Max (Dirk Bogarde). Als er nach ihrer Anklage einen Kapo enthauptet, macht er sie selbst – das Opfer – indirekt zum Henker. Die Regisseurin ist besessen von der Idee, das perfideste Merkmal des faschistischen Systems sei es, dass hier die destruktiven Züge der Opfer deutlich provoziert werden. Niemand ist sicher, nicht selbst zum Henker zu werden ... Dass im Zuge dieser Überlegungen eine moralische Position fast unmöglich wird, ist das eigentlich Skandalöse an diesem Werk: Henker und Opfer bewegen sich in einem intimen Universum »jenseits von Gut und Böse«. Dass das Paar Jahre später sein sadomasochistisches Verhältnis unter veränderten Bedingungen erneut aufgreift, ergänzt diesen zunächst nietzscheanischen Ansatz, in dem die Liebenden die Vergangenheit unter neuen Vorzeichen wiederholen: eine »ewige Wiederkehr des Gleichen«. Der finale Liebestod beim Passieren der Brücke im Morgengrauen führt endgültig eine mythische Ebene in den Film ein, die als »Transgression« in Georges Batailles Sinne gewertet werden muss; das Paar lässt alle moralischen Grenzen hinter sich und wird schließlich von »außen« exekutiert. Die Analyse dieses Films wird zeigen, dass Cavanis Film als Studie einer fetischistisch motivierten Todessehnsucht von nahezu verwirrender Intensität ist und der Skandal seiner Rezeption auf einer möglicherweise allzu einseitigen Rezeption basiert. Was nach einem philosophischen Konstrukt, einem Verweis auf die Philosophie Friedrich Nietzsches aussieht, erweist sich letztlich jedoch eher als die Illustration einer makabren »Wiederkehr des Verdrängten« nach Sigmund Freud.

Lina Wertmüllers Schelmendrama *Pasqualino Settebellezze* (*Sieben Schönheiten*, 1975) ist bis zu Roberto Benignis Komödie *La vita e bella* (*Das Leben ist schön*, 1997) vielleicht der einzige Versuch, das Konzentrationslagersystem im Film satirisch aufzuarbeiten[53]. Schon Ernst Lubitsch sah die Möglichkeit, die Irrwitzigkeit dieses Systems grotesk umzusetzen, blieb aber im »Undefinierbaren« der obersten Etagen (*To be or not to be / Sein oder Nichtsein*, 1942)[54], die das Schicksal des ›kleinen Menschen‹ ausblenden; auch die Massenvernichtung ist in diesem Film nicht präsent. Wertmüllers Protagonist reist jedoch in virtuoser Montage als neapolitanischer Macho (Giancarlo Giannini) durch Krieg, Irrenhaus und schließlich Konzentrationslager. Auch er wird zum Täter: Durch die Verführung einer Aufseherin zum Kapo befördert, erschießt er schließlich seinen besten Freund und Leidensgenossen, einen Anarchisten. Wieder spielt das sadomasochistische Element eine wichtige Rolle: Die stoische, korpulente Aufseherin (Shirley Stroler) wird zur mütterlichen Instanz, die nur durch einen Akt der Hingabe überwunden werden kann. In einer makabren Sequenz schläft der Protagonist mit der massigen Frau: Die Henker-Opfer-Konfrontation gerät zum morbiden Cabaret, und die Variation der Stereotypen vom Faschismus verselbstständigt sich in einer alle Ebenen verschachtelnden Montage. Die Verbrechen des Holocaust könnten als sadomasochistische Farce wahrgenommen werden. Der Film legt scheinbar nahe, die ge-

---

[53] Im Unterschied zum Konzentrationslager dient das deutsche Kriegsgefangenenlager häufiger als Hintergrund für Unterhaltungsfilme und -serien, z.B. *The Great Escape* (*Gesprengte Ketten*, 1962) von John Sturges.

[54] Lubitsch gab später zu, dass er dieses Thema nicht auf diese Weise verarbeitet hätte, wären ihm die tatsächlichen Verhältnisse und Konsequenzen zu jener Zeit bereits bekannt gewesen.

samte Epoche sei nichts weiter als ein gigantischer, böser Scherz gewesen. Auch George Roy Hills *Slaughterhouse Five* (*Schlachthaus 5*, 1972) arbeitet in den Lagerszenen mit einem ähnlichen schwarzen Humor, spart jedoch die Sexualisierung aus. Grotesk bleibt allein das System der maschinisierten, industrialisierten Tötung, das in letzter Konsequenz kein Film wirklich ›fassbar‹ machen kann. Mit der Intention, in einem unbeschönigten, unangenehmen »chirurgischen Akt« die dekadente Doppelmoral des Dritten Reiches zu illustrieren, dramatisierte der marxistisch orientierte[55] Spezialist für bombastische (S)exploitation Tinto Brass (*Caligola / Caligula*, 1979) die Reportage *Salon Kitty* von Peter Norden, die Entstehen und Fall des Berliner Spionagebordells gleichen Namens beschreibt. Aus dem Hauptsturmführer Walter Schellenberg wird hier der affektierte Fanatiker Wallenberg[56] (Helmut Berger), dem der Hass einer Frau zum Verhängnis wird. Das Bordell wird dabei zum faschistischen Mikrokosmos, der die zeitgenössischen Geschehnisse abstrakt reflektiert, tatsächlich jedoch nichts als bereits etablierte Stereotypen versammelt: Orientiert an den Bildern von George Grosz und Bob Fosses *Cabaret* gestalten sich die Bordellabende als bizarre Freakshow – angefüllt mit zeitgenössischen Versatzstücken. Helmut Berger – so etwas wie eine Kultfigur im SadicoNazista-Zyklus – verkörpert die fetischistische Seite: In Anlehnung an Görings bekannte Vorliebe für Uniformfetischismus ist sein Kleiderschrank reich bestückt mit glitzernden Phantasieuniformen. Seine affektierten Auftritte verkommen regelmäßig zur Travestie; nur das Stolpern in einem hektischen Schritt entlarvt den

---

[55] Diese Klassifizierung basiert auf Brass' eindeutig politisch motivierten Frühwerken *Chi lavora e perduto* (*Wer arbeitet, ist verloren*, 1963) und *Yankee* (1966); mit den späten 1960er Jahren gehen derartige Ambitionen jedoch verloren.
[56] Ein bewusster Verweis auf den schwedischen Botschafter Raoul Wallenberg, der zu seiner Amtszeit in Budapest Juden rettete, wäre zynische Spekulation.

Showcharakter. In einer ähnlich verkrampften Pose wie am Ende von *Caduta degli dei* stirbt Berger als Wallenberg diesmal einen erbärmlichen Tod. Nicht von ungefähr hat sich *Salon Kitty* als fetischistischer Softporno etabliert mit seinen endlosen ›Modenschauen‹ und Unterwerfungsszenarien. Es bleibt jedoch bei den Andeutungen: Der historische Bezug ist vage und kommt fast einem Vorwand gleich. Dass der Salon schließlich bombardiert wird, erscheint als moralisches Alibi eines der Faszination seiner Faschismusphantasien längst erlegenen Filmemachers. Es fällt auf, dass alle zitierten Werke aus der politisch aktiven Linken stammen, jedoch eine bemerkenswert starke Hingabe an das Sujet erkennen lassen.

Den Höhepunkt des Zyklus schuf noch im selben Jahr eine der führenden Figuren der italienischen Film- und Literaturwelt: Pier Paolo Pasolini. Er, dessen größte Hoffnung und gesellschaftliche Utopie die Körper des unterprivilegierten Vorstädters gewesen waren, inszenierte den Abgesang auf alle humanen Werte. Er adaptierte Marquis de Sades prärevolutionären Roman »Les 120 journées de Sodome ou l'école du libertinage« (1782 / 1784), indem er den Stoff in die untergehende Republik Salò am Gardasee verlegte. In einem sehr konstruierten Figurenensemble spiegeln sich zahlreiche Stereotypen der »SadicoNazista«, werden hier jedoch derart pointiert eingesetzt, dass sie sich problemlos als solche entlarven und eine Reflexion zulassen. Pasolini übernimmt weitgehend das von de Sade vorgegebene Figurenarsenal: In einem rituell vorgegebenen Szenario der Grausamkeit werden die Knaben und Mädchen gedemütigt, vergewaltigt, verstümmelt und schließlich getötet. Oft scheint eine gnadenlose Rationalität das Handeln der Herren zu bestimmen, meist jedoch brechen neurotische Eigenschaften durch. Die Jugendlichen nehmen größtenteils bereitwillig die Opferrolle ein, bemühen sich gelegentlich sogar, durch einschmeichelndes Verhalten zu glänzen und denunzieren schließlich ihre

Leidensgenossen. Um das dramaturgische Konzept mythisch zu überhöhen, gliederte Pasolini den Film in Anlehnung an die neun Höllenkreise aus Dantes »Inferno«. Auch sein Ziel scheint es zu sein, einen umfassenden, allgemeingültigen faschistischen Mikrokosmos zu entwerfen, um die Mechanismen faschistischer Machtpolitik metaphorisch bloßzulegen. *Salò* verkörpert den Höhe- und Endpunkt der Thematik. Durch einen distanzierten und glasklaren Stil entgeht Pasolini den möglichen pornografischen Tendenzen und macht den Blick frei für eine Analyse, die die Mechanismen des faschistischen Zwangssystems am Modell verdeutlichen will. So geriet auch weniger die Direktheit der Darstellung ins Kreuzfeuer der zeitgenössischen Kritik, sondern vielmehr die angestrebte Gleichung zwischen dem adaptierten literarischen Sadismus und faschistischer Machtpolitik. Pasolini mache es sich hierbei nicht nur zu leicht, er provoziere eine geradezu groteske Fehleinschätzung historischer Fakten, indem er die Machthaber mit dekadenten Perversen gleichsetzt. Letztlich ist wiederum zu bedenken, dass der mediterrane Faschismus, unter dem Pasolini als junger Mann persönlich zu leiden hatte, anderen Voraussetzungen und Traditionen entspringt als der deutsche. Pasolini klassifizierte nach seinen eigenen Aussagen eher die Gegenwart als »faschistisch«, als dass er die Vergangenheit kritisieren wollte; Pasolinis Anmerkungen zu seinem letzten großen Werk weisen erstaunliche Parallelen zu Jean Baudrillards am *posthistoire* orientierten Thesen:

> Die Botschaft von *Salò* ist die Anklage der Anarchie der Macht und der Inexistenz der Geschichte ... und doch, so ausgedrückt, ist es eine sklerotische Botschaft, verlogen, vorgeschoben, heuchlerisch, d.h. eine logische: von derselben Logik, die die Macht gar nicht anarchisch findet und die glaubt, dass es eine Geschichte gibt. Der Teil der Botschaft, der den Sinn des Films

wiedergibt, ist unendlich viel realer, weil er auch alles einschließt, was der Autor nicht weiß …[57]

---

[57] Pasolini nach: Schweitzer 1986, S. 126.

Die Avantgarde

Das fetischisierte und sexualisierte Bild vom nationalsozialistischen Soldaten fand zunächst in der (zum größten Teil homosexuellen) Avantgarde der Nachkriegszeit einen deutlichen Niederschlag. Auch Jean-Paul Sartre lässt seinen schwulen Protagonisten aus »La Mort dans l'âme« (1949) von den blonden, ebengesichtigen Soldaten schwärmen, die in Paris einmarschieren, in Jean Genets »Pompes funèbres« (1951) wird die ›Blonde Bestie‹ in der schwarzen Uniform selbst zum Ziel der Leidenschaft. Auch in dem einzigen Film des Schriftstellers Genet – *Un Chant d'amour* (1950) – spielen Uniformfetischismen und Dominanzgebaren eine bedeutende Rolle. In einer an Jean Cocteau angelehnten Bildsprache erzählt Genet collagenartig von den Sehnsüchten und Freiheitsträumen einiger Häftlinge. In einer finalen Sequenz nähert sich der schwarzuniformierte Wärter drohend einem älteren Gefangenen und schiebt ihm langsam den Pistolenlauf in den Mund. Den Triumph genießend legt er seinen Kopf zurück. Der schwule Underground-Künstler Tom of Finland wurde in seinen Zeichnungen aus den 1950er Jahren teilweise deutlicher. Er lässt seine nackten Muskelmänner von deutlich identifizierbaren SS-Leuten foltern. »Die Leute haben [die Zeichnungen] politisch betrachtet, weil Nazis darauf vorkamen. Sie hielten mich selbst für einen Nazi. Heute würde ich solche Bilder nicht mehr machen, weil ich nicht will, dass man sie so sieht – es sind meine Phantasien.«[58] Der Künstler betonte hier einerseits die enthistorisierte, sexualisierte Perspektive auf den Nationalsozialismus, andererseits jedoch zeigte er sich später reuig, indem er alle Bilder mit eindeutig politischen Symbolen zurückzog. Vielen homosexuellen Künstlern, die den Zweiten Weltkrieg direkt oder indirekt miterlebten, ist

---

[58] zitiert nach: Nayland Blake: Tom of Finland: An Appreciation, in: Outlook, Herbst 1988, S. 43.

jedoch die Faszination für den uniformierten, martialischen deutschen Soldaten gemeinsam. Der kalifornische Experimentalfilmer Kenneth Anger, kreatives Ziehkind Jean Cocteaus, dessen Debütfilm *Fireworks* (1947) von großem Einfluss auf Genets *Un Chant d'amour* war, widmete sich dem Nazi-Fetisch in stilisierterer Form. Zu Beginn der 1960er Jahre verarbeitete er Erfahrungen und Eindrücke, die er bei dem rassistischen Bikerclub Hell's Angels in Kalifornien gesammelt hatte, in dem ironischen, okkulten Passionsspiel *Scorpio Rising* (1963), das einerseits die Rebellen-Idole der 1950er Jahre reflektierte und andererseits die Stereotypen des späteren Bikerfilms vollständig vorwegnahm. Kenneth Angers eigene Zusammenfassung teilt den Film in vier Segmente[59]: Teil 1: »Jungs und Kolben« beginnt mit einem Spielzeugpolizisten aus Blech und endet in der Garage eines jungen Mannes, der sein Motorrad hingebungsvoll poliert. In prinzipiell blaues Licht getaucht, zaubert die pointierte Beleuchtung sternenartige Reflexe auf das Chrom. Eigentlich verbunden mit einem erstarrten, verchromten Aggregatzustand männlicher Sexualität, nimmt die Maschine fast weibliche Züge an, als eine Mädchen-Combo aus dem Off singt: »wind me up«. Eine sinnliche, langsame Kamerafahrt streicht über das Metall, würdigt jeden Teil des kalten Körpers, um auf einer Motorradkette und einem Paar Motorradstiefeln zu enden: Die Aggression wird erstmals ins Spiel gebracht. Motorradlenker und Tank nehmen die Gestalt des Skorpions an, der den Titel gab, ein Sensenmann beweist im Hintergrund Präsenz. Zu Bobby Vintons »Blue Velvet« kleidet sich ein muskulöser Adonis in schwarzes Leder; sein offensichtlicher Fetischismus macht von nun an jeden Handlungsakt zu einem sakralen Akt, geheiligt durch das per se sakrale Wesen des Fetischismus. Teil 2: »Image Maker«, der ›goldene‹ Teil, illus-

---

[59] Ich folge bei dieser Zusammenfassung Pilling / O'Pray 1989, S. 34 ff.

triert die Notwendigkeit der Idole. Ein Biker liegt halbnackt auf dem Bett; er hat gelbblondes Haar und trägt eine getönte Brille. Die Stilisierung wird zur Form der Autoerotik. Er liest einen Sawyer/Finn-orientierten Comicstrip mit stark homoerotischem Touch. Marlon Brando in *The Wilde One* (*Der Wilde*, 1953) und Ausschnitte aus einem Schulfilm über das Leben Jesu werden zu zeitgenössischer Rockmusik in Verbindung gebracht. Über allem bleibt der Hauch des sexuellen Fetischs bestehen. Auch dieser Mann kleidet sich sorgfältig an, umgibt sich mit Symbolen der Macht und des Todes: Totenkopfringe, schwarzes Leder, Schirmmütze, Nietengürtel, Handschuhe, Stiefel. Den Höhepunkt bildet ein Sniff Kokain, den er einer »Poison« betitelten Flasche entnimmt. Teil 3: »Walpurgisnacht« präsentiert den Sabbat der Biker. Wieder erscheinen Brando und Jesus. Es wird deutlich, dass dieser Jesus in Verbindung mit der Jesusinkarnation aus *L'Age d'or* (*Das goldene Zeitalter*, 1930) gesehen werden muss, wo diese Figur den letzten Überlebenden der »120 Tage von Sodom« von de Sade verkörpert. Eine Gruppe Biker stürzt bizarr kostümiert in den Partyraum und beschmiert einen Nackten mit Senf. Was wie eine abstruse sexuelle Initiation anmutet, wird immer wieder mit Jesus und seinen Jüngern verbunden. Shiva-Masken bringen erneut den Tod ins Spiel. Als Jesus seinen Palmsonntags-Ritt beginnt, starten auch die Biker auf ihren Maschinen. Teil 4: »Rebel Rouser« entwirft das Gesicht des Verführers: Luzifer. Die vorangehende Orgie nimmt Züge eines terroristischen Endspiels an. Vor einem improvisierten Altar agiert fackelschwenkend eine Führerfigur mit Maske und SS-Schiffchen. Er scheint die Menge zu einer wilden Rallye anzustacheln. Die an Nazi-Veranstaltungen erinnernden Bilder werden vermehrt unterbrochen durch sadomasochistische Ikonen. Das Ende bildet ein Unfall, bei dem der Motorradfahrer offensichtlich getötet wird. Ein pulsierendes Licht taucht die Leinwand in blutiges Rot. Ein Kreis

scheint geschlossen zu sein. Der Skorpion hat sich zum Kampf erhoben, um zu sterben.
Kenneth Anger nutzt die Montage im streng intellektuellen Kontext und weckt Erinnerungen an Eisensteins Montage der Attraktionen. Eine rhythmische Montage, die mit den Popsongs korrespondiert, scheint sich zwar anzubieten, wird aber unterlaufen. Im Gegensatz dazu kommt den Pop- und Rocksongs kommentierende Bedeutung zu. Die Sogwirkung entfaltet sich auf der Ebene des bewussten, assoziativen Sehens, nicht der einlullenden modernen Clipmontage, die oft auf Angers Film zurückgeführt wird. Der Skorpion ist in diesem Kontext als »phallisches Segmentgeschöpf« ein Symbol für Thanateros, die Verbindung von Eros und Thanatos sowie Sex und Maschinen. Er umklammert die Verbindung zwischen Hell's-Angels-Kult, kindlicher Zerstörungswut, Fetischsex und Faschismus. Die Straße ist der reale, profane Raum der Biker, das Zimmer im zweiten Teil ist der symbolische, sakrale Raum. Im späteren Bikerfilm wird es diesen sakralen Raum nicht mehr geben. Den Film hindurch dominiert immer mehr der Tod, der zu Beginn lediglich comichafte Präsenz beweist. Die Verführung zum Tod wird realer und – im letzten Teil – nahezu historisch lokalisiert. Der Sex ist nur das Vehikel zum Tod. Susan Sontag verweist in »Fascinating Fascism II« auf diesen Film als einen der wenigen gelungenen Versuche, einen Zusammenhang zwischen Faschismus und Sexualität zu visualisieren.
Zur Hochzeit der SadicoNazista-Welle Mitte der 1970er Jahre wandte sich der englische Regieexzentriker Ken Russell im Rahmen einer weiteren Komponisten-Biografie diesem Komplex zu. Russells eigenwillige Interpretation von Gustav Mahlers Leben – *Mahler* (1974) – ist in mehrere thematische Blöcke gegliedert, u.a. die Erschaffung der Welt, die Natur, der Tod und die religiöse Konvertierung. Von der Mitte des Films an dominiert der Tod, etwa in

Mahlers Traum, um schließlich in der Aussicht des »ewigen Lebens« zu gipfeln. Mahlers Leben schien überschattet von antisemitischen Anfeindungen und Todesahnungen gewesen zu sein, woraus sich die wohl einprägsamsten Sequenzen des Films ergeben: der Traum von der eigenen Beerdigung und die Konvertierung vom Judentum zum Katholizismus.

Nachdem Mahler (Robert Powell) in einem Zugabteil Max (Richard Montant), den mutmaßlichen Geliebten seiner Frau Alma (Georgina Hale), getroffen hat, beschert ihm die folgende Konfrontation mit einer orientalischen Prinzessin (Elaine Delmar) einen physischen Zusammenbruch. Der Ausruf »Beethoven« – für Mahler scheinbar gleichbedeutend mit dem Tod – leitet eine an Carl Theodor Dreyers frühen Horrorfilm *Vampyr* (1930) erinnernde Vision ein, in der Mahler seine eigene Beerdigungsprozession und Einäscherung aus dem Sarg heraus miterlebt; der Sarg hat ein Fenster und ist in einigen Einstellungen sogar durchsichtig. Die Schlüsselfiguren dieser Szene sind der »tote« Mahler, Alma, die auf dem Sarg tanzt, und Max, der die Prozession anführt, sowie mehrere Soldaten im Gefolge. Als Max zum Auftakt die Trompete bläst, ist in einem Zoom in die Halbnahe seine schwarze Schirmmütze zu sehen. Auf der schwarzen, silbern paspellierten Mütze ist deutlich eine silberner SS-Totenkopf erkennbar. Auch die Kragenränder sind mit Aluminiumfaden paspelliert, weisen jedoch keine Rangabzeichen auf. In der Totalen wird schließlich die ganze Uniform sichtbar, komplett mit Breetchesreithosen und Stiefeln. Diese Uniform wird schließlich mehrfach in einen sexuellen Kontext eingefasst: Mahler begreift Max als sexuellen Konkurrenten im Bezug auf seine Frau, die ihrerseits erotische Phantasien mit ihm auszuleben scheint. Den Höhepunkt dieser Eifersuchtsphantasie bildet ein erotischer Tango von Alma mit Max sowie ihr anschließender Striptease. Der Aufbau dieser Szene erinnert sowohl an die Geschichte von Salome, als auch an Charlotte Ramplings Cabaret-Auftritt aus *Il portiere di notte*. Mahlers Phantasie legt nahe, dass er sich von seiner Frau verraten und ausgeliefert sieht, sich jedoch auch selbst die Schuld daran zuweist: Ihre Kopulationsgebärden an einem Grammophon-Trichter verdeutlichen, dass sich Alma von ihrem Mann zugunsten seiner Musik vernachlässigt fühlt. In seiner Autobiographie beschreibt Ken Russell diese Szene als einen Beerdigungsmarsch mit »Mahler, dem Juden, der lebendig verbrannt wird von der Gestapo in einem Reichskrematorium.«[60] Russell spielt mit Mahlers Angst vor antisemitischer Aggression, und die SS dient ihm – wie in der Konvertierungssequenz das Hakenkreuz – als Symbol für den absoluten Antisemitismus, gepaart mit deutlicher Todessymbolik (Totenkopf, Krematorium, die Trauerfarbe Schwarz). Ein weiteres Detail des preußischen Militarismus schafft in der hier gezeigten parodistischen Überzeichnung eine groteske, charadenhafte Atmosphäre: der Stechschritt. Mit einem Ausfallschritt wird der Prozessionszug zu einem lächerlichen Militärballett. Die bedrohliche Erscheinung des Schwarzen Korps, an sich bereits comichaft inszeniert, wird hier zusätzlich gebrochen. Angesichts des Verbrennens des lebendigen Mahler, gepaart mit seinen Eifersuchtsqualen, kommen auch vage Erinnerungen an die christliche Vorstellung der Hölle auf. Reinhold Rauh sagt in anderem Zusammenhang: »Nazi-Deutschland ist zu einem Mythos geworden. Es nimmt im kollektiven Bewußtsein ziemlich genau den Platz ein, wo einmal das war, was mit dem Verfall religiöser Vorstellungswelt obsolet geworden ist: die Hölle.«[61] Ken Russell schöpft ständig aus dieser und zahlreichen anderen Mythen, um in aller Drastik seine Interpretation zu vermitteln. Sein Umgang mit faschistischen Stereotypen zeigt

---

[60] Ken Russell: A British Picture – An Autobiography, London 1989 / 1990, S. 160.
[61] Rauh, zit. n.: Schmitt-Sasse (Hrsg.) 1993, S. 257.

sehr anschaulich die Mechanismen der Avantgarde, diese Elemente immer neu zu codieren und sich dienstbar zu machen.
Auch der Theater- und Filmregisseur Werner Schroeter, der selbst eine bekannte Kritik zu *La caduta degli dei* geschrieben hat, bedient sich ein Jahr später einer Verbindung der Elemente Kabarett, Sexualität und Politik in *Der Bomberpilot* (1970). In seiner Geschichte von drei Frauen, die als Kabarettistinnen Krieg und Nachkriegszeit erleben, kommt es zur Hakenkreuz-Charade, als die Protagonistinnen in Dessous auf einer klassizistischen Treppenflucht vor der Reichsflagge tanzen. Erstaunlicherweise ließ sich der ebenfalls von der Nazi-Thematik besessene Avantgarde-Regisseur Hans Jürgen Syberberg nie konkret auf eine Verbindung von Sex und Faschismus ein. In seinem monumentalen Collagefilm *Hitler, ein Film aus Deutschland* (1977) lässt er zwar Peter Kern als SA-Mann den Rechtfertigungsmonolog des Kindermörders aus *M – Eine Stadt sucht einen Mörder* (1932) von Fritz Lang rezitieren, der exorzistische Gedanke dieses Gnadengesuchs ist ihm jedoch deutlich wichtiger als eine Parallelisierung zwischen dem faschistischen Despoten und dem pädophilen Killer. In dem früheren Werk *Ludwig – Requiem für einen jungfräulichen König* (1972) kommt allerdings eine Sequenz vor, in der Ludwig u.a. vom heraufziehenden Nationalsozialismus träumt und Hitler und Ernst Röhm einen homoerotischen Tango tanzen sieht.
Viele Filme des Dänen Lars von Trier weisen eine deutliche Affinität zu faschistischer Ästhetik gepaart mit Dekadenz und Korrosion auf (z.B. *Europa*, 1991). In seinem frühen Kurzfilm *Orchidégartneren* (1977) kommt es zu folgenden Situationen: Von Trier selbst schminkt sich, während er eine Wehrmachtsmütze aufhat, die er dann gegen einen Stahlhelm austauscht. Später wird eine sadomasochistische Szene angedeutet, in der er mit einem Uniformmantel bekleidet ist, und die Frau, die ihn auspeit-

schen wird, hat ihren nackten Oberkörper mit einem Schlips geschmückt. Ähnlich wie Tom of Finland hat von Trier diesen frühen Film inzwischen zurückgezogen, wobei unklar ist, ob es an dem missverständlichen Potential der Symbole oder den sehr persönlichen Obsessionen liegt, die der Film offenbart. Peter Schepelern schreibt, der Film sei seinerseits als kreative Antwort auf die Sadico-Nazista-Welle entstanden, wobei er Anspielungen auf *Ilsa*, *Portiere di notte* sowie die in Dänemark populären Kriegsabenteuerromane von Sven Hazel ausmacht.

Die Verwendung stereotyper Bilder vom Faschismus wurde inzwischen zum ›avantgardistischen‹ Klischee. Nicht zuletzt sind es Filme und Kunstwerke von so unterschiedlichen Künstlern wie Hans Jürgen Syberberg, Anselm Kiefer und einigen der Wiener Aktionisten (z.B. Schwarzkogler), die durch inflationäre Verwendung eine Einbuße des Schockpotentials dieser Momente herbeiführten.

Nicht alle Filme jener Zeit lassen sich einreihen in die Sexualisierung des Nationalsozialismus. *Aus einem deutschen Leben* (1977) von Theodor Kotulla z.B. zeichnet in semidokumentarischer Nüchternheit ein Porträt des Auschwitz-Kommandanten Rudolf Höß (Götz George). Der kühl-ökonomisch denkende Landwirt macht aus dem Arbeitslager eine florierende Todesfabrik[62], indem er erstmalig Vergasungen mit Zyklon B einführt. George stellt diesen nüchternen Mordfabrikanten als spießigen Kleinbürger mit ausgeprägter Doppelmoral dar. Seine Kinder und seine Frau, die in unmittelbarer Nähe des Massenmordes leben, erfahren eher zufällig von den tatsächlichen Vorgängen. Daraufhin lässt sich der Kommandant zu der Bemerkung hinreißen, er würde auf Befehl gar seinen eigenen Sohn töten. Dieses schwer erträgliche

---

[62] Jean Cayrols Monolog zu Alain Resnais Konzentrationslagerdokumentation *Nuit et bruillard* (*Nacht und Nebel*, 1955) beschreibt diesen Typus des Lagerkommandanten.

Szenario wird in kargen, pointierten Sequenzen entfaltet, die nichts an fetischistischem Charisma transportieren wollen oder können. Auch Romuald Karmakar (*Der Totmacher*, 1995) sollte Jahre später mit Götz George ein ähnlich beklemmendes Porträt inszenieren. Andreas Grubers semidokumentarischem Spielfilm *Hasenjagd* (1994) gelang die Gratwanderung zwischen stilisierter Fabel und historischer Nacherzählung ebenfalls ähnlich wie Kotulla. Er lässt ein ganzes Dorf zu Bluthunden der SS werden und entkommene Häftlinge jagen, was ihm Gelegenheit bietet, auf differenzierte Weise Opportunismus, Distanzierung und Enthusiasmus der Durchschnittsbevölkerung, den ›Faschismus des kleinen Mannes‹, zu porträtieren. Auch hier bleibt die Atmosphäre nüchtern, der Blick distanziert. Spannungsdramaturgie wird vermieden, die Tragik der Situation überlagert die Szenerie. Auch hier gibt es einen neurotischen SS-Mann, doch Gruber umgeht die Stilisierung, indem er diesem lediglich funktionalen Spielraum einräumt und die absurde Bürokratie betont (Kreidestriche für jeden Toten). Die einzige Sequenz, in der sadistische Willkür durchbricht (der SS-Mann benutzt Gefangene als menschliche Kegel), ist folglich eher von Frustration und Langeweile bzw. kindlicher Freude geprägt als von sexuell motivierter Dominanzlust. Statt bei Kriegsende den überlaufenden Kameraden zu töten, sucht der SS-Mann lachend den Freitod im Wasser. Gruber untergräbt die Erwartungen mit differenzierten charakterlichen Wendungen. Auch das Fernsehspiel *Drei Tage im April* (1995) von Oliver Storz bemüht sich um eine differenzierte Fabel, in der die SS als heruntergekommene Exekutive eines maroden Terrorsystems auftritt: In einem kleinen, bäuerlichen Dorf bleiben während der letzten Kriegstage einige Waggons mit KZ-Häftlingen zurück. Der Film verfolgt die unterschiedlichen Reaktionen der Dorfbewohner auf die ungewollten ›Gäste‹. Obwohl sich langsam Zweifel und Mitleid ausbreiten, werden die Wag-

gons schließlich nachts ins Niemandsland verschoben. Wie viele Filme der 1970er Jahre bedient sich der Film einer – wenn auch weniger komplexen – Rückblendenstruktur. Trotz einiger sexueller Aspekte bemüht sich Storz bei der Zeichnung des SS-Mannes darum, einen gescheiterten, heruntergekommenen Regimefreund zu zeichnen, dessen Verliererausstrahlung sich mit der menschenverachtenden, absurden Situation im Dorf ergänzt. Nicht einmal die Uniform darf ihren Glanz behalten, sondern erscheint staubig und zerschlissen. Ein anderes Bild entwirft Hans W. Geissendörfer in seinem kleinen Pubertätsdrama *Gudrun* (1991), in dem er aus der Perspektive eines zwölfjährigen Mädchens die Liebesgeschichte zwischen dessen Mutter und einem etwas schmierigen SS-Offizier erzählt. Er bemüht sich, die ländliche Idylle nicht in Bezug, sondern in bewußten Kontrast zu der schwarzuniformierten Personifikation des »bösen Systems« zu setzen. Folglich ist die Präsenz der Nationalsozialisten die einzige ›Trübung‹ in einer einfachen, ländlichen Welt.
Die Rückbesinnung auf die bekannten Stereotypen fand bezeichnenderweise in einem ganz anderen Umfeld statt: im amerikanischen Monumentalfilm der Spielberg-Fabrik. Folternde Gestapo-Knechte in *Raiders of the Lost Ark* (1981) und fanatische Waffen-SS-Soldaten in *Indiana Jones and the Last Crusade* (1988) kramten den Comic-Nazi der 1940er und 1950er Jahre wieder hervor. Auch die erste Episode der *Twilight Zone* (1983), die den durch einen Zeitsprung nach Nazideutschland versetzten Rassisten (Vic Morrow) von der SS verfolgen und in einen Viehwagon sperren lässt, ist von Spielberg selbst produziert. 1993 kehrte Steven Spielberg unter größter publizistischer Aufmerksamkeit zu diesem Thema zurück. Anhand der Antagonisten Oskar Schindler (Liam Neeson) und dem KZ-Kommandanten Amon Göth (Ralph Fiennes) erzählt er in *Schindler's List* von der Rettung jüdischer Arbeiter vor dem Lagertod. Schindler arbeitet an der »Schadensbegren-

zung« (er rettet, so viele er kann), Göth verkörpert die bekannte Mischung aus rationaler Destruktivität und gewalttätigen Neurosen. Das Bild des Faschismus als einer sexuell devianten Bedrohung hat längst Eingang in die Mythologie und Ikonologie der populären Kultur gefunden.[63]

---

[63] Siehe hierzu auch: Stiglegger 2014.

SadicoNazista

Ich möchte diesen titelgebenden Abschnitt mit zwei Zitaten einleiten, die repräsentativ für die oft beiläufige Erwähnung der Welle exploitativer »Nazi«-Filme der 1970er Jahre stehen. In Phil Hardys »Enzyklopädie des Horrorfilms«[64] (sic!) findet sich für Sergio Garrones *Lager SS 5- l'inferno delle donne* ein kurzer Eintrag, der sich wie folgt liest:

> The box-office-success of Liliana Cavani's picture about the pleasures of being tortured in a Nazi concentration camp, *Il portiere di notte* (1974) and, in America, the repulsively adolescent and racist torture-camp movies of Don Edmonds (*Ilsa, She-Wolf of the SS*, 1974), triggered the nostalgic fantasies of explicit as well as crypto fascists, spawning a filmic equivalent of the established literary porn subgenre, ›il SadicoNazista‹. Garrone contributed two filmic atrocities to this variation on the woman's prison movies, *Lager SSadi Kastrat Kommandantur* (1976) and this movie which simply exploits ›entertaining‹ thrills such as Jewish women being undressed and divided into prostitutes and victims of medical atrocities. There is the obligatory Nazi lesbian, a crude abortion scene and a hefty smattering of assorted tortures. [...] Since nearly all the films flopped at the box-office, the trend disappeared as quickly as it had emerged.

1977 erschien im katholischen Filmdienst folgende Notiz, die die SadicoNazista-Gattung tief verwurzelt in italienischen Filmtraditionen, z.B. des Monumentalfilms, sieht:

> [Es] sind an die Stelle der römischen Legionäre in ihren kurzen Tuniken nun die schwarz uniformierten SS-Leute des Zweiten Weltkrieges

---

[64] Hardy 1992, S. 315.

getreten. Seit Ende vergangenen Jahres wird Italien von einer bisher noch nicht abreißenden Welle politischer Sadopornos [überschwemmt], die [...] mehr oder minder offen an Pasolinis doch auf etwas anderer Ebene liegenden Film anschließen. [...] Was daran ›deutsch‹ ist, bleiben gewöhnlich einzelne in den Dialog gestreute primitive Sprachbrocken [...].[65]

Interessant ist nun die direkte Herleitung dieser Tendenzen aus der italienischen Filmgeschichte:

Es ist in Nachkriegs-Italien schon die dritte Welle von Filmen, die sich ›antifaschistisch‹ gebärden. Die erste war gleich nach Kriegsende angerollt und vornehmlich von früheren Faschisten wie Guido Aristarco oder Carlo Lizzani getragen, die sich ein politisches Alibi zu verschaffen notwendig hatten. Die zweite kam um die Wende zu den 60er Jahren, vertreten etwa durch *Vier Tage von Neapel* oder *Das Gold von Rom*, und sollte, fast durchweg von kommunistischen Regisseuren inszeniert, wohl die NATO-Partnerschaft unterminieren, indem untergründig noch fortlebende Ressentiments gegen die Deutschen neu belebt werden sollten. Der jetzigen dritten ist ein Film wie Viscontis *Die Verdammten* vorangegangen, dem fragwürdigere wie Liliana Cavanis *Der Nachtportier*, Tinto Brass' *Salon Kitty* oder Pasolinis *Salò* gefolgt sind. Die heutige Nachläufer-Welle freilich gehört zur untersten Hardcore-Gattung, in der minuziös gezeigte Operationen an Eierstöcken oder auch Kastrierungen ein besonderes Stimulans bilden, das wohl weniger die Libido als das Ekelgefühl (oder aber perverse Neigungen) des Zuschauers ansprechen soll.[66]

---

[65] USE in: Filmdienst, 30. Jg., 2. August 1977, S. 1 ff.
[66] a.a.O.

Diese beiden kurzen und vorsätzlich definitiven Einträge (tatsächlich finden derartige Filme in seriösen Nachschlagewerken und Magazinen üblicherweise gar keine Erwähnung) machen mehr als deutlich, dass sich das *gros* der SadicoNazista-Filme auf dem Terrain des Exploitationfilms bewegt (in meiner Darstellung werden die exploitativen Beiträge angesichts ihrer Schematik anhand eines einzigen Beispiels abgehandelt).

Wie schon zu Beginn erläutert, bedeutet der englische Begriff *exploitation* Ausbeutung und beschreibt die Intention des Filmemachers, aus einem populären Thema mit reißerischem Potential ein Höchstmaß an spektakulären Effekten zu gewinnen.[67] Als Themen bieten sich alle Sujets an, die Voraussetzungen für die explizite Darstellung von Gewalt- und Sexualakten garantieren: Prostitution, Halbwelt, Subkulturen, Gefängnisse, Gefangenenlager, Bürgerkriegssituationen, Sekten, Kannibalismus, Inquisition, Sklaverei; immer spielen von Dominanz und Unterwerfung geprägte Zwangssysteme eine Rolle. In den 1970er Jahren, die durch eine Lockerung der Zensurbestimmungen neue Voraussetzungen in der Filmwirtschaft geschaffen hatten, kam es regelmäßig zu ganzen Zyklen thematisch ähnlich gelagerter Exploitationfilme, die sich jeweils dem Erfolg eines aufwendiger produzierten Vorbildes anschlossen: Richard Fleischers Südstaatendrama *Mandingo* (1974) mit James Mason zog neben der offiziellen Fortsetzung vornehmlich italienische Werke wie *Mandinga* (*Weiße Herrin im Sklavencamp*, 1977) von Mario Pinzauti nach sich, auf Michael Reeves' meisterliches Inquisitionsdrama *The Witchfinder General* (*Der Hexenjäger*, 1968) mit Vincent Price folgte eine Reihe von Hexenfilmen, auf Ken Russells *The Devils* (*Die Teufel*, 1970) eine

---

[67] Ephraim Katz, The Film Encyclopedia, New York, 2nd ed., 1994, S. 429: »Films made with no attention to quality or artistic merit but with an eye to a quick profit, usually via high-pressure sales and promotion techniques emphasizing some sensational aspect of the product.«

Reihe von Nonnenfilmen (»Nunsploitation«), die ihr Thema als Vorwand für die genüssliche Zelebrierung historischer Folterorgien benutzten. Es ist anzunehmen, dass diese Nachzieher ein vergleichbares Publikum ansprechen sollten wie die SadicoNazistas.

In dieser Zeit (etwa 1968 bis 1982) spezialisierten sich nicht nur einzelne Regisseure auf die Produktion von Exploitationfilmen, sondern auch ganze Produktionsfirmen, wie z.b. in Italien Fulvia und S.E.F.I. Cinematografica, in Frankreich Eurocine und in der Schweiz Erwin C. Dietrich, der seinerseits eine Reihe von Frauenlagerfilmen produzierte und inszenierte[68]. Die SadicoNazista (ich verwende diesen Begriff hier analog für Literatur und Filme, die die Verbrechen des Dritten Reiches exploitativ verwerten), die zu achtzig Prozent in Deutschland weder im Kino noch auf Video zu sehen waren, werden in der Undergroundfilm-Presse nicht ganz ungerechtfertigt stets im Zusammenhang mit den gleichzeitig populären Frauenlager- und Frauengefängnisfilmen besprochen. Derek Flint ließ sich in seinem »SS-Sluts«-Artikel im britischen Fanzine »Redeemer« zu dem Schluss hinreißen, eine gesonderte Stellung der Nazi-Exploitation aufgrund der Verwendung tabubelasteter Versatzstücke und Themen sei angesichts der formalen Gleichung weniger gerechtfertigt und schlägt eine Einordnung dieser Werke neben den Hexenjäger- und Lagerfilmen vor[69].

Noch einmal sei betont, dass es sich bei den im Hauptteil ausführlich porträtierten Filmen natürlich nicht um exploitative Filme handelt, obwohl einige zeitgenössische

---

[68] Eine von mir ausgegrenzte Sonderstellung kommt den KZ-Filmen aus Hongkong zu, die die japanischen Lager in China während des 2. Weltkrieges thematisieren; ernstzunehmen ist in diesem Zusammenhang nur Mou Dun Feis *Men behind the Sun* (1990).

[69] »... to take them too literally would be a mistake. They are really no worse than films such as *Mark of the Devil* [...], or any European women's prison movie.« Flint in: Redeemer Vol. 1 / No. 2, um 1992, S. 10.

Rezensenten durchaus unzutreffend in diese Richtung argumentiert hatten (sie konnten nicht wissen, was folgen würde). Viscontis, Cavanis, Wertmüllers und Pasolinis Filme boten allenfalls ein Grundgerüst, auf dem die kommerzielle Exploitation gedeihen konnte. Tinto Brass bewegt sich jedoch mit seinem *Salon Kitty* in einer ähnlichen Grauzone wie Fleischers *Mandingo*: Beide Filme sind sehr aufwendig produziert und mit prominenten Schauspielern (hier Berger und Thulin, dort Mason und Susan George) besetzt. Dennoch bieten sie vornehmlich auf äußere Spannung abzielende, freizügig inszenierte Setpieces, die durch die dramaturgischen Voraussetzungen vage zusammengehalten werden. Brass, der in den 1960er Jahren als eine kreative Hoffnung des italienischen Films galt, widmete sich einem derartigen Konzept noch öfter, z.B. in dem groß angelegten Historienporno *Caligola*, der Malcolm McDowell, Helen Mirren, Peter O'Toole und John Gielgud mit Hardcore- und Splatterexzessen in Verbindung brachte. Auch das faschistische Zwangssystem bot ihm häufig den Hintergrund für sexuelle Exzesse: *La chiave* (*The Key – Der Schlüssel*, 1983) wäre zu nennen; Brass selbst sieht anscheinend auch *Caligola* vornehmlich als politische Parabel mit Aktualitätsanspruch. Durch seine über die Jahre gleichbleibend hohen Produktionsstandards hat sich Tinto Brass inzwischen als Altmeister des italienischen Exploitationfilms etabliert.

Für die Analyse des Phänomens sind die Exploitationbeiträge also von symptomatischem Interesse, da sich hier auf äußerst unverblümte Weise stilistische Eigenarten und kommerzielle Lesarten des »seriösen« Kinoschaffens reflektieren: Ein so dreistes Plagiat wie *L'ultima orgia del Terzo Reich* (1977) von Canevari beispielsweise sagt weniger über sein eigentliches Thema aus als über die zeitgenössische Rezeption von Cavanis Vorbild *Portiere di notte*, den er auf seine Weise neu interpretiert.

Die Exploitationfilme der SadicoNazista-Welle sind jedoch nicht zu verwechseln mit den seit Beginn der 1970er Jahre immer wieder produzierten Hardcore-Porno-Filmen, die sich der Verwendung von Uniformfetischen und historisierten Szenarien bedienen. Bieten Filme wie *L'ultima orgia* lediglich Softcore-Szenen, d.h. simulierten Sex, und konzentrieren sich statt dessen auf die Inszenierung von sadomasochistischen Ritualen, wird dieser Aspekt im Hardcorefilm, der real ausgeführten Sex zeigt, meist eher unbeholfen oder beiläufig abgehandelt. Das Ergebnis sind austauschbare koitale Revuen, in denen der Verwendung von SadicoNazista-Elementen nur pittoresker und exotischer Charakter zukommt. Nicht selten werden diese Versatzstücke nicht einmal in die spärliche Handlung bzw. in die Dialoge einbezogen. Auch in diesen Fällen haben es die deutschen Verleihe schwer, ihr Produkt überhaupt auf den Markt zu bringen. Beim Erscheinen von Joe D'Amatos Hardcorefilm *Le bambole del Führer* unter dem unauffälligeren Titel *Frauengefängnis 3* ließ der Verleih (nahezu) sämtliche Hakenkreuzsymbole auf Flaggen und an Armbinden durch Digitalisierung unkenntlich machen, was ironischerweise die Existenz dieser Symbole noch betont. Auch die bewusst alberne Synchronisation vermeidet jegliche Anspielung auf nationalsozialistische Zusammenhänge, was dem Film, der offensichtlich schwarze SS-Uniformen präsentiert, einen noch zynischeren Anstrich verleiht. In seltenen Fällen, z.B. in *La svastika nel ventre* (1977) von Mario Caiano oder in einigen Versionen von *L'ultima orgia del Terzo Reich*, wurden nachträglich Hardcore-Inserts eingefügt: Während einer Orgienszene des ersteren Films sind zwei kurze Naheinstellungen von authentischen Penetrationen zu sehen.[70] Im Zuge des Erfolges von Tinto Brass' Hardcore-Epos *Caligola* kam es immer wieder zur regional unterschiedlichen Verbreitung

---

[70] nach Luther-Smith 1997.

veränderter, z.T. »härterer« Versionen. Auch in anderen Bereichen des Exploitationfilm, z.B. im Horror-Genre, waren vergleichbare Vermarktungsstrategien in den 1970er Jahren üblich.

Eine Vermutung bezüglich der weltanschaulichen Ausrichtung dieser Exploitationfilme äußerte ein Journalist des Film-Dienstes:

> Ob irgendwelche politischen Kräfte hinter dieser Nazi-Sadoporno-Welle stecken, lässt sich schwer feststellen. Die Regisseure sind entweder Neulinge oder unprofilierte Kommerzroutiniers, als Drehbuchautor ist nur der Filmkritiker Vinzio Marinucci bekannt, und unter den Darstellern haben lediglich John Steiner und Claudine Beccairie einen gewissen Namen. Gerade das Mitwirken der letzteren, einstmals Star eines vieldiskutierten Interviewfilms über ihre Porno-Tätigkeit [*Exhibition*, Anm.d.A.], lässt vermuten, dass es hier um nichts als das blanke und üble Geschäft mit Sex und Blut geht.[71]

Ungeachtet der offensichtlichen Wahrheit, die hier artikuliert wird mit Blick auf den kommerziellen Aspekt der Filme, tut sich der Autor offensichtlich schwer mit dieser Erkenntnis. So naheliegend das beschriebene Phänomen auch scheinen mag, so pflichtbewusst wird es von der Fachpresse mit betroffener Ohnmacht beklagt. Und tatsächlich gehört es zum Wesen des Exploitationfilms, aus dem Unfassbaren Geld zu schinden.

Der Begriff der Pornographie ist gerade in diesem Zusammenhang – im Grenzbereich zwischen Exploitationfilm und Hardcore – problematisch. Filme dieses Grenzbereiches werden häufig mit dem variierten Begriff Sexploitation bezeichnet, Ephraim Katz rechnet jedoch auch den Hardcorefilm zu dieser Kategorie, was wiederum

---

[71] USE 1977, S. 3.

missverständlich erscheint.[72] Susan Sontag versucht in ihrem Essay »The Pornographic Imagination«[73], diesen Begriff am Beispiel der »Histoire d'O« von Pauline Réage und anderer Erzählungen zu konkretisieren. Sie unterscheidet dabei drei Arten der Pornographie:
a) als Gegenstand der Sozialgeschichte,
b) als psychologisches Phänomen und
c) als Konvention innerhalb der Kunst,

wobei sich die Autorin hauptsächlich mit Kategorie c) beschäftigt. Filme und Bücher »qualify as pornographic texts insofar as their theme is an all-engrossing sexual quest that annihilates every consideration of persons extraneous to their roles in the sexual dramaturgy, and the fulfillment of this quest is depicted graphically.«[74] Der pornographische Roman bzw. Film arbeitet also mit Typen statt individuellen Charakteren, er transzendiert die Persönlichkeit, um sie als Projektionsfläche für die Bedürfnisse des Rezipienten tauglich zu machen. Analog zu Batailles Transgressions-Idee – konkretisiert in seiner Novelle »Histore de l'oeil«[75] – fügt die Autorin noch hinzu, dass die »Wollust« und das »Obszöne« nur dann beschworen werden können, wenn der verdeckte Bezug der Sexualität zum Tod betont wird, wobei sie der von Georges Bataille vertretenen Transgressions-These getreu folgt. Susan Sontag betont auch die an religiösen Elementen orientierte Struktur der Pornographie: das Ritual, die Passage, das Opfer werden in den nach einem festen Schema erfolgenden Akten reflektiert. Linda Williams schließlich widmete ihre weit jüngere Arbeit »Hard Core« vor allem dem Pornofilm, was einige ihrer Thesen direkt auf das SadicoNazista-Phänomen anwendbar macht. Sie definiert den pornographischen Film als ein Genre, das

---

[72] Katz 1994, S. 1236.
[73] Sontag 1969, S. 35-73.
[74] Sontag 1969, S. 59, hier angewandt auf Batailles Prosa.
[75] dt.: Die Geschichte des Auges, Reinbek bei Hamburg.

durch die Darstellung real ausgeführter Sexakte eine Stimulation des Zuschauers erreichen will. Dazu stehen dem Pornofilm einige Standards zur Verfügung, die sich an spezifischen sexuellen Praktiken orientieren, z.B. Vaginalverkehr, Analverkehr, Doppel, Lesbenakt und Oralsex, und oft in Nahaufnahmen ausführlich präsentiert werden. Man bezeichnet derartige Nahaufnahmen nackter Körper bzw. Genitalien als *meat shots*. Höhepunkt des pornographischen Films ist in vielen Fällen die externe Ejakulation des Mannes, der Beweis für den Orgasmus, hier *money shot* genannt.[76] Die Struktur des Pornofilms wird meist von einer Rahmenhandlung umklammert, die etwa Milieu und Zeit der Handlung vorgibt, orientiert sich ansonsten aber an aufeinanderfolgenden oder durch Parallelmontage verschachtelten Episoden, den »Nummern« oder Setpieces. Diese in sich abgeschlossenen Sequenzen verweisen zurück auf die Anfänge des pornographischen Films bereits in der Stummfilmzeit, als diese häufig nur aus einer Rolle bestanden und nur eine rudimentäre Handlung aufwiesen. An dieser zusammengefassten Definition wird bereits deutlich, dass es sich bei den exploitativen SadicoNazista-Filmen nicht um explizite Pornofilme handelt, denn *meat shots* kommen hier, wie bereits erwähnt, äußerst selten und wenn, dann kurz vor, während sich ein *money shot* im SadicoNazista nicht nachweisen lässt. Selbst ein episodenhafter Film wie *Ilsa – She-Wolf of the SS* bindet seine sehr wahrscheinlich simulierten Sexszenen in eine ausführliche Handlung und Dialoge ein. Lediglich Joe D'Amatos *Le bambole del Führer* entspricht dem Pornofilm-Muster: Hier dient die Ausgangssituation (SS-Ordensburg) nur als fadenscheiniger Vorwand, die Kostüme sind Staffage; im Mittelpunkt stehen die »Nummern«, die in ausführlichen *meat* und *money shots* umgesetzt werden. Verweise auf hie-

---

[76] *Meat shot* bezieht sich auf das nackte »Fleisch«, *money shot* bezeichnet die Ejakulation des männlichen Darstellers, die üblicherweise extra bezahlt wird.

rarchische Strukturen, die in den sadomasochistischen Bereich hineinreichen, beschränken sich auf Dialogzeilen. Keine der Frauen in diesem Film wird offensichtlich gequält, die Akte scheinen beiderseitiges Vergnügen zu bereiten. Nachdem Linda Williams bereits darauf verwiesen hat, dass man den (S)Exploitationfilm als Vorform des modernen Pornofilms betrachten muss, kommt sie in einem späteren Kapitel darauf zurück: »Macht, Lust und Perversion. Sadomasochistische Pornographie im Film«.[77] Detailliert stellt sie den Unterschied des sadomasochistischen Pornofilms gegenüber dem gängigen heterosexuellen Pornofilm dar. Tatsächlich kommt sie hier auf die filmischen Äquivalente zurück, die Susan Sontag als Beispiele für Pornographie als »Konvention innerhalb der Kunst«, also als ästhetische Pornographie beschrieb; analog zu Susan Sontags Orientierung an Batailles Transgressions-These lassen sich ihre Beispiele Réage, Bataille und de Berg (Cathérine Robbe-Grillet) alle der sadomasochistischen Pornographie zuordnen, wie sie Linda Williams in ihrem Kapitel u.a. anhand des Films *Punishment of Anne* (1975) von Radley Metzger[78] definiert. Die sensationalistische Struktur des billig gedrehten Exploitationfilms erläutert sie zunächst am Beispiel des vorgeblich gewaltpornographischen Films *Snuff* (1975) des Ehepaars Findlay, der – obwohl die hier gezeigte Gewalt durchweg mit Spezialeffekten simuliert wird – den Gattungsbegriff für echte Gewaltpornographie, die natürlich nicht in offiziellen Kinos gezeigt wird, lieferte. Die Werbung suggerierte, auch dieser Film sei »authentisch«, was ein anschauliches Beispiel für die kommerziellen Mechanismen des Exploitationkinos bietet. Die Verwendung authentischer Gewaltszenen kommt allerdings tatsächlich in einigen Lagerfilmen aus dem SadicoNazistabereich vor: So beginnt Sergio

---

[77] Williams [1989] 1995, S. 239 ff.
[78] eine ungewöhnlich komplexe Verfilmung des Romans »L'image« von de Berg.

Garrones *Lager SS 5 – L'inferno delle donne* (1976), eine ›harte‹ Variante von *SSadis Kastrat Kommandantur*, mit bekannten dokumentarischen Fotos von Kriegsverbrechen des Dritten Reiches. Was der Film danach an schlecht chargierter Softpornohandlung zeigt, macht in diesem Fall um so deutlicher, wie grotesk und geschmacklos diese versuchte Verknüpfung der billig produzierten Softcore-Pornografie mit historischem Dokumentarmaterial letztlich ist. Die Verknüpfung mit sexualisierter Gewalt wird zumindest im Vorspann weder angedeutet, noch wäre sie angesichts der erschütternden Natur der Dokumentarmotive überhaupt realisierbar. André Bazins These, »echter Sex sei wie echtes Sterben unästhetisch«[79] und daher für den Film ungeeignet, scheint sich hier in einer letzten Konsequenz zu bestätigen.

Linda Williams unterscheidet drei Kategorien der sadomasochistischen Pornographie:

a) der Amateur-Sadomasochismus: Es handelt sich hierbei um halbprofessionelle, billig produzierte filmische Dokumentationen eines sadomasochistischen Aktes, der im Gegensatz zum Pornofilm nicht unbedingt in einem Orgasmus bzw. dessen Simulation gipfeln muss;

b) der sadomasochistische Akt als eine unter vielen ›Nummern‹ im gängigen Pornofilm; hier geht es lediglich um einen leichten Bruch der vorhersehbaren Monotonie standardisierter Setpieces; in *Le bambole del Führer* wird dieses ›Konzept‹ auf Spielfilmlänge ausgedehnt und wird seinerseits monoton; sowohl in Fall a) als auch b) soll der Zuschauer die sexuellen und die ›gewalttätigen‹ Akte als authentisch wahrnehmen; das ändert sich im nächsten Fall:

c) der ästhetische Sadomasochismus.

In der letzten Kategorie wird dem Phänomen entsprochen, dass es sich bei dem sadomasochistischen Psycho-

---

[79] André Bazin: Was ist Kino?, [1945] 1975, S. 177.

drama letztlich immer um eine ausgedehnte Inszenierung, ein Dominanz- und Unterwerfungs-Szenario handelt, das des visuellen Beweises wie er im Amateur-Sadomasochismus erbracht wird (die gerötete, geschwollene Haut, der Blutstropfen), nicht unbedingt bedarf. Der Moment der Bedrohung ist in diesem Kontext wichtiger als die tatsächliche Ausführung, die die Qualität des »reinen Zeichens« hat, das nach Roland Barthes »nicht berührt«.[80] Um einen sadomasochistischen Reiz zu entfalten, muss also die narrative Struktur in das pornographische Szenario wieder eingeführt werden, zumindest im weiteren Bereich des »ästhetischen Sadomasochismus«. Das Spannungsverhältnis zwischen Macht und Ohnmacht, zwischen der Macht durch Unterdrückung und der Macht des Unterworfenen, insofern diese Unterwerfung freiwillig stattfindet, kann nur in einem komplexen, ausgeklügelten Szenario vermittelt werden, wie es *Ai no corrida* (*Im Reich der Sinne*, 1976) von Nagisa Oshima oder *Punishment of Anne* bieten. In beiden Filmen sind *meat shots* präsent, erweisen sich aber häufig als beiläufig integrierte Details. Was den SadicoNazista-Komplex betrifft, argumentiert Linda Williams eher allgemein und mit dem Verweis auf einen von Andrea Dworkin geprägten Begriff: den »KZ-Orgasmus«.[81] Tatsächlich entsprechen Filme wie *Deportate della sezzione speciale SS*, *L'ultima orgia del Terzo Reich* und *La swastika nel ventre* dieser Befürchtung, der Sadismus der SS-Figuren richte sich dort letztlich ausschließlich auf die kontinuierliche Vernichtung der weiblichen Opfer. Der Unterschied zwischen einem ritualisierten sadomasochistischen Szenario wie *Punishment of Anne* und der künstlich beschworenen Konzentrationslagersituation ist offensichtlich: Von einer Freiwilligkeit der Unterwerfung kann hier keine Rede mehr sein, denn es gibt keinen Ausweg, keinerlei Entscheidung. Die weiblichen Wunschopfer sind gezwungen,

---

[80] Barthes [1957] 1964, S. 55 ff.; im Original, S. 105-108: »Photos-chocs«.
[81] Williams [1989] 1995, S. 258, 269, 276 und 288.

sich den destruktiven Bedürfnissen ihrer ›Verehrer‹ zu beugen. Ein mögliches Spannungsverhältnis liegt nur noch im Grad ihrer Verweigerung, in ihrem anfänglichen Widerstandswillen. Auch wenn der exploitative SadicoNazista keine ernstzunehmende politische Botschaft transportiert, so vermittelt er doch eine hemmungslose Lust an Macht und Unterwerfung, verbunden mit der Fetischisierung der Insignien dieser Macht. Das finale Massaker, das die meisten dieser Filme beschließt, ist ein fast schamhafter Versuch der Filmemacher, ihr eigenes Werk rückwirkend symbolisch auszulöschen.

Zusammenfassend lässt sich sagen, dass es sich beim exploitativen SadicoNazistafilm weder um eine politische Botschaft noch um tatsächliche Gewaltpornographie handelt, auch wenn einige der Beispiele mit dokumentarischen Quellen ›spielen‹. Diese Filme sind der Versuch, vorhergehende Filmszenarien wie *Il portiere di notte* auf ihre sadomasochistische Fabel zu reduzieren, um einem exzessiven patriarchalen Zerstörungs- und Todestrieb unterhaltsam zu huldigen. Historische Elemente und die tatsächliche sadomasochistische Dialektik zwischen aktivem und passivem Partner werden dabei missbraucht und verfälscht. Wie unmöglich das in diesen Filmen oft beschworene ›Gedeihen erotischer Gefühle unter schlimmsten Bedingungen‹ wohl ist, zeigt Alexander Kluges Erzählung »Ein Liebesversuch«[82]: Die SS möchte zwei Sterilisationsopfer in der Haft wiedervereinen und deren Fruchtbarkeit untersuchen, doch die unfreiwilligen Probanden sind nicht mehr in der Lage sich zu lieben. Als wertlose Versuchsobjekte werden sie schließlich erschossen. »Soll das besagen, dass an einem bestimmten Punkt des Unglücks Liebe nicht mehr zu bewerkstelligen ist?«[83] fragt sich der SS-Mann am Ende.

---

[82] Kluge 1962.
[83] a.a.O., S. 108.

Neurotiker, Kollaborateure und Standardsituationen

> Man kann die gemeinsame Beobachtung fast aller Überlebender folgendermaßen zusammenfassen: Eine kleine Minderheit von Wächtern in der Größenordnung von 5 bis 10 Prozent kann als sadistisch und in dieser Hinsicht als anomal eingeschätzt werden.
>
> Tzvetan Todorov, *Angesichts des Äußersten*

> Nur eine Minderheit war tatsächlich pervers, dumm, blutrünstig oder mordlustig.
>
> Bruno Bettelheim, *Aufstand gegen die Masse*

Angesichts der schwer überschaubaren Menge an ausgewerteten Filmen ist es notwendig, ein Schema herauszuarbeiten, das als Analysegerüst dienen wird. Das bietet sich an durch die thematische Fixierung auf ein ähnliches Thema bzw. die gleiche Epoche. Anzumerken ist jedoch, dass hier alle Filme nicht hinsichtlich ihrer künstlerischen und stilistischen Qualitäten betrachtet wurden, sondern ausschließlich mit Blick auf ihre themenbezogenen Motive.

Die symptomatischen Werke teilen sich nach ihren Motivationen in mehrere Richtungen auf:

a) Filme, die auf pointierte Weise versuchen, allgemeine Aussagen über faschistische Systeme zu formulieren: z.b. *La caduta degli dei* von Luchino Visconti, der das Schicksal einer aristokratischen Gesellschaftsschicht am Aufstieg und Fall einer Großfamilie zu verdeutlichen versucht;

b) Filme, die das faschistische Zwangssystem als möglichst radikalen, beängstigenden historischen Hintergrund wählen, auf dem private Obsessionen ausgespielt werden: In Liliana Cavanis *La portiere di notte* erzählt die Regisseurin von einem leidenschaftlichen Dominanz/Unterwerfungsverhältnis, das durch den im Wissen des Rezipienten

vorbelasteten geschichtlichen Hintergrund emotional aufgeladen werden soll;
c) Filme, die das faschistische Zwangssystem als dramaturgische Rechtfertigung vorschieben, um in breit ausgespielten sadomasochistischen Exzessen schwelgen zu können: Der italienische Routinier Sergio Garrone (*Lager SS 5*) hat sich in einem Interview dahingehend geäußert, nur auf diesem historischen Hintergrund (dem Nationalsozialismus) ließe sich die Drastik der dargestellten Grausamkeiten rechtfertigen; tatsächlich bewegen sich die Exploitationbeiträge des SadicoNazista-Zyklus jedoch auf ähnlichem Terrain wie die wenige Jahre vorher populären »Hexenjäger«-Filme, denen die Inquisition als historisches Alibi diente; der Begriff SadicoNazista leitet sich von den vor allem in den 1960er Jahren in Italien und Frankreich populären pornographischen Trivialromanen her, in denen »the SS has become referent of sexual adventurism«[84]. Gemeinsam ist allen Filmen die Verbindung von sexuellen Kontexten mit faschistischen Stereotypen. Das Verhältnis von Henker zu Opfer wird sadomasochistisch verklärt und auf die Ebene sexueller Passionen verlagert. Auf diese Weise wird eine Entpolitisierung und Enthistorisierung des Phänomens Faschismus gefördert[85]. Der Faschismus kann so gemäß den Gesetzen der Populärkultur zum Spielzeug der Popästhetik werden. Auffällig ist auch die Aufhebung der Zeitebenen in einigen der besprochenen Werke: Sowohl Wertmüllers *Pasqualino Settebellezze* als auch Cavanis *Portiere* und *Inferno Berlinese* (*Leidenschaften*, 1985) werden in komplex verschachtelten Rückblenden erzählt; die historische Komponente wird in die subjektive und somit »beliebige« Erinnerungswelt des jeweiligen Protagonisten verlegt und erlangt nahezu mythische Qualitäten, die eine Annäherung an das geschichtliche Phänomen nicht mehr zulassen. Die Konzentrationslager in *Pasqualino*

---

[84] Sontag 1980, S. 102.
[85] Ich werde auf diesen Mechanismus weiter unten genauer eingehen.

und *Portiere* wirken wie danteske Vorhöllen, angefüllt mit existentiellen und sexuellen Albträumen.

Folgende gemeinsame Kategorien für Handlungsorte und -zeit lassen sich für alle erwähnten Werke herausfiltern:

a) Der Handlungsort ist in fast allen Fällen ein abgeschlossenes, kontrollierbares Areal, d.h. einerseits die Konzentrationslager (*Pasqualino*), Kriegsgefangenenlager (*Kaput lager / Achtung! The Desert Tigers*, 1977) etc., andererseits Bordelle (*Salon Kitty, Train spécial*), eine Insel (*Ultima orgia della Gestapo*), SS-Ordensburgen (*Salon Kitty, Der Unhold*, 1996) und ferner das Hotel (*Portiere*) und die Villa der Großfamilie (*Caduta*); im Falle des Bordell-Zuges entziehen sich die Filme (*Fraulein Elsa*, 1978, *Train spécial*) gleich mehrfach einer historisch-konkreten Einordnung, indem sie den Ort der »Passage« selbst als Schauplatz wählen, der sich durch ein diffus-feindliches Niemandsland schlängelt.

b) Die Zeit der Handlung spielt meist eine symbolische Rolle: Bis auf wenige Ausnahmen (*Caduta* und *Novecento*) sind die Filme in den letzten Kriegsmonaten 1945 angesiedelt; die apokalyptischen Wolken des Untergangs überschatten förmlich die Szenerie und garantieren eine Atmosphäre, in der alles möglich scheint. Das Wissen um ein baldiges Ende der Ausschweifungen bekommt in diesem Zusammenhang für den Rezipienten eine tröstliche Dimension.

Ohne Gefahr zu laufen, eine zu arg vergröbernde Darstellung zu liefern, lassen sich folgende Typen an Charakteren unterscheiden, aus denen sich im SadicoNazista die Protagonisten rekrutieren:

a) *Faschistische Despoten* sind oft übertrieben neurotisch[86] charakterisiert, mit fetischistischen Zügen (Uniformen, Musik, Embleme), oft traumatisiert und daher (*sic!*) misogyn, wenn nicht gar latent homosexuell (z.B. Helmut

---

[86] Ich benutze den Begriff der Neurose gemäß der klassischen Psychoanalyse im Sinne eines nichtorganisch bedingten Nervenleidens, das zu zwanghaften Handlungen führt.

Berger in *Salon Kitty*, Peter O'Toole in *La Nuit des generaux / Die Nacht der Generäle*, 1967); in einigen Fällen werden KZ-Ärzte dergestalt charakterisiert (*Tras el cristal / Im Glaskäfig*, 1987, *KZ 9, Ilsa*).

b) *Faschistische Parteifunktionäre* präsentieren sich unemotional, gnadenlos, systematisch und schnell im Denken und Handeln; oft stehen derartige Figuren als Drahtzieher im Hintergrund (z.B. Helmut Griem in *Caduta*, David Warner als Heydrich in der Serie *Holocaust*, 1978); oft nehmen auch sie neurotische Züge an (John Steiner in *Salon Kitty*, Ralph Fiennes in *Schindler's List*).

c) *Opfer mit rebellischer Attitüde* werden »unverschuldet und ahnungslos« ins Geschehen verstrickt, versuchen, sich aus der Not zu befreien und greifen nicht selten zu den Mitteln der Täter, was dramaturgisch motiviert wird; in ihnen blüht der Geist der Partisanen (z.B. Gregory Knoph in *Ilsa*, Teresa Ann Savoy in *Salon Kitty*, Susan Strasberg in *Kapo*).

d) *Passive Opfer* sind wenig oder gar nicht charakterisierte Personen, an denen destruktive Handlungen verübt werden; ihre Position ist austauschbar (die Jugendlichen in *Salò*).

e) Die *Zweifler*. Als »Vermittler« werden Mitläufer in die Handlung integriert, die für das »schlechte Gewissen« der Massen stehen; sie sind unverschuldet oder unter Zwang in das faschistische System integriert worden und arbeiten verzweifelt an einer »Schadensbegrenzung«; bevorzugt Lagerärzte (*KZ 9, Le deportate della sezione speciale SS*, 1976) oder reuige Wachtposten (*SSadi Kastrat Kommandantur*), auch »unpolitische« Wehrmachtsangehörige, die ihrerseits als Opfer charakterisiert werden (vor allem der Kriegsabenteuerfilm jener Jahre präsentiert solche Modelle, z.B. Sam Peckinpahs *Steiner – Das Eiserne Kreuz*, 1977).

f) *Handlanger* sind oft Kapos, die durch besonders skrupelloses Verhalten der Opferrolle vorübergehend entkommen konnten; häufig werden diese Charaktere als besonders unsympathisch geschildert (z.b. die Wächter in *Salò*); in Gillo Pontecorvos Film *Kapo* (1960) wählt der Regisseur eine solche Aufseherin sogar als Protagonistin (Susan Strasberg).

g) *Kunstbarbaren*: In seinem Aufsatz »Terror in der Kunst«[87] weist Rolf Grimminger auf ein weiteres Phänomen hin, das er als Kunstbarbarei bezeichnet: Es beschreibt den zwischen maßloser Gewalttätigkeit und bürgerlichem Kunstgenuß pendelnden Militaristen, »irgendein SS-Mann, der Klavierstücke aus dem Repertoire der deutschen Klassik spielt, während nebenan vielleicht gefoltert wird (Rossellinis *Roma citta aperta* und Steven Spielbergs *Schindler's List*)«[88].

h) *Verführer*: Der SS-Mann als verführerischer Charismatiker spielt in zahlreichen Zusammenhängen eine große Rolle; in *Der Unhold* spielt Heino Ferch den Ausbilder der Napola-Schüler, der schließlich mit einer heroischen Erbauungsrede alle Jungen in den sicheren Tod führen wird; in Augustin Villarongas *Tras el cristal* verführt, missbraucht und tötet ein psychopathischer KZ-Arzt (Günther Meisner) kleine Jungen, bis er von einem seiner Opfer, das seine mörderische Mission übernimmt, getötet wird. Das Element der Verführung kann in diesem Zusammenhang durchaus explizit sexueller Natur sein.

Aus dem erläuterten Figurenarsenal lässt sich eine Programmatik ablesen, die sich um eine Vereinfachung der personalen Struktur des nationalsozialistischen Systems bemüht. Der Akzent liegt auf dem Pittoresken und Dekadenten, auf den Zentralen der Macht und ihren Folterkammern, äußerst selten jedoch auf dem Alltag der Bevölkerungsmehrheit. Einer dieser seltenen Momente kommt in Viscontis *Caduta* vor: Der pädophil veranlagte Martin von Essenbeck (Helmut Berger) schmeichelt sich bei einem kleinen Mädchen ein, das im Haus seiner Geliebten

---

[87] in: Merkur Heft 2, 52. Jg., Febr. 1998, S. 116 ff.
[88] a.a.O., S. 127.

wohnt, um es später sexuell zu missbrauchen. Doch auch hier ist die Präsenz der bürgerlichen Unterschicht auf das Mädchen, seinen kleinen Bruder und die autoritäre Mutter reduziert. Als mit dem Selbstmord des Mädchens, der nur im Dialog erwähnt wird, das Schicksal dieses Figurenensembles besiegelt ist, verschwinden die Figuren wieder aus dem Erzählfokus. Sie gleichen in dieser Funktion als narrative Stichwortgeber am ehesten den *passiven Opfern*. Selbst wenn sich eine Vertiefung der bürgerlichen Charaktere anbieten würde, wählt z.B. Tinto Brass in *Salon Kitty* als familiären Hintergund für seine Protagonistin Margherita (Teresa Ann Savoy) eine adlig-dekadente Großfamilie, die zahlreiche Anlässe zu satirischer Verzerrung bietet. Am ehesten räumt Steven Spielberg in *Schindler's List* dem Kleinbürgertum einen gewissen Raum ein, doch auch hier kam er nicht um eine gesellschaftliche Exponierung der Protagonisten herum; wieder werden besagte Nebenfiguren lediglich eingeführt, damit sie nicht als anonyme Opfer aus der Handlung scheiden. Die Konzentration eines Films wie *Drei Tage im April* von Oliver Storz auf ein Figurenensemble, das komplett dem dörflichen Kleinbürgertum angehört, verhindert geradezu, in die Falle des SadicoNazista-Simulakrums zu laufen: Hier gibt es weder genüssliche Dekadenz, ausschweifenden Sadomasochismus, noch sexualisierte Folterszenen oder adrette Militaristen. Stattdessen beherrschen spießiger Konformismus, feige Schadensbegrenzung und Verdrängungslügen das Szenarium. Ich werde in den folgenden detaillierten Ausführungen belegen, dass diese Kategorien für die renommierten Werke nicht nur Geltung besitzen, sondern dass Visconti mit *Caduta* den Prototyp schuf, der in seiner schematisierten Charakterauswahl (die tatsächlich Figuren in einem strategischen Brettspiel gleichen) die gesamte Typenzeichnung vorwegnahm.
So fern die exploitativen Szenarien des SadicoNazista-Genres der faschistischen Wirklichkeit sein mögen, lässt

sich jedoch zumindest eine an den dokumentierten Vorgängen jener Zeit orientierte Abfolge von Standardsituationen erkennen, die sich sowohl in *Salò*, *Pasqualino* und *Kapo* als auch in Filmen wie *Deportate* oder *KZ 9* findet. Selbst die späteren Epigonenwerke, die z.T. nicht im Dritten Reich spielen, gehorchen diesen Gesetzen:
a) Ankunft und Initiation: Viele der reinen Lagerfilme beginnen mit der Ankunft des Häftlingszuges; die Gefangenen werden unter heiseren deutschen Befehlen von bewaffneten Soldaten aus den Viehwaggons gezerrt und müssen sich entweder aufstellen oder zu Fuß zum Lager marschieren. Auch in fremdsprachigen Fassungen sind hier deutlich deutsche Wortfetzen zu hören: »los«, »macht schnell«, »keine Müdigkeit vorschützen«, »Schweinehunde«, »Achtung« und »jawoll« hört man in zahlreichen Filmen – von *Kapo* bis *Pasqualino*. Haben sich die Häftlinge zum ersten, vorläufigen Appell aufgestellt, erfolgt meist die mit Einschüchterungen und Drohungen gespickte Rede eines SS-Mannes, der den Gefangenen jede Illusion, Ehre und Stolz nehmen will und ihnen das Reglement des Lagers deutlich macht. Nächste Schritte der Lager-Initiation sind zunächst die Selektion, also die Einteilung der Gefangenen unter bestimmten Aspekten: Geschlecht, Alter, Rasse usw. Oft muss die Kleidung abgelegt werden, um die einheitliche Häftlingskleidung anzuziehen. Auch das Scheren des Haupthaars unter dem Vorwand der Hygiene kann als Demütigung verstanden werden. – Einen so makabren Vorgang wie die Selektion als Spannungsmoment zu nutzen, wurde den kommerziellen SadicoNazistas vermehrt vorgeworfen (z.B. Phil Hardy). Oft wird diese Krisensituation genutzt, um über individuelle Reaktionen auf die Misshandlungen bereits Rückschlüsse auf den Charakter der Protagonisten zuzulassen. In einigen Filmen erfolgt diese Initiation erst nach einer weiterführenden Exposition, z.B. in *Schindler's List*, wo die Einfahrt ins Todeslager Auschwitz zum expressionistischen

Horrorszenarium gerät: Dämonische Silhouetten der Soldaten im gleißenden Gegenlicht, Schnee und Asche durchwirbelt die Luft, und der Dampf der Lokomotive weht in drohenden Schwaden über dem Geschehen.

b) Appell: Der Appell auf den freien Plätzen zwischen den Baracken bedeutet für die geschwächten und hungernden Häftlinge oft stundenlanges Stillstehen in Regen und Kälte. Der retardierende Moment des Lageralltags wird zum bangen Verharren, zum Warten auf ungewisse Ereignisse. Ein Ausscheren aus der Reihe bedeutet den sicheren Tod. Die Kapos halten sie gnadenlos mit ihren Schlagstöcken in Schach, SS-Leute patroullieren vor ihnen. Oft wird die Appellsituation zur erzwungenen Zeugenschaft: Die Häftlinge werden genötigt, einer Strafaktion oder Exekution beizuwohnen; wollen sie den Blick abwenden, werden sie brutal zurechtgewiesen (z.B. in *Kapo*). Eine drastische Appellszene kommt in einem Rückblick in *Schindler's List* vor: Mit Ledermantel und Handschuhen geht Amon Göth langsam durch die Reihen und schießt wahllos einigen Gefangenen in den Kopf, während die anderen daneben stillstehen müssen.

c) Prostitution und Vergewaltigung: Um möglichst viele Vorwände für sexuelle Darstellung zu garantieren, spielen zahlreiche der italienischen und französischen Exploitationfilme in Bordell-Camps, in denen die meist weiblichen Gefangenen ihren Aufsehern und Kapos zu »Liebesdiensten« zur Verfügung stehen müssen. Hier kommt es oft zu der unwahrscheinlichen Situation, dass sich SS-Leute wahllos mit Gefangenen »amüsieren«, was ihnen aus »eugenischen« Gründen strikt untersagt war. Der Phantasie des Exploitationfilmers scheinen keine Grenzen gesetzt: Es kommt zu lesbischen Beziehungen (*Deportate*), Beziehungen zwischen Wachtposten und Häftlingsfrau (*SS adi Kastrat Kommandantur*), zu sadomasochistischen Happenings (*Train spécial*) und Massenvergewaltigungen (*Ultima Orgia*). In *Salon Kitty* und *KZ 9* kommt auch erzwungener

Beischlaf mit körperlich bzw. geistig behinderten Menschen vor.
d) Strafe und Tortur: Bereits der geringste Verstoß gegen die Regeln des Lagers zieht verheerende Strafen nach sich. Wiederum ist es die Entkleidung, die den Häftling noch schwächer machen soll. Verbreitet sind brutale Schläge auf das Gesäß (*La Svastika nel ventre*) oder den ganzen Körper (*Ultima orgia*), bei denen das Opfer teilweise mitzählen muss. Diese Form der Strafaktion sollte nicht – wie in Rezensionen aus den 1970er Jahren – mit einem sadomasochistischen Akt verwechselt werden, der letztlich auf beiderseitigem Einverständnis basiert, es ist jedoch zu befürchten, dass sich die Filmemacher des sadomasochistischen Appeals dieser Szenerie zu Stimulationszwecken bedienten. Der in Rezensionen immer wieder auftauchende Begriff »Sado Porno« ist vermutlich hauptsächlich in diesem Zusammenhang zu sehen. Während im SadicoNazista in derartigen Sequenzen eine starke Sexualisierungstendenz deutlich wird, vor allem durch die Wahl eines attraktiven, jungen ›Opfers‹, bemühen sich andere Filme, die Peinigung des Protagonisten auf den Zuschauer zu übertragen (z.B. kreist die Handlung von *Kaddish für einen Lebenden* ausschließlich um das erlittene Trauma des Protagonisten durch die Folterung eines Mithäftlings, er wird also analog zum Zuschauer zum betroffenen Zeugen). Da sich einige der SadicoNazistas an den wenige Jahre zuvor populären Hexenjägerdramen orientieren, gibt es auch hier gelegentlich Folterkammerszenen in »mittelalterlichem« Ambiente, bei denen die Gliedmaßen der Gefangenen malträtiert werden (*Lager SS 5, Deportate, Ultima orgia*).
e) Exekution: In ausnahmslos jedem Film aus dem Sadico-Nazista-Umfeld kommt es zu einer oder mehreren Exekutionen. Im Gegensatz zu Gewaltszenen in anderen Genres, z.B. dem Western oder Polizeifilm, hat die Exekution stets etwas beängstigend Unausweichliches, gleichgültig,

an wem sie verübt wird. Das liegt an der absoluten Wehrlosigkeit des Opfers, das meist gefesselt oder anderweitig ruhig gestellt wird und bis zum entscheidenden Moment den sicheren Tod vor Augen hat. Der Akt der Hinrichtung erfolgt meist schnell und mit maschineller Präzision: Die Tore fallen ins Schloss, die Schüsse krachen, der Strom knistert. Nichts kann die Schicksalshaftigkeit dieses Vorganges unterbrechen – außer die unwahrscheinliche Begnadigung. Ich habe die Exekution als »maschinelles Töten« bezeichnet, was verständlich wird, wenn man sich vergleichbare Sequenzen ansieht: Prägnant sind die endlosen Genickschüsse in George Pan Cosmatos' *Repressaglia a Roma* (*Der Fall Kappler – Das Massaker*, 1978), das eher nebenbei erfolgende Erschießen der aufsässigen Häftlingsfrau aus *Ultima orgia* oder die Hinrichtung des nackten Helmut Berger am Ende von *Salon Kitty*, die – obwohl diese Figur negativ konnotiert ist – nichts Befreiendes für den Zuschauer hat. Wie in *Repressaglia* ist die Exekution oft mit dem Massaker (s.u.) verbunden, das dann in Form einer Massenexekution stattfindet. In der Räumung des Warschauer Ghettos in *Schindler's List* wird der maschinelle Aspekt deutlich, als SS-Leute versuchen, mehrere hintereinanderstehende Personen mit einer einzigen Kugel zu töten. Einigen Filmen gelingt es, mit dem Tod eines einzigen Protagonisten die Metapher für den Tod von Millionen weiterer zu finden: In Robert Enricos *Le Vieux fusil* (*Das alte Gewehr*, 1975) quälen und schänden einige Waffen-SS-Soldaten erst die Protagonistin (Romy Schneider) und ihre kleine Tochter, um schließlich die Frau lebendig mit dem Flammenwerfer einzuäschern. Die kühle Konfrontationsästhetik dieser Sequenz, die den Zuschauer nach einem langen, ruhigen Auftakt völlig unvorbereitet trifft, bleibt unvergesslich. Unter Konfrontationsästhetik verstehe ich den langsam aufgebauten und bewusst kalkulierten Schock, eventuell sogar einen Bruch in der Inszenierung, der die Rezeptionshaltung des Zuschauers schlagartig verändern soll. Weniger kontrovers als Sam Peckinpah in *Straw Dogs* (*Wer Gewalt sät* ..., 1971), aber nichtsdestotrotz ebenso überzeugend, beschreibt Enrico die Wandlung eines Pazifisten zum grausamen Gewalttäter, was nicht zuletzt durch die oben erwähnte Sequenz legitimiert wird.

f) Medizinische Versuche: Zu den erschreckendsten Dokumenten aus den Schilderungen ehemaliger KZ-Häftlinge gehören die Beschreibungen medizinischer Experimente, die in einigen Lagern an menschlichen »Versuchsobjekten« durchgeführt wurden. So ist es eine durchaus makabere Tatsache, dass sich für nahezu alle Labor-Sequenzen aus einem Exploitationfilm wie *Ilsa – She-Wolf of the SS* Belege und Aussagen in den Konzentrationslagerdokumenten der Nürnberger Prozesse finden lassen. Gezeigt werden z.B. mit unterschiedlichen Bakterien infizierte Wunden, deren Entwicklung die Ärzte mit der schwarzen Uniform beobachten, sowie grausame Kälte- und Ausdauertests. In dem Hongkong-Film *Men Behind the Sun*, der ein japanisches KZ dokumentiert, bestimmen derartige Sequenzen die Struktur des gesamten Films: In peinigender Ausführlichkeit demonstriert der Lagerkommandant den Effekt von Kälte und Hitze in extremer Wechselwirkung sowie Über- und Unterdruck. Was in Bruno Matteis *KZ 9* wie ein zynischer Gag wirkt – zwei Frauen sollen einen schwer unterkühlten Soldaten durch Liebesspiel wieder ins Leben zurückholen, während die SS-Ärzte um das Bett stehen und sich Notizen machen – scheint ebenfalls einem realen Vorbild zu folgen. Sergio Garrone nutzt in *SSadi Kastrat Kommandantur* schließlich den fragwürdigen »Kitzel« des medizinischen Menschenversuchs als unfreiwillig komische Schlüsselstelle des Films: Ein kastrierter Kommandant lässt sich in einer minutiös vorgeführten Operation erfolgreich die Hoden eines Soldaten transplantieren, was zum Aufstand führt – angeführt von seinem Opfer. Den eher indirekten Zugang wählt schließlich Franklin J. Shaffners *The Boys from Brazil* (1978) nach Ira Levins Roman, in dem der nach Südamerika geflohene Mengele (Gregory Peck) aus Hitlers Blut gewonnene Gene nutzt, um zahlreiche neue »Führer« zu klonen. Auch hier tauchen z.b. die berüchtigten Zwillingsexperimente des realen Mengele in den Dialogen zwischen den Zeitzeugen auf. Eine weitere Variante des Experiments zeigt *Portiere di notte* von Liliana Cavani: gezielt erzeugten psychischen Stress. Max, der sich mit einem weißen Kittel über der Uniform als SS-Arzt ausgibt, treibt die nackte Lucia mit gezielten Schüssen quer durch den Raum.

g) Massaker:

Da das Massaker im SadicoNazista-Bereich eine bedeutende Rolle spielt, verdienen diese Sequenzen eine kurze vergleichende Betrachtung. Zu Beginn steht wiederum Viscontis *Caduta degli dei*, dessen Bad-Wiessee-Sequenz, eine Visualisierung des »Röhm-Putsches«, die ich später noch ausführlich analysieren möchte, wichtig ist, da bereits hier sexualisierte, homoerotische, politische und private Motive vermischt werden und das Massaker der SS an den Leuten der SA auf mehreren Ebenen als Versuch einer »Säuberungsaktion« erscheinen lassen. Die Motive Hitlers und der SS werden in die Protagonisten, allen voran Aschenbach und Friedrich, projiziert. Bereits 1960 in *Kapo* kommt es andererseits gegen Ende zu dem finalen Massaker, d.h. der Tötung fast aller Beteiligter einschließlich der Protagonisten, die für die Überlebenden eventuell zum Weg in die Freiheit wird. Sogar die Hauptdarstellerin, selbst eine Aufseherin, muss hier ihr Leben lassen, auch wenn sie den Mithäftlingen dadurch hilft. Spätere Exploitationfilme wie *SSadi Kastrat Kommandantur* oder *Deportate della sezzione speciale SS* kopieren dieses Schema, indem sie versuchen, in einem Akt der finalen Auslöschung die Wendung zur Hoffnung zu vollziehen: Sie vernichten das Böse illusorisch *pars pro toto*. Selbst der Hardcore-Pornofilm *Le bambole del Führer* von Joe d'Amato lässt seine männlichen Protagonisten am Ende sterben. Nur Pier Paolo Pasolini und Elem Klimow wagten es, ihre Filme *Salò* und *Idi i smotri* (*Komm und siehe*, 1985) mit dem vorübergehenden Triumph des Bösen enden zu lassen: In *Salò* widmen sich die faschistischen Despoten selbst der Vernichtung ihrer selektierten Opfer und in *Idi i smotri* ist der Protagonist als kleiner Junge einer der wenigen Überlebenden eines umfassenden Massakers der Waffen-SS in einem weißrussischen Dorf. Hier ist die in den kommerziellen SadicoNazista-Filmen ›befreiende‹ Kraft des Massakers, das die ›Mächte des Bösen‹ exorzieren soll, in ihr deprimierendes Gegenbild verkehrt. Allumfassende Zerstörung scheint jede Hoffnung auf ein Morgen zu tilgen.

Das filmische Simulakrum als historisches Trugbild

> Ich habe der Geschichte stets die Mythologie vorgezogen. Die Geschichte ist aus Wahrheiten gemacht, die zu Lügen werden, die Mythologie aus Lügen, die zu Wahrheiten werden. Eines der Zeichen unserer Zeit ist es, in allen Bereichen unmittelbar Mythen zu schaffen.
>
> Jean Cocteau, *Kino und Poesie*

Die Essenz der Simulakren-Theorie von Jean Baudrillard, auf die ich mich im Folgenden beziehen werde, wird in dem 1976 erschienenen Buch »L'Échange symbolique et la mort«[89] erarbeitet. Hier entwickelt er den Gedanken von der Verflüchtigung des Originären angesichts einer verselbstständigten Produktion innerhalb der Industriegesellschaft. Die Kunst produziere in diesem Kontext nur noch agonale Simulakren, lösche sich letztlich selbst aus. Der Begriff des »symbolischen Tausches« orientiert sich am Potlatch-Handel, einem unökonomischen Verschwendungswettkampf der Kwakiutl-Indianer; er bezeichnet das reine Geben ohne Bezug zur Selbsterhaltung. Der Tod ist hier das letzte und absolute Verhängnis eines gesellschaftlichen Systems, das im Rausch der latenten Verschwendung die Existenz des Todes, jener letzten Wahrheit, letztlich ausblenden möchte. Kann der Tod schließlich – biologisch und ideell – nicht mehr verschwiegen oder ausgeblendet werden, wird er konserviert. Im rauschenden Fest des industriell simulierten Lebens lauert jedoch nach Baudrillard latent der Tod des Systems. Es ist daher nichts naheliegender, als endlose Serien von Katastrophen und Toden in machtloser Faszination zu bestaunen. Baudrillard kennzeichnet in diesem Zusammenhang die drei Ordnungen der Trugbilder, die seiner Gesellschaftsanalyse

---

[89] Baudrillard [1976] 1982.

zugrunde liegen: An erster Stelle steht die Nachahmung des Gegebenen, also der Natur, die möglichst perfekte Mimesis. Dieses Phänomen ist bereits mit der klassischen Epoche (gemeint ist die französische Klassik, also von der Renaissance zum Barock) verknüpft und spiegelt sich in deren Kunst. An zweiter Stelle kommt die Ökonomie, die das Industriezeitalter mit seiner potenzierten Produktion perfektionierte. Das Prinzip der Serialität wird zum Alltag. Spätestens Andy Warhols Factory hat auch die seriell produzierte Kunst ökonomischen Gesichtspunkten unterworfen. An dritter und letzter Stelle steht schließlich die Simulation, die sich vollständig von ihrem originären Bezug, der Natur, entfernt hat. Die Serialität ist weiterhin eine ihrer Voraussetzungen.

Der hier beschriebene Prozess lässt sich im Bezug zu vielen kulturellen Phänomenen nachvollziehen. Die Filmgeschichte bietet aufgrund ihrer erst hundertzwanzigjährigen Geschichte nahezu ein Mikromodell dieser Mechanismen, denn der Film ist aufgrund seiner medialen Voraussetzung wie geschaffen für eine zumindest audiovisuelle Mimesis. Mit der Industrialisierung des filmischen Produktionsprozesses folgte zugleich die Serialisierung ein und desselben Bildes als auch die Vervielfältigung ähnlicher Bilder, die in ihrer Wahrnehmung im gleichen Kontext eine symbolische Verknüpfung möglich machten; der Film kreierte sein eigenes semiotisches System, seine eigene Mode – eine Analogie, die Baudrillard in seinem Buch selbst betont – und schuf somit seine eigenen Mythen. Im Zuge von Popart und Postmoderne haben sich diese Mythen verselbstständigt, sie sind zum reinen Code mutiert, dessen Referenzsystem eventuell noch ermittelt werden, jedoch gleichwohl auch losgelöst davon betrachtet werden kann. Die Geschichte funktioniert lediglich als virtueller, vager Bezug, der im Rahmen des u.a. filmischen Simulakrums nur noch künstlich erzeugt werden kann.[90] Basierend auf dem französischen Begriff *simulacre*, der Trugbild, Blendwerk, Fassade oder Schein bedeutet, orientiere ich mich in der Analyse des Hauptproblems und gleichzeitig Hauptkritikpunktes der Filme des SadicoNazista-Komplexes an diesem Konzept Jean Baudrillards, ergänzend vor allem an dessen erhellendem Essay »Geschichte: Ein Retro-Szenario«[91], in dem er auf der Annahme des Mythenverlustes in der modernen Gesellschaft eine intermediale neue Mythenbildung nachzuweisen versucht. »Geschichte ist unser verlorener Bezug, unser Mythos« ist die Grundthese. Man muss Mythos in diesem Zusammenhang als eine Erzählung werten, die andere Erzählungen aus sich selbst heraus generiert. »Das große Ereignis dieser Periode, das große Trauma ist jene Agonie fester Bezüge, Agonie des Realen und Rationalen, mit der das Zeitalter der Simulation anbricht.«[92] Baudrillards speziell auf den Film der 1970er Jahre – z. B. *Barry Lyndon* (1975) von Stanley Kubrick und *Chinatown* (1973) von Roman Polanski – angewandte Theorie, die o.g. dritte Ordnung des Trugbildes, nimmt die Voraussetzungen der postmodernen Filmtheorie zum Teil vorweg, ist jedoch von überraschender Plausibilität, wenn man untersucht, wie z.B. Filme wie *Portiere di notte* oder *Pasqualino Settebellezze* versuchen, historische Fakten zu vermitteln. Voraussetzung ist in beiden Fällen eine Fragmentierung der Chronologie der Ereignisse und damit einhergehend eine Eliminierung des Historischen. Nie wird deutlich, wie subjektiv diese Rückblicke tatsächlich sind: Repräsentieren sie historische Fakten, oder bieten sie bereits eine Interpretation vergangener Er-eignisse, gesehen durch die Köpfe der Protagonisten, behaftet mit den Mängeln der

---

[90] Siehe zu zur Medienmythologie auch: Stiglegger 2014, S. 149-161.
[91] Baudrillard 1978.
[92] a.a.O., S. 49.

Erinnerung? Beide Beispiele weisen speziell in den Rückblicken formal einen hohen Stilisierungsgrad auf, was Ausleuchtung (grün, blau und rot dominieren bei Wertmüller, Cavanis Film wirkt dort nahezu monochrom blau), Kostüme und Choreographie betrifft (Choreographie kann vor allem bei der Cabaret-Sequenz in *Portiere di notte* wörtlich genommen werden). Doch entlarvt sich hier die Simulation vergangener Epochen und Ereignisse bereits auf der ersten Ebene und scheint den enthistorisierenden Charakter durchaus in Kauf zu nehmen. Die Künstlerinnen sehen beide Werke dann auch als Parabeln, was zu verständlicher Kritik führte – angesichts des tabubelasteten Themas: Alfons Arns sagt z.b. über *Portiere di notte*:

> Die Verbindungslinien, Motivationen und Plots zwischen der Personnage der Altnazis und Max und Lucia sind nicht stimmig, da sowohl Rückblenden als auch Parallelhandlung der Nazigruppe bloß zur funktionalen Ingangsetzung der ›love story‹ herhalten müssen.[93]

Während die historischen Verweise in einem Ausnahmewerk wie *Salò* lediglich rudimentär bleiben, reihen sich auch *Caduta degli dei*, *Il conformista* und *Novecento* (1900, 2 Teile, 1975) in Baudrillards etwas launisch-metaphorische Argumentationslinie ein:

> Eine ganze Generation von Filmen kommt auf uns zu, die im Verhältnis zu dem, was man kennt, das sind, was der Androide für den Menschen ist: wundervolle Artefakte, ohne Fehl, geniale Simulakren, denen es nur am Imaginären fehlt und an jener eigentümlichen Halluzination, die eben das Kino zum Kino macht. […] Jede giftige Strahlung wurde weggefiltert, alle [Ingredienzen] sind da, strengstens dosiert, nicht ein einziger Fehler. Cooles, kaltes, nicht eigentlich ästhetisches Vergnügen:

---

[93] Arns 1987, S. 23.

Funktionslust, Lust an der Gleichung, an der Maschination[94].

Merkwürdigerweise führt der Autor selbst Visconti mit *Senso* (*Sehnsucht*, 1954) und *Il gattopardo* (*Der Leopard*, 1960) als virtuosen Vertreter der »älteren« Kinematographie an, obwohl gerade dessen *Caduta degli dei* wie ein Schachbrett funktioniert: mit pointierten, nahezu schematisierten Prinzipienträgern als Protagonisten, mit funktionalisierten, intermedialen Verweisen (Dramentraditionen) und einem akribisch rekonstruierten und dennoch artifiziellen Dekor und »Zeitkolorit« (der Mangel am »Imaginären« meint scheinbar die bloße, »kalte« Präsentation um ihrer selbst Willen). Die New Yorker Filmkritikerin Pauline Kael hat gerade die künstlich-theatralische Dialogsprache der Darsteller kritisiert mit dem Argument, ein historischer Bezug könne allenfalls behauptet werden[95].

Zunächst verweist das Bild auf ein historisches ›Modell‹, doch mit der Anhäufung mimetischer Motive entfernt sich das Simulakrum vom historischen Bezug. Der serielle Moment zerstört die imitative Qualität des ursprünglichen Bildes, das noch real zu sein scheint, betont fast die eigene Künstlichkeit des Systems. Diese Idee von der semantischen Willkürlichkeit des Simulakrums, das durch (Stereotypen-)Häufung und Serialität entsteht, verweist wiederum im SadicoNazista-Kontext auf die Kritik Saul Friedländers, wenn er das durch Serialität gekennzeichnete Kitsch-Element des »Neuen Faschismusdiskurses« diskutiert.

Ungeachtet der allegorischen Qualität der einzelnen Werke, die in einer separaten Analyse gewürdigt werden wird, bleibt die Rezeption dieser Filme als ›Historiendramen‹ wohl in der Diskussion. Ein geschärftes Bewusstsein für deren Simulationscharakter ist also unabdingbar. In seiner Schlussfolgerung geht Baudrillard so weit zu behaupten, dass diese Enthistorisierungstendenz ihrerseits faschistoi-

---

[94] Baudrillard 1978, S. 53.
[95] Kael in: Deeper Into Movies, 1969/1973, S. 109 ff.

den Charakter hat, bzw. faschistische Tendenzen zu unterstützen vermag:

> Der Faschismus selbst, das Mysterium seines Erscheinens und seiner kollektiven Energie, mit denen noch keine Interpretation fertig geworden ist […], kann bereits als ›irrationale‹ Überfrachtung mit mythischen und politischen Bezügen interpretiert werden, […], als Reinjizierung des Todes […] in einem Augenblick, da die Prozesse der Entzauberung des Wertes und der Werte des Kollektivs, der rationalen Säkularisierung und Eindimensionalisierung des ganzen Lebens, der Operationalisierung jedes gesellschaftlichen und individuellen Lebens sich im Westen schon stark bemerkbar machte[96].

Diese Argumentation deckt sich mit den an späterer Stelle erwähnten Rezensionen, die ähnliche Schwächen in den vorliegenden Werken zu entdecken trachten und die eindimensionale Dämonisierung der politischen Verbrecher des Dritten Reiches als ihrerseits bedenklich erachten.
Im Rahmen des immer wieder anklingenden Begriffes der »modernen Mythen« bietet sich noch ein weiterer Text als Analysegrundlage an: In seinem Buch »Mythologies«, das in einer gekürzten Form als »Mythen des Alltags«[97] in deutscher Übersetzung erschien, entwickelt Roland Barthes ausgehend von alltäglichen und populären Phänomenen der französischen Gegenwart der 1950er Jahre einen aktualisierten Mythen-Begriff, der auch im Zusammenhang mit dem stereotypen Bild vom Nationalsozialismus im Film einen interessanten Denkansatz bietet. Vor allem der zweite Teil des Buches verdient Beachtung, da Barthes hier seinen Mythenbegriff systematisiert.[98] Nach der dort dargelegten semiotischen Theorie kann jedes Alltagsphä-

---

[96] Baudrillard 1978, S. 56.
[97] Barthes [1957] 1964.
[98] Stiglegger 2014, S. 40 ff.

nomen zu einem Mythos werden, wenn die Gesellschaft mit ihm mehr und mehr eine spezifische Botschaft verknüpft. Den Mythos definiert er als eine »Aussage, eine Botschaft«: »Man ersieht daraus, dass der Mythos kein Objekt, kein Begriff oder eine Idee sein kann; er ist eine Weise des Bedeutens, eine Form.«[99] Barthes unterscheidet zwei Ebenen der Deutung bei der Wahrnehmung eines potentiell mythischen Sachverhaltes: die denotative und die konnotative. Auf der ersten (denotativen) Ebene wird das Bild in seiner Gegenständlichkeit erkannt und erfasst, auf der zweiten (konnotativen) Ebene wird ihm eine übergeordnete, also mythische Bedeutung zugeordnet. Es findet also eine Verknüpfung mit bereits existenten gesellschaftlichen Phänomenen statt: Das Bild ist spezifisch konnotiert, es wird im Augenblick seiner Konnotation zur »Schrift«[100]. Auch wenn das Bild eigentlich »leer« ist, das Zeichen, das sich daraus ergibt, ist mit Bedeutung erfüllt, »es ist ein Sinn«[101]. Der Mythos erringt durch diese über seine pure Gegenständlichkeit hinausgehende Verknüpfung den Status eines erweiterten semiologischen Systems, mit Hilfe dessen der Betrachter ihm eine ›ewig wahre‹ Bedeutung zuordnet. Barthes bezeichnet den Mythos als eine Metasprache, die sich aus der zugrundeliegenden Objektsprache ergibt. Aus dem zuerst historisch Veränderbaren wird eine Selbstverständlichkeit, eine Konstante, ein nur vorgeblich ›natürlicher‹ Sachverhalt. Im Mythos geht die Erinnerung an die eigentliche Herkunft, die historische Zuordnung des Sachverhaltes, verloren. Roland Barthes geht deshalb davon aus, dass die revolutionäre Sprache keine mythische Sprache sein kann, die bürgerli-

---

[99] a.a.O. S. 85; im Original, S. 193: »Le mythe est une parole. […] On voit par là que le mythe ne saurait être un objet, un concept, ou une idée; c'est un mode de signification, c'est une forme.«

[100] a.a.O., S. 87; im Original, S. 195: »L'image devient une écriture, dès l'instant qu'elle est significative : comme l'écriture, elle appelle une *lexis*.«

[101] a.a.O., S. 91; im Original, S. 198: »… le signifiant est vide, le signe est plein, il est un sens.«

che Sprache jedoch schnell Gefallen am quasitraditionellen Mythos finden wird. Für ihn ist der Mythos somit potentiell ›rechts‹. In einigen seiner Beispiele bezieht sich Barthes auch auf Phänomene des Spielfilms. So analysiert er z.b. auf sehr amüsante Weise, wie amerikanische Monumentalfilme durch die Etablierung der »Stirnlocke« den Eindruck des antiken Römers erwecken wollen, und durch die Häufung (Serialisierung) dieses Elementes geradezu einen neuen Mythos schufen. So wurde die Stirnlocke zum Standardelement des amerikanischen Sandalenfilms und gleichzeitig zum Stereotyp vom antiken Römer, ein Faktum, das sehr bald verbreitet und akzeptiert war. In seinem Essay über »Schockphotos«, also fotographische Dokumente historischer Greueltaten, behauptet er – und das ist gerade im SadicoNazista-Zusammenhang, speziell bei *Salò*, sehr wichtig –, diese Fotos berührten den Betrachter nicht, da sie »reine Zeichen« darstellten.[102] Obwohl die Bilder Authentizität über den dokumentarischen Gestus erzwingen wollten, sei das Geschehen durch das Geschick des Fotographen nur allzu deutlich »in Form gebracht«.[103] Diese gewollte Kristallisation – also Erstarrung – des dramatischen Moments schaffe Distanz zum Geschehen, dem unwillkürlich der Charakter der Inszenierung zukomme. An diesen und zahlreichen weiteren Beispielen zeigt Barthes, dass der Mythos bevorzugt mit »unvollständigen Bildern«[104] arbeite, die eine geeignete, bereinigte Projektionsfläche dafür bieten, z.B. Symbole und Zerrbilder. Der Mythos verändere und verforme die dargestellte Wirklichkeit. In seinem Versuch, Historie in

---

[102] a.a.O., S. 55.
[103] a.a.O., S. 56; im Original, S. 106: »... la lisibilité parfaite de la scène, sa *mise en forme* nous dispense de recevoir profondément l'image dans son scandale : réduite à l'état de pur langage, la photographie ne nous désorganise pas.«
[104] a.a.O., S. 109; im Original, S. 213: »Mais en général, le mythe préfère travailler à l'aide d'images pauvres, incomplètes, où le sens est déjà bien dégraissé, tout prêt pour une signification.«

etwas Natürliches zu verwandeln, Sinn in Form zu transformieren, vereinfache der Mythos, werde überdeutlich um den Preis des Wahrhaftigen.

In letzter Konsequenz gleicht der von Roland Barthes analysierte »alltägliche« Mythos dem von Jean Baudrillard diskutierten Simulakrum: Beide Phänomene leisten eine Entpolitisierung und zugleich Enthistorisierung ihrer dargestellten Sujets. Ich möchte hier noch einmal das diesem Kapitel vorangestellte Motto zitieren: »Die Funktion des Mythos besteht darin, das Reale zu entleeren.«[105] In der Metasprache des Mythos kann also Geschichte zum frei verfügbaren ›Spielball‹ werden. Auch Barthes widmet sich schließlich der Funktion des Mythos im Bereich der politischen Rechten. Während er behauptet, dass die revolutionäre Sprache eigentlich keine Mythen bilden dürfe – er stellt sachgemäß fest, dass es dennoch »linke Mythen« gebe –, wird der Mythos zur Essenz einer »rechten Sprache«: »Die Sprache des einen meint Veränderung, die des anderen Verewigung.«[106]

Von den Kategorien des »rechten Mythos«, die Barthes nennt, sind einige von großer Bedeutung für den Sadico-Nazista-Komplex. Auch hiermit lassen sich leicht kritische Ansätze von Saul Friedländer, Baudrillard und Barthes selbst[107] verknüpfen.

a) »Der Mythos entzieht dem Objekt, von dem er spricht, jede Geschichte. Die Geschichte verflüchtigt sich aus ihm.«[108]

b) Der jeweils andere ist ignoriert, verleugnet oder als exotisch ausgegrenzt. Barthes wird Pasolini später vorwer-

---

[105] a.a.O., S. 131; im Original, S. 230: »La fonction du mythe, c'est d'évacuer le réel : il est, à la lettre, un écoulement incessant, une hémorragie, ou, si l'on préfère, une évaportion, bref une absence sensible.«
[106] a.a.O., S. 138; im Original, S. 237: »Le langage de l'un vise à transformer, le langage de l'autre vise à éterniser.«
[107] Ich beziehe mich auf Barthes' Kritik an *Salò*, siehe Barthes 1991.
[108] Barthes [1957] 1964, S. 141; im Original, S. 239: »Le mythe prive l'objet dont il parle de toute Histoire. En lui, l'histoire s'évapore.«

fen, seine »perversen« Faschisten aus *Salò* würden leicht zu Exotismen im Auge des distanzierten Betrachters.[109]
c) Der rechte Mythos scheut die radikale Position, er sucht vielmehr den vermeintlich neutralen Mittelweg. Er wägt zwischen den Polen ab, sucht die Sicherheit.[110]
d) Qualität wird auf Quantität reduziert. Der »rechte Mythos spart Intelligenz«, indem er zur Vereinfachung tendiert.[111]
e) Damit verbunden zeigt sich im rechten Mythos die Tendenz zu Typenbildung, zur formelhaften Darstellung komplexer Sachverhalte.[112]
Die Vereinfachung, Entpolitisierung und Enthistorisierung ihres Sujets – des Nationalsozialismus – dürfte keiner der Regisseure und Regisseurinnen Visconti, Bertolucci, Cavani, Wertmüller, Pasolini und Malle angestrebt haben, was nicht heißt, dass sie an ihren jeweils sehr unterschiedlichen Ambitionen nicht etwa dennoch gescheitert sein mögen; das zu ergründen, soll Aufgabe der Einzelanalysen sein. Bei einigen anderen SadicoNazista-Filmen lassen sich die oben genannten Kriterien als Kritik jedoch sehr treffend anwenden. Fest steht, dass sich alle erwähnten Filme, ungeachtet ihrer künstlerischen Qualität, der hier entwickelten Problematik stellen mussten. Ob sie sich wie Tinto Brass in *Salon Kitty* auf ihre Typisierung und Formelhaftigkeit verlassen oder gar einen medienreflexiven Diskurs wagen, der Roland Barthes »Mythos zweiter Ordnung«[113]

---

[109] a.a.O., S. 141 f.; im Original, S. 240: »L'Autre devient pur objet, spectacle, guignol.«

[110] a.a.O., S. 144; im Original, S. 241: »… un équilibre terminal immobilise les valeurs, la vie, le destin, etc ; il n'y a plus à choisir, il faut endosser.«

[111] a.a.O., S. 144 f.; im Original, S. 242: »… le mythe fait une économie d'intelligence.«

[112] a.a.O., S. 146; im Original, S. 243: »l'ideologie bourgeois transforme continûment les produits de l'histoire en types essentiels …«

[113] a.a.O., S. 121, der »entwendete Mythos«; im Original, S. 222: »Puisque le mythe vole du langage, pourquoi ne pas voler le mythe?«

– dem selbstreflexiven Mythos – entspricht, die zu ergründen ist hier die Herausforderung.

Der »souveräne Mensch« de Sades als Despot

> Souveränität ist die Fähigkeit, sich unbekümmert um den Tod über die Gesetze zu erheben, die die Erhaltung des Lebens gewährleisten.
> Georges Bataille, *Die Literatur und das Böse*

> Die Lust auf Macht steht in offensichtlicher Nähe zum Sadismus, darf aber nicht mit ihm verwechselt werden. Zunächst deshalb, weil das Leiden des anderen der beste, aber nicht der einzige Beweis meiner Macht ist.
> Tzvetan Todorov, *Angesichts des Äußersten*

In seinem umfassenden Buch »Der erotische Film« (1981) äußert sich der Autor Gérard Lenne mit deutlicher Distanz, aber dennoch sehr kenntnisreich zum Thema Sadomasochismus.[114] In dem Kapitel »Käfige und Peitschen«, in dem er auf die beiden französischen Werke *Maitresse* (1976) von Barbet Schroeder und *Exhibition 2* (1976) eingeht, findet sich ein interessanter Ansatz, der auch im Rahmen des SadicoNazista-Zyklus von Bedeutung ist:

> Das Drehen des [Dokumentarfilms *Exhibition 2* von Jean-Francois Davy] selbst wird zum Ereignis. Selbst wenn das Ritual zwischen Sylvia Bourdon und ihren »Sklavinnen« nicht minutiös festgelegt ist, so bestimmt oder provoziert doch die Gegenwart der Kamera die Bewegungen und das Verhalten. So hat sich ein aufschlußreicher Unfall ereignet, als die Sadistin in Folge einer falschen Bewegung ihr Opfer beinah am Auge verletzt hätte. Der »Sklave« reagiert sehr heftig: Ihre Absprache, nie das Gesicht zu berühren, wurde durchbrochen, und die Herrin entschuldigt sich, indem sie uns

---

[114] Lenne 1990, S. 104-139.

erklärt, dass ihr Partner, ein Holländer, der während der Besatzungszeit von der Gestapo gefoltert wurde, es nicht ertragen kann, wenn er an die Schrecken jener Tage erinnert wird. Das lässt uns sehr genau die Praktiken des Sadomasochismus von den Greueltaten der Nazis unterscheiden. [...] die strikt abgegrenzten Quälereien, die ihm Befriedigung verschaffen, sind durchaus nicht mit denen der SS-Henker zu vergleichen. Man muss sie nicht ins Gehirn zurückrufen, sondern vielmehr daraus tilgen. Jede Gleichsetzung der Rituale des Sadomasochismus mit den Folterschrecken, die in allen Polizeistaaten der Welt praktiziert werden (– und besonders in denen, die die heftigste antierotische Zensur betreiben –), beruhen auf keiner Phantasie, auf Unwissenheit, auf schlimmer Unkenntnis von dem, was Sexualität ist und von den Funktionen der Wunschvorstellungen.[115]

Bereits in dem Neologismus SadicoNazista fließen die Begriffe Sadismus und Nationalsozialismus ineinander, doch gerade deshalb ist eine Differenzierung und Hinterfragung dieses Zusammenhanges überfällig. Lenne betont, dass zwischen der freiwilligen sexuellen Folter und der politischen Folter durch staatliche Exekutiven radikal unterschieden werden muss. Das ist eine wichtige Voraussetzung für die Annäherung an das SadicoNazista-Phänomen. Untersucht man jedoch die Ursprünge des Begriffes Sadismus, öffnen sich weitere Ebenen.

Einhergehend mit einer in den 1960er Jahren verbreiteten Annahme, der Marquis de Sade nehme mit seinen philosophischen Machtdiskursen einen theoretischen Überbau des faschistischen Menschen vorweg, kam es zu einer literaturwissenschaftlichen Debatte vornehmlich aus politisch linksorientierten Kreisen, die eine Rehabilitierung der

---

[115] a.a.O., S. 138.

libertinen Schriften des Autors zu bewirken versuchten, um ihn letztlich für einen »linken Diskurs« zu retten: Man denke nur an die Veröffentlichungen um die Tel-Quel-Gruppe[116]. Das aus diesen Debatten resultierende Bild de Sades, das in einer »vulgären«, exploitativen Lesart schließlich beide Eigenschaften vereint, verankerte sich fest als populärkultureller Mythos, auf den sich gerade im folgenden Jahrzehnt immer wieder Künstler und Filmemacher auch aus exploitativen Kreisen bezogen. Gerade in Cavanis *Portiere di notte* wurde der sadistische Aspekt, der in der Figur des Max kulminiert, immer wieder betont, während Lucia die These des »weiblichen Masochismus« vorbehalten bleibt. Ich habe bereits belegt, auf welche Weise dieses Verhältnis jedoch als dialektisch zu gelten hat. Obwohl Canevari mit *Ultima orgia* ein Plagiat des Cavani-Stoffes vorzuschweben schien, rekurriert er ganz deutlich auf den populären de Sade-Mythos und fügt sogar Elemente aus Pauline Réages Roman »Histoire d'O«[117] hinzu, so dass die Dialektik hier nur vorgeblich bleibt: Je mehr sich die Frau unterwirft, um so mehr Privilegien gesteht ihr der Peiniger zu; doch letztlich behält er die Kontrolle. Dass bei dem Wiedersehen das Opfer zum Henker werden kann, ist nicht plausibel und gleicht einer versöhnlichen Pointe.
Bataille schreibt über den »souveränen« Sexualtäter bei de Sade:

> Die Sexualität, an die er denkt, widerspricht sogar den Wünschen der anderen (fast aller anderen), die nicht ihre Partner, sondern nur ihre Opfer sein können. Sade behauptet die *Einzigkeit* seiner Helden. Die Negation der Partner ist nach ihm die Grundlage des Systems. Die Erotik, die zur Übereinstimmung führt, dementiert in seinen Augen

---

[116] z.B. Tel Quel (Hrsg.): Das Denken von de Sade, München 1969.
[117] dt. Deforges, Régine: »Die O hat mir erzählt«, Frankfurt am Main / Berlin 1994 (enthält die beiden Romane von Pauline Réage und ein Interview mit der Autorin).

das Trachten nach Gewalt und Tod, das sie im Grunde ist. In der Tiefe ist die sexuelle Vereinigung kompromittiert, etwas Halbes zwischen Leben und Tod: Nur wenn sie die Gemeinsamkeit, die sie begrenzt, zerbricht, offenbart die Erotik schließlich die Gewaltsamkeit, die ihre Wahrheit ist und deren Ausübung allein dem souveränen Bild des Menschen entspricht[118].

Die jeweilige *amour fou*-Beziehung in den beiden Beispielfilmen widerspricht dieser These fundamental – ich benutze den Begriff des *amour fou* hier im Sinne einer grenzüberschreitenden, »verrückten« Leidenschaft, durchaus im Geiste der Surrealisten um André Breton –, da dieses Phänomen eine durchweg emotionale, individualistisch geprägte Realitätswahrnehmung voraussetzt. Nur Pasolini ist es ernst mit seiner Sade-Interpretation *Salò*, die keine Individualität mehr zulassen kann. Demnach muss hier auch die Identifikation mit den Protagonisten weichen, die Cavanis und Wertmüllers Filme z.B. erst funktionieren lässt. De Sade, dessen Stärke das prägnante Wort ist und dessen nüchtern-mathematische Beschreibungen kaum in Bildern zu denken sind, überhaupt verfilmen zu wollen, erscheint absurd. Was in exploitativem Kontext daraus entstand, war und ist leidlich unterhaltsame Softpornogra-

---

[118] Bataille 1957 / 1994, S. 163 ff.; im Original, Œuvres complètes, Bd. X, S. 167: »La sexualité à laquelle il songe contrarie même les désirs des autres (de presques tous les autres), qui ne peuvent en être les partenaires, mais les victimes. Sade propose l'*unicisme* de ses héros. La négation des partenaires est, selon lui, la pièce fondamentale du système. L'érotisme dément à ses yeux, s'il mène à l'accord, le mouvement de violence et de mort qu'il est en principe. Dans sa profondeur, l'union sexuelle est compromise, elle est demi-mesure entre la vie et la mort: c'est à la condition de briser une communion qui le limite que l'érotisme révèle enfin la violence qui en est las vérité, et dont l'accomplissement répond seul à l'image souveraine de l'homme.«

fie (z.B. Jess Francos *Justine*[119]), die keinerlei stilistische Entsprechung zu den literarischen Ungeheuerlichkeiten finden kann. Wieder muss man es Pasolinis kaltem, nüchtern-registrierendem Stil zugute halten, dass *Salò* diesem Vorhaben am nächsten kommt, denn jegliche Trübung (ganz bildlich gesehen: durch die Fettlinse[120]) in der Darstellung des Geschehens, die sich den Sehgewohnheiten gefällig annähert, eliminiert die Bemühungen des Filmemachers, einem pornografischen und genießbaren Kontext zu entkommen, wie Pasolini es anstrebt. Der Versuch, über de Sade Aussagen zum Nationalsozialismus zu machen, kann und muss in diesem Zusammenhang als vergeblich gewertet werden, sei er nun von Pasolini, der ohnehin de Sades Modell nur als Gerüst benutzt, um Aussagen über die zeitgenössische italienische Gegenwart zu fällen, oder Cesare Canevari, da er in jedem Fall zu kurz greift und eine Sexualisierungstendenz in der Faschismusinterpretation stillschweigend überbetont; womit ich allerdings nicht die von Reich und Fromm[121] durchgeführten Analysen des sexuellen Aspekts faschistischen Wirkens in Frage stellen will. Einen etwas direkteren Zugang wählt in diesem Zusammenhang Anatole Litvak in seinem Kriegsthriller *La Nuit des generaux* (*Die Nacht der Generäle*, 1966), in dem Peter O'Toole einen neurotischen, pedantischen SS-General darstellt. Er entspricht genau dem Typus, der im gleichen Atemzug mit der Begründung der Diensterfüllung ein Warschauer Stadtviertel niederbrennen lässt und vor den Flammen ungerührt mit seinem Exerzierstab posiert und außerhalb der Dienstzeit eine Prostituierte brutal ermordet. Obwohl dieser Stoff einige

---

[119] *Justine ovvero le disaventura della virtu / Les Infortunes de la vertu* (Marquis de Sade: Justine) von Jess Franco (BRD/I/F 1968), mit Klaus Kinski als de Sade und Romina Power als Justine.
[120] Die Fettlinse, die Körperkonturen aquarellhaft verschwimmen lässt, ist eines der Stilmittel des in den siebziger Jahren populären Softpornografen David Hamilton (*Bilitis*).
[121] Fromm 1977.

Möglichkeiten birgt, verschenkt er seine Chance, die Analogie zwischen *politischem* und *sexuellem* Sadismus in einer einleuchtenden Fabel zu vermitteln: Immer wieder schweift die Aufmerksamkeit auf andere historische Fakten (z.B. das Hitler-Attentat am 20. Juli) ab. Doch letztlich ist Litvaks Film einer der wenigen, die überhaupt eine derartige Interpretation deutlich nahelegen – erst Spielberg wird später wieder daran anschließen.
Einen weiteren problematischen Aspekt der Werke de Sades, der auch die Verfilmungen betrifft, betont erneut Bataille:

> Die von de Sade ausgedrückte Gewaltsamkeit hat die Gewaltsamkeit in das verwandelt, was sie nicht ist, dem sie sogar notwendigerweise entgegengesetzt ist: in einen überlegten, rationalisierten Willen zur Gewalt.[122]

Wieder kann lediglich Pasolini sich der Gefahr der Verharmlosung der dargestellten Gewalt stellen, indem er den anstrengenden Weg wählt. Wie »man Geduld, *Resignation*, braucht, um de Sade zu lesen«[123], steht es auch um das Sehverhalten bezüglich *Salò*, einem Film, der sich eines Spannungsaufbaus kategorisch verweigert. Eine Annäherung an Charaktere und Individuen ist unerwünscht. Pasolini entwirft eine Tötungsmaschinerie, die dem tatsächlichen Konzentrationslagersystem nicht allzu unähnlich zu sein scheint, deren Zielsetzung jedoch mit de Sade die Lust der Täter ist, nicht die Erfüllung einer nationalen Passion. In seinem kurzen Essay »Sade-Pasolini[124]« fragt

---

[122] Bataille 1994, S. 187 f.; im Original, Œuvres complètes, Bd. X, S. 190: »La violence *exprimée* par Sade avait changé la violence en ce qu'elle n'est pas, dont elle est même nécessairement l'opposé: en une volonté réfléchie, rationalisée, de violence.«
[123] a.a.O., S. 188; im Original, Œuvres complètes, Bd. X, S. 190: »Il faut de la patience, de la *résignation*, pour la lire.«
[124] Barthes, Roland: Sade-Pasolini in: Der Pfahl. Jahrbuch aus dem Niemandsland zwischen Kunst und Wissenschaft V, München 1991, S. 134 ff.; Original aus: Le Monde, 15. Juni 1976, Paris.

sich Roland Barthes, welche Wirkung ein Film wie *Salò* letztlich auf den Zuschauer haben kann. Seiner Meinung nach ist Pasolini bei seinem Adaptionsversuch sowohl an de Sade, als auch an der Realität des Faschismus-Phänomens gescheitert. Es helfe nichts, de Sades Worte »buchstäblich« in Bilder umzusetzen, da diese nie nach Bildern verlangen. Die Stärke des Autors ist das Wort und die damit verknüpfte Assoziationsfähigkeit des Lesers. De Sade verfilmen heißt, sich zwangsweise von Geist und Wesen der Vorlage zu entfernen oder hohle Pornografie herstellen (Canevaris Version fällt demzufolge in letztere Kategorie). Barthes Hauptargument ist der Trugschluss, den Pasolinis Gleichung zulässt. Auf der politischen Ebene mache es sich der Film auf den ersten Blick zu einfach. Pasolini tappt offenbar in seine eigene Falle, indem er dem Zuschauer eine unangemessene Möglichkeit zur Distanz lässt: »Ich bin nicht so wie sie, ich bin kein Faschist, denn ich mag keine Scheiße! «[125] Er scheint den Faschismus auf eine durchschaubare Perversion zu reduzieren.

De Sades Sprache, sein einziges Mittel als Literat, ist von einer drastischen Maßlosigkeit: Er bietet 600 Beispiele für »Perversionen« in »Les 120 journées de Sodome«[126]. Sein Kompendium sexueller Möglichkeiten zeigt deutlich, dass dem menschlichen Wirken – vor allem in der Zerstörung des Körpers – keine Grenze gesetzt ist, dass also diese Form der menschlichen Freiheit unendlich groß ist und in keinem Zusammenhang mit dem »freien Willen« steht. Wichtig ist, dass der Autor das Wirken seiner »Souveräne« abgekoppelt von Religion, Politik und Moral darstellt. Er isoliert die »reine« Begierde, den »puren« Willen zu Macht und Unterwerfung. De Sade reflektierte auf diese Weise, abgesehen von seinen Obsessionen, zwar ebenfalls seine Epoche, doch der später von seinen Rezipienten bewusst

---

[125] a.a.O., S. 135.
[126] dt. De Sade, Marquis: Die 120 Tage von Sodom oder Die Schule der Ausschweifung, Dortmund 1979/1987.

begangene Akt der politischen »Aufladung« seiner Modelle blieb aus. Interessant ist in diesem Zusammenhang abschließend die durchaus politische Interpretation des von de Sade abgeleiteten sexualpathologischen Begriffes des Sadismus, wie ihn Jean Améry, angelehnt an die Ausführungen Batailles, in seinem Essay »Die Tortur«[127] vorschlägt. Er sieht seine regimetreuen deutschen Folterknechte durchaus als eine Art Sadisten:

> Handelte es sich also um Sadisten? Im engen sexualpathologischen Sinne waren sie es [...] nicht, so wie ich überhaupt glaube, dass ich während meiner zweijährigen Gestapo- und Konzentrationslagerhaft nicht einem einzigen echten Sadisten dieser Sorte begegnet bin. Sie *waren* es aber wahrscheinlich, wenn wir die Sexualpathologie beiseite lassen und versuchen, die Folterknechte nach den Kategorien – nun ja, der *Philosophie* des Marquis de Sade zu beurteilen.[128]

Er unterscheidet den Freudschen Sadismus-Begriff von dem weltanschaulich geprägten Begriff des »souveränen Menschen«, den Bataille darstellt. Améry geht noch weiter: Analog zu Bataille bezweifelt er eine allgemeine Definition des Nationalsozialismus als »schwer zu definierendem ›Totalitarismus‹«. Er schlägt stattdessen den »umgewerteten« *Sadismus*-Begriff vor:

> Für Georges Bataille ist der Sadismus nicht sexualpathologisch aufzufassen, viel mehr existentialpsychologisch, wobei er sich abzeichnet als die radikale Negation des Anderen, als Vereinigung zugleich des Sozial- und des Realitätsprinzips. Der Sadist will diese Welt aufheben, indem er seine

---

[127] Améry, Jean: Die Tortur, in: Merkur Nr. 208, Juli 1965/Nr. 567, Juli 1996, S. 511; Der Autor analysiert hier seine Folterung durch die Gestapo.
[128] a.a.O., S. 511.

eigene totale Souveränität in der Negation des Mitmenschen zu verwirklichen sucht. Der Mitmensch wird verfleischlicht und in der Verfleischlichung schon an den Rande des Todes geführt; allenfalls wird er schließlich über die Todesgrenze hinausgetrieben ins Nichts.[129]
Améry kennzeichnet mit Bataille die Welt des ›politischen Sadisten‹ als ein strikt auf sich selbst bezogenes Universum, das jegliche humanen Werte in Frage stellt und außer Kraft setzt. Der souveräne Mensch im Sinne des Faschisten definiert seine eigene Position über den immer wieder durchgespielten »Unwert« des Gegners – sprich des Nicht-Faschisten. Die Vernichtung seines Gegenübers ist der intensivste Beweis seiner eigenen Existenz und Bedeutung. Er definiert sich selbst über den Tod des Mitmenschen. Nazi-Deutschland wird an anderer Stelle als die »Hölle auf Erden« bezeichnet. Im Sinne des »politischen Sadismus« mag das durchaus zutreffen: Es ist die Welt einer pervertierten Ordnung, einer Verkehrung bislang gültiger Normen und Werte, ein weniger mythisches als durchaus banales, alltägliches ›Reich des Todes‹. Die dennoch mythische, fast märchenhafte Faszination, die von den Vertretern dieses ‚absolut Bösen‹ ausgeht, darf jedoch nicht unterschätzt werden. Sie hat sich als beständiger erwiesen als die Einsicht in die Banalität des destruktiven Charakters, der letztlich nichts weiter als die Ausgeburt bürgerlicher Macht- und Hassphantasien ist.
Ein interessantes Beispiel für einen durch SadicoNazista-Elemente verursachten Trugschluss spiegelt ein in dem deutschen Magazin Filmfaust 1977 abgedrucktes Kritikergespräch über *Novecento* wieder:
> B: »Du sagst, dass die Gewalt des Faschismus in der Szene, wo der Junge grausam ermordet wird, abgetrennt wird und ins Persönliche umschlägt.

---

[129] a.a.O., S. 512.

Etwa, weil es Grausamkeit überall geben kann. Es ist aber gerade die perverse Sexualität des Faschisten *Attila*, die diese Trennung *verhindert*. Dass die Sexualität der Faschisten pervers ist, grenzt sie ja gerade von der normalen Beziehung der Menschen zur Sexualität ab. Ich will nicht in Abrede stellen, dass diese sexuelle Perversität auch bei anderen Menschen vorkommt. Das bedeutet aber nicht, dass sie deswegen nicht faschistisch ist. Bertolucci zeigt den Charakter dieser Sexualität überzeugend in der Potenz-Prahlerei Attilas. Er zeigt auch, gerade in dieser Szene, wie hauchdünn die Grenze zwischen sexueller Perversion und Mord ist. Da er dies beides als Wesensmerkmal des Faschismus kennzeichnet, lässt er keine Trennung des einzelnen Faschisten vom Faschismus zu. Ob das richtig ist, ist eine andere Frage.« – K: »Aber die Perversität ist doch nicht durchgängiges Kennzeichen für die Sexualität des Faschismus. Das ›idyllische Familienglück‹, die ›glorifizierte Mutter‹, der ›hygienische Geschlechtsverkehr‹, die ›Obrigkeit des Vaters / Mannes‹ usw. waren die propagandistischen Leitbilder des Faschismus – egal ob bloße Oberfläche, sie gehören dazu und müssen gezeigt werden.«[130]

B. nimmt hier deutlich die Position des Rezipienten ein, der nicht nur eine klare Abgrenzung zwischen »normaler« und »perverser« Sexualität vornimmt, sondern auch die Verbindung zwischen Faschismus und »perverser Sexualität« kaum hinterfragt hinnimmt. Tatsächlich ist die Figur des Attila in *Novecento* nicht nur durch den sprechenden Namen, der sich auf den barbarischen Hunnenkönig bezieht, sondern auch durch eine offensichtliche Verbindung aus politischer Destruktivität und einem pathologi-

---

[130] Steinborn 1977, S. 58 f.

schen Hang zu sexuell motivierter Gewalttätigkeit gezeichnet. Bertolucci betont diese Verbindung hier vergleichsweise stärker als in seinem sechs Jahre zuvor inszenierten Film *Il conformista*, vermutlich, da er mit seinem Familienepos *Novecento* tatsächlich im Sinn hatte, Propaganda für die KPI[131] zu machen. Auch K.s Einwand bleibt zu eindimensional: Der Film hätte das – ebenfalls stereotype – sexuelle »Idealbild« der Faschisten mehr betonen müssen. Offensichtlich ist, dass sogar ein Regisseur, der die Mechanismen des SadicoNazista kennt – zu schließen aus *Il conformista* und seiner Stellungnahme zu *Portiere di notte* –, hier in *Novecento* selbst die Kontrolle über die Eigendynamik der direkten Verbindung Faschismus / sexuelle Perversion / Sadismus verloren hat.

Es wird augenfällig, dass die verschiedenen im Folgenden analysierten Filme letztlich alle auf eine jeweils unterschiedliche Form des Sadismus-Begriffes zurückgreifen. Da dieser offensichtlich sehr »schwammige« Begriff, dem ich hier analog zu Bataille und Freud bereits zwei Definitionen – die existentialpsychologische und die sexualpathologische – zugeordnet habe, im Zusammenhang mit dem jeweils zeitgenössischen Faschismusdiskurs den Hauptansatzpunkt einiger Missverständnisse seitens der kritischen Rezeption bedingte, werde ich im jeweiligen Zusammenhang erneut darauf zu sprechen kommen.

---

[131] ... deren Mitglied Bertolucci seinerzeit war.

Bilder von Kitsch und Tod
Die »Deutsche Trilogie« Viscontis

> Das Fest ist die Zeit des geregelten Tumults, der Ausschweifung, wo sich die Werteordnung umkehrt. Eine gesellige Veranstaltung ist diese Orgie der Gewalt.
>
> Wolfgang Sofsky, *Traktat über die Gewalt*

Was Luchino Viscontis Film, den Vorreiter des behandelten Diskurses, von den zahlreichen Epigonen unterscheidet, ist die konsequente Anlage seiner Konstruktion als moderne Version des klassischen Dramas. Exemplarisch wählte er als Protagonisten schicksalhaft miteinander verbundene Repräsentanten bestimmter Schlüsselinstitutionen der behandelten Epoche: Jeder Charakter steht – neben seiner Korrespondenz zu bekannten Figuren aus Shakespearschen Dramen oder Werken der schwarzen Romantik – auch stellvertretend für konkrete historische Personen: SA-Mann Konstantin für Ernst Röhm, SS-Mann Aschenbach für Heinrich Himmler, Joachim von Essenbeck für Krupp, Martin für Krupp Jr. und Herbert gemahnt an all jene Widerständler, die in den Untergrund gehen mussten. Lediglich für Friedrich und Sophie findet sich ausschließlich die mythische Entsprechung, sie die degenerierte *femme fatale*, die Friedrich als Macbeth zu den machtlüsternen Morden treibt. Dies alles – verwoben mit der speziellen Dynamik der Feste, den Ausformungen des dekadenten Lebensstils –, die Visconti für frühere Filme bereits entwickelt hatte (*Il gattopardo*), ergibt in all ihrem Prunk eine stilisierte Form der überbordenden, schicksalsschweren Verdi-Oper.

Obwohl der Chronologie gemäß *Caduta degli dei* der »aktuellste« der Filme von Viscontis sogenannter »Deutscher Trilogie« ist, kam er als erster heraus. Es folgten die Thomas Mann-Verfilmung *Morte a Venezia* (*Tod in Venedig*,

1970), in der aus dem Schriftsteller Aschenbach ein Komponist wurde, der das Schicksal Gustav Mahlers spiegelt, und die düstere Filmbiografie *Ludwig* (1972), die mit der kongenialen Besetzung durch Helmut Berger als Ludwig II. ein bedrückendes Porträt des dekadenten Monarchen als eines verhinderten Künstlers formuliert. Korrigiert man die Reihenfolge der Filme in historischer Hinsicht, wird Viscontis Geschichtsbild deutlich: Langsam sickert Militarismus und Nationalismus in die weltentrückte, ästhetizistische Welt der sterbenden Aristokratie ein: Auch die Lagunenstadt Venedig wird bereits von schwarzuniformierten Milizen, den Bersalieri, infiltriert; der sterbende Aschenbach (Dirk Bogarde), hier Vertreter einer schöngeistigen Intellektualität, ist zur machtlosen Agonie verdammt. Gleichzeitig wird sein Namensvetter in *Caduta degli dei* (Helmut Griem) zum »schwarzen Engel« der aufziehenden Diktatur.

Anlässlich seines Geburtstages versammelt sich die gesamte Familie des greisen Industriellen Baron Joachim von Essenbeck (Albrecht Schoenhals) am 27. Februar in der Villa Essenbeck: die Tochter Sophie von Essenbeck (Ingrid Thulin), der SA-Führer Konstantin von Essenbeck (Reinhard Kolldehoff), Sophies Sohn Martin (Helmut Berger) und der Liberale Herbert Thallmann (Umberto Orsini) mit seiner Frau Elisabeth (Charlotte Rampling) und ihren beiden Töchtern. Später kommen noch Sophies Geliebter Friedrich Bruckmann (Dirk Bogarde) und der SS-Führer Aschenbach (Helmut Griem) dazu. Zwischen Thallmann und Konstantin entbrennt der Streit um die Nachfolge bei der Übernahme der Essenbeckschen Stahlwerke.

In der Nacht wird der Baron mit Herbert Thallmanns Pistole erschossen. Thallmann flieht, seine Familie kommt ins Konzentrationslager. Der pädophile, neurotische Martin erbt die Fabrik und den Titel. Konstantin erpresst Martin mit Beweisen, die belegen, dass ein kleines Mädchen, das von Martin missbraucht wurde, Selbstmord begangen hat, und behält damit indirekt die Macht über die Stahlwerke, sorgt sogar für illegale Lieferungen an die SA, die bereits mit SS und Wehrmacht in Konkurrenz steht. Die SA wird jedoch durch den »Röhm-Putsch«, das Bad-Wiessee-Massaker, ihrer Macht enthoben. Friedrich Bruckmann und Aschenbach erschießen Konstantin.

Aschenbach übt starken Einfluss auf Sophie aus und macht Martin zu seiner Marionette. Er überredet ihn, der SS beizutreten, wodurch die Werke ebenfalls unter die Kontrolle der SS fallen. Martin vergewaltigt seine intrigante Mutter, um sie zu zerbrechen. Wie eine lebende Tote geleitet er sie zu ihrer als Totenfest inszenierten Vermählung mit Friedrich. Schließlich legt er beiden den Freitod durch Gift nah. Martin bleibt als einziger Überlebender der Essenbecks zurück.

Luchino Visconti bedient sich eines ähnlichen Stils wie in *Il gattopardo* – alle Schlüssel- und Wendepunkte werden in Form von Festen (Geburtstag, Tod und Hochzeit) zelebriert –, indem er eine Gruppe von Charakteren entwirft, mit deren Hilfe er historische politische Verhältnisse personifiziert und gleichzeitig sexualisiert: Um die beiden maßgeblichsten Unterorganisationen der NSdAP der 1930er Jahre stellvertretend zu beschreiben, führt Visconti die beiden Charaktere Konstantin und Aschenbach ein, die beide mit dem Baron Joachim von Essenbeck in verwandtschaftlicher Beziehung stehen; Konstantin ist sein Sohn und Aschenbach laut Dialog »ein Cousin der Familie«. So verschieden wie die zugrundeliegenden Organisationen ist auch die jeweilige Gestaltung der Charaktere. Diese Analyse beschränkt sich auf die erste Hälfte des Films, da das »Bad-Wiessee-Massaker« in der Mitte nicht nur Höhe- und Wendepunkt ist, sondern zugleich auch den Tod Konstantins und die unbeschränkte Machtübernahme durch die SS markiert. Sowohl historisch als auch filmisch ist der Konflikt zwischen SA und SS von da an beendet; dem rücksichtslosen Aufstieg Aschenbachs (stellvertretend für die SS) steht nichts mehr im Weg. Die Aufbauphase des Regimes wurde begleitet vom tumbbrutalen Auftreten der Sturmabteilung, folgerichtig richtet der Film sein anfängliches Augenmerk auf Konstantin und macht ihn zum Dreh- und Angelpunkt der fatalen Ereignisse: Er ist es z.b., der die Familie während der Feier über den Reichstagsbrand in Kenntnis setzt. Konstantin ist ein Mann von ausufernder Physis (René Kolldehoff spielte auch später vergleichbare Rollen, z.b. in Paul Verhoevens *Soldaat von Oranje*[132]), die zu Recht auf einen genussfreudigen Charakter schließen lässt. Dem Zuschauer wird er in den ersten Minuten des Films nackt in der Badewanne präsentiert, wo er sich von seinem jugendlich-attraktiven Diener verwöhnen lässt (»Reib stärker!«). Die leidenschaftliche, direkte Weise, wie er seinen Körper präsentiert und zur Berührung anbietet, drängt eine homophile Neigung förmlich auf. Seine Kommentare über die Partei, deren Abzeichen er vor dem Spiegel mit gönnerhaftem Blick ansteckt, verraten nahezu naives Vertrauen und Idealismus. An seinem Spiegel hängt ein Bild von Hitler, das ihm gleichzeitig als Vorbild – »Spiegel im Spiegel« – dient und auf die quasi-religiöse Verehrung im Rahmen des »Führerkultes« verweist. Die beobachtende Präsenz des Führers erinnert an einen positiv konnotierten Orwellschen *big brother*. Konstantins Blick verrät Siegesgewissheit und Stolz, zwei Eigenschaften, die der SA in ihrer Blindheit zum Verhängnis werden sollten. Mit der Gestaltung von Konstantins Zimmer mittels SA-Insignien erweist sich die NSdAP im Haus der Essenbecks bereits als präsent: Was zunächst wie ein aristokratisch-großbürgerliches Ambiente wirkt, entlarvt sich nach und nach durch Nahaufnahmen und Zooms als das kleine Reich

---

[132] dt. *Soldiers* (1977) mit Rutger Hauer und Jeroen Krabbé; es geht darin um eine holländische Studentengruppe, die sich dem Widerstand gegen die deutschen Besatzer anschließt.

eines treuen SA-Funktionärs (Hakenkreuzfähnchen, SA-Plakat, Führerbild, NSdAP-Abzeichen). Sehr ähnlich wird übrigens später Steven Spielberg seine Exposition zu *Schindler's List* gestalten. Aufschlussreiches Konfliktpotential bietet Konstantins Beziehung zu seinem Sohn Günther, der zum Ärger des Vaters eher eine künstlerisch-akademische Laufbahn einschlagen will und in keiner Weise auf Konstantins Vorschläge eingeht. Während sein Vater ein maßloser Lebemann ist, für den Weltanschauung und Partei hauptsächlich im Dienste seines Hedonismus stehen, kultiviert Günther mit seiner Hinwendung zur Musik einen eher ästhetischen Standpunkt. Die Aktionen der SA, z.b. die Bücherverbrennung, schockieren und verwirren ihn. Konstantin nimmt übrigens die Bücherverbrennung in seinem ersten Gespräch mit Günther vorweg, der zudem noch anfänglich mit dem Regimegegner Herbert Thallmann sympathisiert. Erst als Konstantin tot ist und die Welt um ihn herum zerbricht, lässt sich Günther von Aschenbach instrumentalisieren, doch das hat weniger mit Enthusiasmus zu tun als mit gebrochenem Willen. Konstantin agiert in weit ausholender Selbstgefälligkeit. Kaum hat Joachim von Essenbeck seine Rede begonnen, durch die er scheinbar Herbert als Vorsitzenden der Essenbeckschen Stahlwerke absetzen will, erhebt sich Konstantin in fester Gewissheit, selbst der Nachfolger zu werden, hebt sein Glas (auf sich selbst) und verlacht den übereilt flüchtenden Vorgänger. Auf ähnliche Weise macht er sich über Martins spätere Versuche lustig, die zukünftige Betriebspolitik der Firma zu beschreiben: »Eine sehr schöne Rede, Martin ...«, sagt er ironisch. Konstantin handelt voll tumber Taktlosigkeit, die ihn für die tatsächlichen Strömungen in seinem Umfeld blind werden lässt. Martin hat zwar vor, die geplante Waffenproduktion der Stahlwerke durchzusetzen, er wählt jedoch den SS-Angehörigen Friedrich als Geschäftsführer, was Konstantin wichtige Privilegien kosten wird. Der SA-Mann reagiert – wie erwartet – aufbrausend. Erstmals zeichnet sich exemplarisch der SA/SS-Konflikt ab: »Friedrich Bruckmann, ich habe Dich groß gemacht ...«, wirft er ihm vor. Konstantin startet im Verlauf der Handlung mehrere Versuche, seine alte Machtposition wiederzuerlangen. Vor allem in Gegenwart der Wehrmachtsangehörigen muss er schmerzhaft zurückstecken (vor allem in den Szenen um die Waffenkonferenz). Es fällt der Ausspruch, die »SA sei das Messer an der Kehle der Großfinanz«; Konstantin wird diesen Ausspruch tätlich bestätigen. Martins Pädophilie kommt Konstantin gerade gelegen. Als eines von Martins kindlichen Opfern Selbstmord begeht, nutzt er dieses Wissen, um Martin zu erpressen und so die Waffenlieferungen an das SA-Hauptkommando umzuleiten. In dieser Situation agiert er herrisch und diktatorisch. Im Stress der sich überschlagenden Entwicklungen verliert er jedoch zusehends die Nerven; wahrscheinlich spürt er seine Macht bereits schwinden, obwohl er laut Aschenbach viele Freunde bei Gestapo und Heer hat. Sein Schicksal wird schließlich während des ausgelassenen SA-Kameradschaftstreffens in Bad Wiessee besiegelt.

Alfons Arns bezeichnet Aschenbach als »Katalysator der NS-Ideologie, die nach und nach in die aristokratisch-familiäre Welt der von Essenbecks eindringt und sie zersetzt«.[133] Nahezu idealtypisch besetzt mit dem äußerst »arischen« deutschen Schauspieler Helmut Griem, gestaltet Visconti den SS-Mann Aschenbach als distinguierten machiavellistischen Todesengel, der sich die Familienmitglieder entweder unterwirft oder sie beseitigt; sein Wirken erinnert ironisch an das des »Fremden« in Pasolinis *Teorema* (1968), eine durchaus blasphemische Gleichung, da Pasolini mehrfach betont hat, in diesem Werk habe er untersucht, was geschehe, wenn sich Gott in eine durch-

---

[133] nach: Arns 1993.

schnittliche Industriellenfamilie einschleichen würde. In der Parallelmontage der Exposition lernen wir ihn kennen, indem wir ein Gespräch zwischen ihm und Friedrich im Auto mitbekommen. Hier werden bereits die Grundsteine für die Verschwörung gegen den Baron gelegt, den Friedrich später ermorden wird. Aschenbach macht bereits hier einige sinistre Anmerkungen und Drohungen, die sich im Laufe der Handlung bestätigen werden.

Schon zu Beginn betont Visconti den Kontrast zwischen Konstantin und Aschenbach: Aschenbach lächelt meist selbstzufrieden bei seinen Machtphilosophien (»Wir sind die Macht!«) und präsentiert ein ruhiges Selbstvertrauen. Seine Bemerkungen verraten umfassenden Einblick in die Geheimnisse der Partei und vor allem deren Zukunftspläne. Was wie bedrohliche Voraussagen klingt, entstammt schlicht seinem überlegenen Wissen. Als die Rede auf Konstantin kommt, reagiert er zunächst aggressiv und nimmt vage die geplante Liquidation der SA vorweg. Nach der Waffenkonferenz wird er diese Bemerkung Friedrich gegenüber konkretisieren. Vor dem Spiegel in der Vorhalle ordnet er seine Kleidung mit den genüsslichen Worten: »Für uns ist alles erlaubt.« Während des Festessens fungiert Aschenbach als amüsierter Beobachter. Er lässt Konstantin auf dem scheinbaren Höhepunkt seiner Macht wüten und hält sich dezent zurück. Er bemüht sich lediglich, von kritischen Themen abzulenken (z.B. als Herbert die Seriosität der Partei anzweifelt und andeutet, der Reichstagsbrand ginge auf ihr eigenes Konto). Aschenbach kennt die Wahrheit über den Brand, akzeptiert und erkennt jedoch den propagandistischen Wert dieser Aktion. Zudem – so deutet er Friedrich und Sophie gegenüber an – »kann ein Anschein von Legalität mitunter sehr nützlich sein«. Friedrich erkennt sehr wohl, dass er von dem SS-Mann instrumentalisiert wird (sowohl bei dem Mord an Joachim als auch bei der Erschießung von Konstantin), er ist jedoch außerstande, sich dagegen zu wehren. Die Verlockung von Macht und Reichtum, die die von ihm begehrte Sophie repräsentiert, überwiegt. Wörtlich charakterisiert er Aschenbach ihr gegenüber als »allwissend und skrupellos«. Somit hat auch er Angst, doch diese Angst ist nicht mehr vergleichbar mit dem physischen Terror der »braunen Bataillone«, sondern basiert auf einer umfassenden, übergeordneten Bedrohung, deren bevorzugte Waffe die Korrumpierbarkeit der Menschen ist.

Wie wohl auch Hitler erkennt Aschenbach die besondere Position der SA an (»niemand bezweifelt die Verdienste der SA ...«), doch nach der Waffenkonferenz redet er davon, dass sich der Widerstand der SA gegen die Miteinbeziehung der Armee brechen lassen wird: »Probleme lassen sich immer lösen« und »ein Veilchen, das im Weg steht, wird eben zertreten«. Aschenbach macht letztere Bemerkung übrigens als ein Hegel-Zitat kenntlich und erweist sich so als gebildeter Charakter. Die Vermutung liegt nahe, dass hierin auch der Schlüssel zur Namensgleichheit mit Thomas Manns Aschenbach-Charakter liegt, der ebenfalls einer morbiden Todesästhetisierung verfallen zu sein scheint (nicht von Ungefähr ist *Morte a Venezia* auch das Sujet, das den Mittelteil der »Deutschen Trilogie« bildet). Er ist die pervertierte Version des ästhetizistischen, sinnlich genießenden Intellektuellen, der unberührt vom Rand des Spielfeldes aus wirkt. Im Gegensatz zu Manns Aschenbach, dem seine leidenschaftliche Zuneigung zu einem Knaben zum Verhängnis wird, behält Viscontis Figur in *Caduta degli dei* stets die Kontrolle. Seine Strategie ist die Ausblendung von Gefühl und Leidenschaft, Regungen, die er sich allenfalls in der reduzierten Form eines amüsierten Lächelns gönnt. Während Friedrich den sexuellen Reizen Sophies verfallen ist und sich durch sie zu den Morden verführen lässt (hier fungiert sie als Lady Macbeth), bleibt Aschenbach auch jeglicher Erotik gegenüber immun. Im SS-Archiv in Berlin, in dem alle

Akten über die Reichsbürger gesammelt sind, waltet er über ein hellerleuchtetes Reich absoluter Durchschaubarkeit des Individuums. Die schwarzuniformierten SS-Männer huschen wie finstere Schatten durch die weißen Korridore. Hier offenbart sich Aschenbachs machiavellistische Ader, wenn er Sophie gegenüber lamentiert: »Die Eroberung der Welt ist ohne das Heer unmöglich.« Zudem offenbart er die Mechanismen der Partei: »Das Kollektivdenken des deutschen Volkes ist Komplizenschaft …« Nachdem er an einigen Stellen die Ausschaltung des SA-Faktors angedeutet hat, werden beim Massaker am 30. Juni 1934 – so wie es Visconti darstellt – alle Drohungen wahr.

Die Bad-Wiessee-Sequenz in *Caduta* zeigt einen der seltenen Versuche in der Filmgeschichte, die Ereignisse um dieses historische Datum zu visualisieren. Lediglich die naive amerikanische Miniserie *Hitler's SS: A Portrait in Evil* (*Wölfe jagen nie allein*, 1985) von Jim Goddard, in der es um das Schicksal zweier unterschiedlicher Brüder geht – einer geht zur SS, der andere erst in die SA, dann in den Widerstand –, wagte einen weiteren Versuch. Interessant ist, dass in beiden Fällen die Ereignisse, so weit sich das durch historische Quellen sagen lässt, bewusst verfremdet wurden: bei Visconti, um als metaphorischer Höhepunkt tauglich zu werden, bei Goddard, um den Effekt zu erhöhen (bei ihm greift Hitler selbst zur Waffe). Man kann wohl davon ausgehen, dass die überrumpelten SA-Leute nicht vor Ort exekutiert wurden, wie Visconti es zeigt. Da er aber auch an keiner anderen Stelle dokumentarischen Anspruch erhebt, muss man diese eindrucksvolle Sequenz auf einer ganz anderen Ebene betrachten.

Die vorwiegend jungen, ausgelassenen SA-Männer läuten ihr Treffen mittags mit einem Zielschießen auf »Pappkameraden« in Form hoher Funktionäre der NSdAP ein (Himmler, etc.). Visconti geht von einem revolutionären Potential der SA aus, das Hitler befürchtet zu haben schien. Auch aus den Aussprüchen der nach und nach eintreffenden SA-Funktionäre lassen sich derartige Ambitionen ableiten. Auch Röhm trifft schließlich in dem bayrischen Bergdorf Bad Wiessee ein. Nächster Punkt der Tagesordnung ist ein Bad im Wiessee, bei dem Visconti die vorwiegend jungen und sportlichen Sturmabteilungsmänner nackt durch den Wald laufen und im Wasser herumtollen lässt. In der ganzen Szene scheinen sie ihre »Unschuld« und Naivität zu bewahren, während Konstantin bereits hier gröhlend den drohenden Untergang andeutet: Er singt den Liebestod aus »Tristan und Isolde«. Das abendliche SA-Fest, das in seinem Verlauf zur bisexuellen Orgie ausartet, bestückt Visconti mit allen spezifischen Insignien, die er zuvor schon mit Konstantin verbunden hatte: Hakenkreuzstandarten, braune Uniformen, Führer-Porträts, Armbinden, Volks- und Soldatenlieder (»Oh du schöner Westerwald«, »Es zittern die morschen Knochen«) sowie dumpfe Bierseligkeit. Beim Singen des Horst-Wessel-Liedes wirkt es so, als würden die halb betäubten und teilweise transvestitenhaft gekleideten Männer bereits ihr eigenes Requiem vortragen. Die improvisierte Travestieshow bestätigt erneut den homophilen Eindruck, den man von Anfang an mit Konstantin verbunden hatte (und der heute allgemein mit Ernst Röhm etc. in Verbindung gebracht wird). Wie traditionelle Zugeständnisse und seltsam deplaziert wirken hier die vereinzelten Frauen in ihren Trachtenkleidern: eher ein deutschtümelndes Versatzstück als ein Lustobjekt.

Als der völlig betrunkene Konstantin zu leisen Klavierakkorden erneut den »Liebestod« singt, ziehen sich die meisten Gäste in die Intimität ihrer Zimmer zurück. Der Zuschauer wird hier Zeuge ausschließlich homosexueller Aktivitäten. Es gelingt Visconti hier beängstigend hautnah, die ausgelassen-hedonistische Lebensfreude der nostalgisch-romantischen Kampftruppe zu vermitteln. Zwischen Amüsement und Entrüstung drängt die entstandene

Spannung nach gewaltsamer Auflösung; Visconti weiß, dass seine Bilder von Männerbund und Homosexualität provozieren und letztlich das etablierte Bild vom Nationalsozialismus als einer prüden, entsexualisierten Ära zu widerlegen trachten. Diese Sequenz steht tatsächlich mit einer Aussage Wilhelm Reichs in Einklang:

> Die sexuelle Struktur des Faschisten, die das straffste Patriarchat bejahen und aus ihrer Ideologie und familiären Lebensweise das Sexualleben des platonischen Zeitalters tatsächlich reaktivieren, d.h. ›Reinheit‹ in der Ideologie, Zerrissenheit und Krankhaftigkeit im realen Sexualleben, muss begreiflicherweise an die realen Zustände des platonischen Zeitalters anklingen. Rosenberg und Blüher erkennen den Staat nur als Männerstaat auf homosexueller Basis.[134]

Wo die einen dem Film diese Form der Sexualisierung des Nationalsozialismus als völlig verfälschend vorwerfen – ich werde darauf noch zu sprechen kommen –, scheint er für die anderen gerade diese ›verdrängte‹ Seite ans Licht zu zerren. Noch ein letztes Tableau der Dekadenz wird dem Betrachter gegönnt: Notdürftig mit einer Decke bekleidet, steht ein geschminkter junger SA-Mann am Geländer der Terrasse und lauscht den nahenden Motorengeräuschen. In unaufhaltsamer Zielstrebigkeit bewegen sich die schwarzgekleideten SS-Leute auf Lastern, Motorrädern und zu Fuß durch das Dorf, gleichförmig, schattenhaft, gleitend. Ähnliche Szenen zu Beginn des Films kommen in Erinnerung, schnell wird allerdings klar, dass es sich hier um mehr als nur eine Eskorte zur Festnahme handelt. Höhepunkt der Todesmetaphorik ist die leise über das Wasser gleitende Fähre, an deren Reling die schattenhaften Soldaten aufgereiht stehen, die Waffen im Anschlag. Hier erreicht die Bildsprache mythische Dimensionen.

---

[134] Reich [1933] 1986, S. 99.

Mit außergewöhnlicher Brutalität und vollkommener Rücksichtslosigkeit dringt die Truppe von allen Seiten in das Hotel ein, schreckt die meisten SA-Leute unbekleidet aus den Betten und schießt auf jeden, der sich bewegt. Manche werden vor die Tür gezerrt und dort spontan exekutiert. All dem haftet der groteske Habitus eines »Gottesurteils« an. Nachdem Konstantin im Maschinengewehrfeuer zusammengebrochen ist, schwenkt die Kamera hoch, und man erkennt Friedrich und Aschenbach – interessanterweise in Zivilkleidung, um sie von der staatlichen Exekutive zu unterscheiden und ihre persönliche Motivation zu betonen – mit rauchenden Maschinenpistolen. Wieder spielt ein triumphierendes Lächeln um Aschenbachs Lippen. Friedrich hingegen wirkt gehetzt und von Skrupeln zerfressen. Vage scheint er die Fatalität des nationalsozialistischen Weltbildes in all seiner Misanthropie und Skrupellosigkeit gewahr zu werden.

Als der grelle Scheinwerferspot sein Gesicht erhellt, reagiert die vor der Bühne versammelte Familie sichtlich schockiert: Der etwa zwanzigjährige Fabrikerbe Martin von Essenbeck hat sich anlässlich des Geburtstages seines Großvaters zu einem Zerrbild Marlene Dietrichs in *Der blaue Engel* (1930) von Josef von Sternberg maskiert. Silberne Pumps, Strapse, Federboa, blonde Perücke, Handschuhe mit silbernen Manschetten und ein ebensolcher Zylinder ergänzen das Makeup: blasses Puder, hellroter Lippenstift und eine weit geschwungene Augenbrauenlinie über der rasierten Haut. Auf einem Holzstuhl sitzend imitiert er mit überschwenglichem Elan die Gesten der Diva, schlägt kokett die Beine übereinander, zieht die nackte Schulter vor das hochgereckte Kinn und stemmt forsch die Hände in die Hüften. Mit provokantem Tonfall singt er sein Lied, das die Suche seines Großvaters Joachim von Essenbeck nach einem potentiellen Nachfolger ironisch persifliert:

(1. Strophe) Frühling kommt, der Sperling piept – Duft aus Blütenkelchen, / bin in einen Mann verliebt und weiß nicht in welchen. / Ob er Geld hat, ist mir gleich, / denn mich macht die Liebe reich! (Refrain) Kinder heut' abend da such ich mir was aus / einen Mann, einen richtigen Mann. / Kinder, die Jungs hängen mir schon zum Halse raus / einen Mann einen richtigen Mann. / Einen Mann, dem das Herze noch in Liebe glüht, / einen Mann, dem das Feuer aus den Augen sprüht! / Kurz – einen Mann, der noch küssen will und kann – / einen Mann, einen richtigen Mann! (2. Strophe) Männer gibt es dünn und dick – groß und klein und kräftig. / And're wieder schön und chic, schüchtern oder heftig. / Wie er aussieht? Mir egal – / irgendeinen trifft die Wahl ... (Refrain)[135]

Martin von Essenbeck war die erste Rolle des jungen österreichischen Schauspielers Helmut Berger. Er spielt diesen sexuell und sozial hochgradig desorientierten jungen Adligen Anfang zwanzig als affektierten, nervösen und launisch-verwöhnten »Muttersohn«, der sich bezeichnenderweise nur durch den finalen Beischlafakt von seiner dominanten Mutter »lösen« kann. Bereits in der Exposition wird angedeutet, dass sein Spiel mit Herbert Thallmanns Töchtern weniger unschuldig ist, als es scheint, wenn er die ältere unter den Tisch lockt. Zudem hört man in der nächtlichen Totalen erst eines der Mädchen schreien, bevor Joachims Tod entdeckt wird. Etwas genauer bekommt man schließlich in Martins innerstädtischem Appartement den Prozess der pädophilen Begierde vorgeführt: Martin lockt die kleine Tochter der Hauswirtin mit Spielzeug in sein Zimmer. Schnell hat das Kind sein Miss-

---

[135] Lied: »Kinder, heut' abend, da such' ich mir was aus«, Text: Robert Liebmann, Musik: Friedrich Holländer, komponiert für *Der blaue Engel* (1930).

trauen verloren. Schon wenig später erfährt man eher beiläufig, dass sich das Mädchen erhängt habe. Martin reagiert verwirrt, ratlos, jedoch kaum schockiert. Er nimmt hier den »erzwungenen« Selbstmord seiner Mutter vorweg, die er ebenfalls »durch Sex« töten wird. Martin ist unfähig, Verantwortung zu übernehmen, scheint dies instinktiv gar zu spüren und lässt sich immer wieder zur willenlosen Marionette seiner Bezugspersonen machen: Erst Sophie, dann sein Onkel Konstantin und schließlich der SS-Mann Aschenbach benutzen ihn für ihre Zwecke.
Helmut Berger ist die affektierte ›Ikone‹ der Dekadenz, ein prototypisches Abbild des erotomanen Dandys. Der Skandalstar der 1970er Jahre – von Männern und Frauen gleichermaßen verehrt – gründete seinen bescheidenen Ruhm auf nicht einmal eine Handvoll Filme seines Mäzens Luchino Visconti, der den jungen Österreicher einst für *La streghe* (*Hexen von heute*, 1966) entdeckte und ihm in *Caduta* eine erste große Rolle gab. Visconti nutzte Bergers fragile, schlanke und andeutungsweise androgyne Physis für seine bitter gebrochenen Porträts von *décadents*, wie er sie in *Caduta* für Martin von Essenbeck, für Konrad Hubel aus *Gruppo di famiglia in un interio* (*Gewalt und Leidenschaft*, 1974) und nicht zuletzt die Hauptrolle in seinem monumentalen Werk *Ludwig* (*Ludwig II*, 1972) benötigte. Zwei *personae* werden Helmut Berger zu einer unverwechselbaren Ikone der jüngeren Filmgeschichte machen, die exemplarisch für einen End- und Resignationspunkt vor allem der ehemaligen Neorealisten stehen kann: der ›sterbende‹ Ludwig II, den er auch in *Ludwig 1881* (1993) der Gebrüder Dubini darstellen wird, und der dekadente, nahezu degenerierte Faschist, der das Gesicht des kommerziellen SadicoNazista nachhaltig beeinflusst hat (*Caduta*, *Salon Kitty* und Umberto Lenzis *Il grande attacco / Die große Offensive*, 1977).
Luchino Visconti glaubte offenbar an eine vielversprechende Zukunft des 1944 geborenen ambitionierten Jung-

mimen, der erst nach seinem schauspielerischen Debüt in *La streghe* den Besuch einer Schauspielschule in London ermöglicht bekommen hatte. Er profitierte seine kurze Karriere hindurch (1969 bis 1977 spielte er seine bedeutendsten Rollen) stets durch seine leicht bisexuelle, betont weiche Gestik, die auch Visconti auf ihn aufmerksam gemacht haben dürfte. Geradezu prädestiniert erschien er auch für die Darstellung von Oscar Wildes *Dorian Gray*, den er in Massimo Dallamanos zeitgemäß adaptierter Verfilmung 1970 verkörperte. Es ist die Übereleganz des Ganges, der leichte Hüftschwung, die Mimik von kindlicher Sensibilität, die nicht selten in Trotz umschlägt, was sein Image damals ausmachte. Dazu kommen die in der Regenbogenpresse weit verbreiteten Skandalgeschichten über das bisexuelle Liebesleben des Schauspielers, die sich mit den personae seiner Filmrollen vermischten. Das Publikum projizierte das Skandal-Image des Stars zusätzlich auf die Leinwand, wollte in ihm selbst einen Dorian Gray erkennen: den ewig jugendlichen Lebemann. Umso größer ist der Erwartungsschock, der den Zuschauer mit dem gebrochenen *Ludwig 1881* konfrontiert: Hier geraten Anflüge des ursprünglichen Image zur bitteren Karikatur seiner selbst, einem schmerzlichen Zerrbild ruinierter, verlebter Schönheit.

Die ikonenhafte Schauspielkunst eroberte ihren festen Platz in der Filmgeschichte bereits früh innerhalb des hollywood-typischen Starsystems. Greta Garbo und Marlene Dietrich beherrschten die Kunst der Pose perfekt. Roland Barthes beschreibt dieses Phänomen in seinem Essay über das Gesicht von Greta Garbo, das er als einen »Archetypus des menschlichen Gesichts« [136] beschreibt. Oft sind es, wie in den genannten Beispielen, letztlich nur noch die kristallinen Posen, die von den Filmen in Erinnerung bleiben, etwa Marlene Dietrich bei ihrem Nachtclubauf-

---

[136] Barthes [1957] 1964, S. 73; im Original, S. 70: »... un archétype du visage humain ...«.

tritt in *Der blaue Engel*. Wenn Visconti in *Caduta degli dei* auf diesen Moment verweist, ist er sich über die Popularität und Effektivität dieser Pose ebenso bewusst wie die Figur des Martin, wenn er sie zitiert. Die Pose bekommt also in diesem Moment – und auch im Auftritt Charlotte Ramplings in *Portiere di notte* – eine weiterführende, symbolische Qualität. Dass gerade die Faschismusdramen der frühen 1970er Jahre (also auch Pasolinis *Salò*, und Lina Wertmüllers *Pasqualino Settebellezze*) sehr großen Wert auf eine auratische, ikonische Präsenz ihrer Darsteller entgegen der psychologischen Charakterzeichnung legten, kann als Reflexion des faschistischen Äußerlichkeitenkultes gewertet werden.

Caduta degli dei ist sicher der erste, wenn auch bei weitem nicht der einzige Film, der sein Grundthema Faschismus auf sinnlich-dekadente Weise inszeniert. Visconti stellt sich und seine späten Filme selbst in eine europäische Kunsttradition, die Dekadenz des *fin de siècle*, die unter anderem durch Vertreter wie Gabriele D'Annunzio selbst zu einem Vorläufer konservativer und letztlich faschistoider Tendenzen wurde. In seinem letzten Film *L'innocente (Die Unschuld*, 1975) verfilmte Luchino Visconti gar einen Roman Gabriele D'Annunzios und erregte dadurch ähnlich Skepsis wie Jahre zuvor Louis Malle, als er zusammen mit Philippe Collin *Le Feu follet (Das Irrlicht*, 1963) nach Drieu La Rochelle adaptierte. Dekadenz, präfaschistische Tendenzen und Perversion ergänzen sich hier wie dort zu einem gespenstischen Totenfest, das auf den ersten Blick seine prototypische Variante in *Caduta degli dei* findet. Ähnlich war auch die Reaktion der Rezensenten auf Viscontis Film. Die amerikanische Filmkritikerin Pauline Kael schrieb zur englischsprachigen Uraufführung:

> I have rarely seen a picture I enjoyed less than *The Damned*, a ponderously perverse spectacle by Luchino Visconti. There are, of course, people for whom any thing to do with Nazi decadence pushes

> a button marked »True and Great«, but still these rotten, scheming degenerates who look like werewolves talking politics while green light play on their faces. [...] Visconti is grimly serious about all this curling-lip-and-thin-eyebrow decadence. [...] But I'm making *The Damned* sound like fun, and it isn't, though the depravity is borderline, and if the picture were speeded up a trifle it could be a camp horror film.[137]

Ich zitiere diese Kritik vom 3. Januar 1970 so ausführlich, da hier bereits alle Vorbehalte gegen den Film angesprochen werden, wie sie auch Pasolini in einem Briefwechsel zum Ausdruck brachte: Der Film reduziere den Faschismus auf ein Spektakel, er spreche durch seine ausgeprägte Ästhetik auch Zuschauer an, die an faschistischen Äußerlichkeiten Gefallen finden könnten, der Film sei in seiner morbiden ›Theatralik‹ unfreiwillig komisch und bemühe letztlich aufdringlich-comichafte Genreversatzstücke des Horrorfilms, um Eindruck zu erzeugen (»werewolves talking politics«, »could be a camp horror film«). Doch ihre Bedenken gehen noch weiter:

> Anyway, whatever Visconti's intentions are, I think he's not using decadence as a metaphor for Nazism but the reverse: he's using Nazism as a metaphor for decadence and homosexuality. [...] It seems to be both so much a political movie as a homosexual fantasy.[138]

In diesem Zusammenhang verweist die Rezensentin auf das uneinheitliche Bild, das Visconti von der Homosexualität seiner Protagonisten schildert: Obwohl sich Martin gemäß seiner Posen homosexuell gebärdet, lebt er in diesem Film ausschließlich seine pädophilen Neigungen an kleinen Mädchen aus und schläft dann mit seiner Mutter. Auch die SA-Orgie gehorche eher den Gesetzen eines

---

[137] Kael 1973, S. 108 f.
[138] a.a.O., S. 109.

sexuellen Fetischismus, wie er auch in Kenneth Angers *Scorpio Rising* anzutreffen ist. Die Homosexualität werde also im Rahmen der männerbündischen Veranstaltung als spontaner, berauschter Akt geschildert. Homosexuelle Beziehungen werden nicht thematisiert, selbst Konstantin hat schließlich einen Sohn. Pauline Kaels letzter Vorbehalt ist die Unentschlossenheit eines Films, der »a mixture of hatred for the Nazis and fascination with them«[139] präsentiert. Zusammen mit ihrer Kritik an der unzeitgemäßen Synchronisation des Films, die ihn wie eine ›homoerotische Kostümposse‹ wirken lassen – »the basic mother-son romance of homoerotic literature, dressed up in Nazi drag«[140] – nimmt sie Jean Baudrillards Kritik an den geschönten und bereinigten historischen Simulakren vorweg. Bereits im Dezember 1969 widmeten sich Hans Peter Kochenrath und Hans C. Blumenberg den *Verdammten* in der Zeitschrift Film. Der Abdruck dieser beiden widersprüchlichen Rezensionen zeigt deutlich die damals aktuelle Diskussion des Films. Zuerst Kochenrath:

> Seit Leni Riefenstahls »Triumph des Willens« hat es kein infameres Bild der Deutschen auf der Leinwand gegeben – aber auch kein wahrhaftigeres. [...] Visconti steht mit seinen Melodramen in der Tradition der großen italienischen Oper, insbesondere der von Verdi. Für die Italiener hat es nie eine Schwierigkeit bedeutet, ihre Opernmelodramen mit dem Begriff des Verismo zu verbinden, was so weit ging, dass manchen Opern eine unmittelbare politische Bedeutung zukam.[141]

Kochenrath hat hier eine wesentlich treffendere Perspektive als Pauline Kael, wenn er Viscontis Film zunächst in dessen Gesamtwerk einbindet (»seine Melodramen«), um ihn dann in die Tradition der Verdi-Oper zu stellen. In

---

[139] a.a.O., S. 110.
[140] a.a.O.
[141] Kochenrath 1969, S. 32 f.

diesem Kontext widmet er dem Begriff des Verismo, also der ›Wahrhaftigkeit‹ der Fabel des Films besondere Aufmerksamkeit, wobei er zu bedenken gibt:

> Der Verismobegriff der italienischen Oper beinhaltet allerdings nicht die ungebrochene Nachahmung der Wirklichkeit, sondern schloss eine Überhöhung und Übersteigerung des Wirklichen, eine Stilisierung und Pathetisierung im Sinne des zu erstrebenden Zwecks mit ein.[142]

Er kommt dem Film somit näher, als es Kaels kritischer Zugang, der sich von vornherein auf diese »stilisierten« Elemente – allerdings im negativ wertenden Sinn – bezieht. Gleichzeitig schickt er vorsichtig den Einwand vorweg, »von einem gewissen Standpunkt aus könne man den ganzen Film als einen einzigen, riesigen Geschmacksfehler werten«.[143] Zusätzlich bezieht er sich immer wieder auf Leni Riefenstahls *Triumph des Willens*, über den George Sadoul geschrieben habe: »In dieser Wagnerischen Vergötterung haben selbst die Geschmacksfehler ihren Sinn.«[144] Im letzten Abschnitt kommt er auf seine anfängliche Behauptung zurück, der Film zeichne letztlich ein »wahrhaftiges Bild der Deutschen«: »Der Italiener Visconti sieht uns, wie es die Römer taten, als Barbaren […]«. Im Gegensatz zu dieser reuigen Selbstanklage distanziert sich Hans Christoph Blumenberg deutlich von *Caduta degli dei*:

> Rufmord begeht Visconti höchstens an sich selbst. *The Damned* ist ein so langweiliger und schlechter Film, dass alle Befürchtungen, […], sich über die Maßen erfüllt haben. […] Aber Visconti ging es zweifellos um mehr als nur um die chronique scandaleuse eines Kohlenpott-Clans. […] Viscontis Inszenierung deckt konsequent alle Bemühungen zu, dem Fall einen exemplarischen Charakter zu

---

[142] a.a.O., S. 33.
[143] a.a.O., S. 32.
[144] zit. nach Kochenrath, S. 32.

geben. Zugunsten theatralischer Effekte wird die Realität grob verfälscht […].[145]

Bei diesen Worten wird der Ärger des Rezensenten mehr als deutlich. Er betrachtet die immerhin vermuteten ursprünglichen Absichten des Regisseurs als komplett gescheitert, indem er wiederum auf die scheinbar sorglose Dramatisierung und somit »Verfälschung« historischer Fakten verweist. Zudem benennt er die Stereotypen in der Inszenierung dieses Films:

> Nicht den sorglosen Umgang mit historischen Fakten muss man Visconti vorwerfen, sondern die damit verbundene Konsequenz, durch die Akkumulation aller erdenklichen Primitiv-Klischees über das Dritte Reich das Phänomen des Nationalsozialismus auf ein beliebiges Opernspektakel zu reduzieren.[146]

Blumenberg formuliert hier noch vor der SadicoNazista-Welle einen der Hauptkritikpunkte an diesem Phänomen: die Reduzierung des Nationalsozialismus auf klar identifizierbare Genrestandards, z.B. das Melodramatische, das Opernhafte, den Thrill, durch Anhäufung und Etablierung stereotyper Vorstellungen von diesem Phänomen. In seinem Schluss setzt er das Schicksal der Essenbecks mit dem Schicksal des Regisseurs Visconti gleich:

> Viscontis Versuch, seine ganz in italienischen Traditionen wurzelnde Verismo-Ästhetik einem Sujet zu oktroyieren, das dieser nicht mehr adäquat ist, zeugt von seiner […] Unfähigkeit, sich in einer Welt jenseits von *Senso* und *Il gattopardo* zurechtzufinden.[147]

Gemeinsam ist all diesen Lesarten die Auseinandersetzung mit Viscontis Stil der Übersteigerung, die in den beiden letzteren Fällen aus der italienischen Operntradition her-

---

[145] Blumenberg 1969, S. 33.
[146] a.a.O., S. 34.
[147] a.a.O.

geleitet wird und einmal – von Kochenrath – eher neutral, und ein andermal – von Blumenberg – negativ beschrieben wird. Es bleibt der Eindruck dieses Films als eines melodramatischen Spektakels. Der Regisseur Werner Schroeter, der in seinem Film *Der Bomberpilot* (1971) selbst mit Elementen des SadicoNazista im Rahmen einer Musicalsequenz spielte, bringt dieses Phänomen folgendermaßen auf den Punkt:

> Der Feudalist Visconti stellt eine Vielzahl von Individualkatastrophen und erotischen Tragödien vor einen überplastischen und -beziehungsvollen Hintergrund: so entsteht eine seriöse Nazioperette.[148]

Er benutzt statt des anerkannten Synonyms des bildungsbürgerlichen Kunstbegriffes, der Oper, den der einfacheren, volkstümlicheren, schlicht trivialeren Operette. Statt den Film auf dieser Ebene jedoch einseitig zu verdammen, versucht er ihn an dem Begriff der »Nazioperette« aufzuschlüsseln:

> Die verwendeten Trivialmodelle ergeben in der freien Verschaltung und Benutzung neue Aufschlüsse, z.B.: Der Faschismus war elegant. [...] Zusammen mit der nur dem Ablauf verpflichteten, stilistisch nicht gebundenen Kameraführung und einer reduziert-direkten Farbregie, ergibt sich für Visconti der Ausbruch aus dem oft manieriert-geschmäcklerischen Ästhetiksystem seiner frühen Filme (z.B. *Senso*). Er vermag zum ersten Mal sich bedingende Abläufe ambivalent zu realisieren. [...] Durch die permanente Erotisierung alles Gezeigten ergibt sich zudem eine einfache Graduierung, die die meisten Figuren betreffs ihrer Selbstrealisierungsfähigkeit im Verlauf des Films ausschaltet und zum Schluß eine tragische Syn-

---

[148] Schroeter 1970, S. 142.

these zwischen dem eigentlichen Protagonisten und der ihn überlagernden Macht formuliert.[149]
Interessant ist hier, dass Schroeter nur scheinbar von derselben Prämisse ausgeht – dass der Film letztlich den Gesetzen der Oper bzw. Operette gehorche –, im Verlauf seines Essays jedoch zeigt, wie Visconti diese vorgegebene, übersteigerte und zum Teil triviale Struktur nutzt, um bestimmte Phänomene, auch ästhetische, des deutschen Faschismus greifbar zu machen. Er belegt, wie es diesem Regisseur bereits in dieser sehr frühen Phase, dem Beginn der SadicoNazista-Welle, gelingt, faschistische Stereotypen im Zusammenhang mit bekannten medialen Strukturen derart kreativ zu nutzen, dass sich aus einem zunächst klischeehaft anmutenden Modell ein ambivalentes Kunstwerk herauskristallisiert. Schroeter gehört auch zu den wenigen Rezensenten, die überhaupt einem Film aus dem SadicoNazista-Umfeld die Praktikabilität seiner sexualisierenden Tendenzen zugestehen. Er sagt, *Caduta degli dei* veranschauliche tatsächlich durch die Sexualisierung des Geschehens historische und politische Machtverhältnisse, die sich in den stellvertretenden Figuren spiegeln.
Charakteristisch für den kritischen Umgang mit Viscontis Film ist zur Zeit seiner Uraufführung vor allem das Erkennen ähnlicher Phänomene, woraus jedoch sehr unterschiedliche Positionen resultierten:
a) radikale Ablehnung: »dieser Film ist zum Kotzen. [...] die schmierenhafte Erotik«[150], »a ponderously perverse spectacle«;
b) mühevolle Zwiegespaltenheit: »eigentlich unerträgliches Schwelgen [...] und doch erzeugt genau dies [...] das widerlich-unwiderstehliche Traumklima des Films«[151]; oder

---

[149] a.a.O., S. 143.
[150] Schober 1970, S. 145.
[151] Jenny 1970, S. 147.

c) die Anerkennung einer erkenntisfördernden Wirkung dieses Films bezüglich eines historischen Phänomens wie im Falle Werner Schroeters und einiger anderer: »Visconti macht solche wie die oben zitierten [Sätze] von Wilhelm Reich überflüssig«[152], »steht dem epischen Werk Thomas Manns [...] und dem musikalischen Gesamtkunstwerk Richard Wagners [...] nahe«[153].

So nimmt nicht nur das Phänomen *Caduta degli dei* selbst die SadicoNazista-Welle vorweg, sondern zeigt auch seine Rezeption bereits den Umgang der Filmkritik mit den späteren Produktionen von Pasolini, Cavani und Wertmüller.

---

[152] Bädekerl 1970, S. 145.
[153] Geitel u.a. 1975, S. 111.

Der Konformist

> In den Filmen Bertoluccis wird stets auf Maskenbällen getanzt, hinter denen sich der Wunsch nach Unordnung und Disziplinlosigkeit, nach Zufall und Hingabe erahnen lässt.
>
> Enzo Ungari, *Bertolucci*

Der bekannte italienische Schriftsteller Alberto Moravia unternahm in seinem Roman »Il conformista«[154] den Versuch, die psychoanalytische Studie eines faschistischen Charakters zu entwerfen. Er begleitet Marcello Clerici, einen Menschen, der bei dem verzweifelten Versuch ›ein normaler Mann zu werden‹ den italienischen Faschisten beitritt, von Kindheit an. Clericis Fluch ist zunächst seine frühkindliche Freude an Gewalt und Zerstörung. Schnell bemerkt er, wie sich sein bester Freund von ihm abwendet. Neben diesem Hang zum destruktiven Sadismus wird ihm die Begegnung mit einem homosexuellen Chauffeur zum Verhängnis: Als sich dieser Mann dem Jungen sexuell nähert, erschießt ihn Clerici mit dessen Pistole. Er lebt fortan mit der Schuld, einen Mord begangen zu haben und wird all sein Streben daran setzen, den Status der ›Normalität‹ wieder zu erlangen. Erster Schritt ist die Heirat einer gutsituierten, bürgerlichen Frau, Giulia, zweiter Schritt ist der Beitritt zu den gerade im Aufstieg begriffenen Mussolini-Faschisten. Das bürgerliche Glück wird zunächst getrübt, als Giulia Clerici erzählt, dass sie jahrelang von einem Onkel sexuell missbraucht worden sei, doch der konforme Parteifreund hat seine Bestimmung bereits anderweitig gefunden. Er bietet sich selbst an, seinen von Rom nach Paris geflüchteten ehemaligen Professor Quadri, der jetzt für den Widerstand arbeitet, zu ›infiltrieren‹. Die Fahrt nach Paris verbindet er mit seiner

---

[154] dt. »Der Konformist«, Reinbek bei Hamburg [1951] 1964.

Hochzeitsreise, an deren Ziel er und Giulia den Professor und seine junge, schöne Frau Anna kennenlernen. Das Paar freundet sich an und Marcello beginnt, Anna zu begehren. Lange grübelt er, ob er alle seine Absichten aufgeben soll, um mit Anna zu verschwinden, doch letztlich entscheidet er sich für die Zerstörung: Er und Giulia fahren nach Rom zurück, während Quadri und Anna auf dem Weg zu ihrem Ferienhaus in Savoyen von den Faschisten ermordet werden. Jahre später kehrt Moravias Erzählung zu den Clericis zurück: Sie haben Nachwuchs bekommen und Marcello hat sich beruflich halbwegs rehabilitieren können. In der Nacht, als der Sturz der Faschisten gefeiert wird, am 25. Juli 1943, kommt es zu einer schicksalhaften Begegnung: Marcello trifft Lino, den totgeglaubten Chauffeur wieder. Er weiß nun, dass all seine Versuche, konform zu leben und einer zweifelhaften Norm zu entsprechen, auf einem einzigen, großen Irrtum basiert hatten. Im Roman wird die gesamte Familie schließlich von einem angreifenden Tiefflieger getötet.

Bei den Dreharbeiten zu *Il conformista* hatte ich mir die Möglichkeit offengelassen, den Film in Anlehnung an den Roman Moravias chronologisch zu erzählen. Schon zu Beginn der Dreharbeiten war ich allerdings von der Möglichkeit fasziniert, die Autoreise als »Präsens« des Films, als Rahmen für die Handlung zu verwenden.[155]

Als sich der junge italienische Filmemacher Bernardo Bertolucci 1969 auf die Verfilmung dieses Romans vorbereitete, hatte er schnell bemerkt, dass die psychoanalytische Struktur gerade die Schwäche des Werkes ist. Viele Schlüsse wirken allzu naheliegend, viele Motive werden schlicht behauptet und herbeigeredet. Clerici wird zu einer allenfalls drei- oder vierschichtigen Figur, deren Verhalten immer wieder zu der stoischen Pragmatik zurückkehrt, die

---

[155] Bertolucci nach: Ungari [1982] 1984, S. 73.

ihn zum Täter macht. Bereits in seinem vorhergehenden Film hatte sich Bertolucci mit der Aufarbeitung des Faschismus beschäftigt: *Strategia del ragno* (*Die Strategie der Spinne*, 1969) erzählt von einem Mann, der sich auf die Spuren seines Vaters begibt, nur um festzustellen, dass dieser ein Verräter war. Clerici wird als Konformist selbst zum Verräter: seines intellektuellen ›Vaters‹ Quadri, seiner Ehefrau Giulia und seiner potentiellen Geliebten Anna. Der Regisseur sagt selbst, ersterer Film sei aus seiner persönlichen Geschichte und Erfahrung heraus entstanden, letzterer jedoch aus der Filmkunst heraus.[156]
Bertolucci zersplitterte also die Struktur des Romans, um sie in einer fragmentierenden, immer assoziativ-bedeutenden Montage zu variieren. Der psychoanalytische Anspruch wurde dabei ebenso eliminiert wie der schwache Schluss des Romans. Dieser Schritt zur Transformation eines Stoffes durch Montage war für den Regisseur Neuland:

> In jenen Jahren vertrat ich die Ansicht, dass man den Schnitt zumindest unschädlich machen musste, wenn es schon unmöglich war, ihn ganz abzuschaffen. Hierin liegt für mich der Grund, warum die neuen Filme der 1960er Jahre weitgehend aus Plansequenzen bestanden. […] Wir lebten noch im Geist von 1968 und empfanden in politischer Hinsicht den Schnitt als reformistischen Vorgang im Anschluß an die revolutionäre Geste der eigentlichen Dreharbeiten. Beim Schnitt erkaltete, ja vereiste das lebendige Material, das gewissermaßen noch dampfend aus dem Labor kam.[157]

Bertolucci wagte den Schritt von der objektiven Analyse in die radikale Subjektive des Protagonisten, dessen Erinnerungen eindeutig aus seiner persönlichen Wahrnehmung heraus gefiltert sind. Yosefa Loshitzky wies in ih-

---

[156] a.a.O., S. 71.
[157] a.a.O.

rem Buch »The Radical Faces of Godard and Bertolucci«[158] darauf hin, wie nah die fragmentierende, bedeutungsvolle Montage aus *Il conformista* der literarischen Technik der ›unwillkürlichen Erinnerung‹ (*mémoire involontaire*) steht, deren sich Marcel Proust in seinem Zyklus »À la recherche du temps perdu« bedient. Der Autor beschreibt dort einen Charakter, der auf der Suche »nach seiner verlorenen Zeit« versucht, eine vergangene Wirklichkeit durch spontane, unwillkürliche und zufällige Akte des Erinnerns in Gedanken zu rekonstruieren. Diese ›unwillkürliche Erinnerung‹ wird möglich durch sinnliche Eindrücke der Gegenwart, die scheinbar auf die Vergangenheit zurückverweisen. Die Technik der zeitübergreifenden Montage wird auch in späteren Filmen von Lina Wertmüller und Liliana Cavani wieder aufgegriffen.

Diese scheinbaren Bezüge zwischen Gegenwart und Vergangenheit schafft der Film durch visuelle Analogie. Ein prägnantes Beispiel findet sich etwa in der Mitte des Films: Clerici (Jean-Louis Trintignant) befindet sich hier anders als im Roman selbst auf dem Weg zur Hinrichtung Quadris (Enzo Taroscio). Als der ihn begleitende Faschist Manganiello (Gastone Moschin) während der Verfolgung des Professors und Annas (Dominique Sanda) zugibt, dass sie wohl auch die Frau nicht mehr retten können, steigt Clerici aus dem Wagen und geht wütend nebenher. Diese Krise löst eine Erinnerung an die Kindheit aus, jene Situation, als er den Chauffeur Lino (Christian Alegny) zum ersten Mal traf. Bilder des erwachsenen und des kindlichen Clerici werden parallelmontiert, bei denselben Handlungen – neben dem Auto hergehend, das Auto anhaltend, beim Einsteigen. Erst allmählich gleitet Clericis Bewusstsein ganz in die Vergangenheit zurück.

Clericis Reise mit Manganiello im Auto ist die filmische Gegenwart, der erzählerische Rahmen des Films. Die

---

[158] Loshitzky 1995, S. 58-63.

Erinnerungsfragmente sind auf komplizierte Weise ineinander verwoben und verschachtelt, sie verlieren zeitweise den Bezug zur Gegenwart, bis diese wieder durch einen harten Schnitt auf den im Auto sitzenden Clerici reetabliert wird. Die bedeutungsvolle Montage in *Il conformista* rekonstruiert radikal eine subjektive Realitätswahrnehmung und löst die Chronolgie und Historie der Ereignisse im Chaos der Erinnerung auf. Der Film setzt die Sicht Clericis auf seine subjektiv wahrgenommene Geschichte als Montage der Erinnerung neu zusammen.
In seinem Aufsatz »Modelle der Rauminszenierung im zeitgenössischen europäischen Kino«[159] verweist David Bordwell auf eine intendiert »flache«, »tiefelose« Bildinszenierung im europäischen Kino, vor allem im Zusammenhang mit Jean-Luc Godard und Michelangelo Antonioni. Er benutzt den von Heinrich Wölfflin geprägten Begriff des planimetrischen Bildes und überträgt ihn auf den Film. Mit diesem Begriff wird die eigentliche räumliche Tiefe durch bildparallele Ebenen inszeniert, wodurch den Bildern jegliche Perspektive fehlt und der Tiefeneindruck stark minimiert wird. Zusätzlich kann durch die Verwendung von großen Brennweiten der Schärfebereich so verringert werden, dass sich die Tiefe des Raumes auf eine Fläche reduziert und sich die Handlungen vor einem Band abzuspielen scheinen.
Bernardo Bertolucci und sein Kameramann Vittorio Storaro nutzen die »tiefenlose« Inszenierung auf mehreren Ebenen in *Il conformista*. Durch den geringen Schärfenbereich und die mangelnde Raumtiefe werden auch die Figuren auf ihre Flächigkeit reduziert. Sehr deutlich wird das bei der Inszenierung eigentlich weitläufiger Flure, die hier planimetrisch inszeniert werden. Clerici läuft mehr durch derartige Flure, wobei der Eindruck erweckt wird, er laufe auf der Stelle; durch den Einsatz des Teleobjektivs wird

---

[159] Rost (Hrsg.) 1997, S. 20 ff.

der Flur auf eine Ebene reduziert, er kann nur noch als Fläche wahrgenommen werden. Da sich Clerici auf der Bildachse bewegt, wird seine Positionsveränderung im Verhältnis zum Hintergrund kaschiert. Lediglich seine Größe verändert sich leicht. Die Kamera lässt keinen Zweifel daran, dass Clerici als denkendes und handelndes Wesen keinerlei Bedeutung mehr hat, sobald er das Ministerium betritt. Er hat sich den Gesetzen dieses Hauses zu beugen, den Flur zu durchschreiten und zu warten, bis er eingelassen wird. Als er den voreiligen Blick ins Büro des Ministers wagt, wird er zum Eindringling: Er schiebt den riesigen, schweren Vorhang, eine Markierung zwischen Realität und Theater, zur Seite und erblickt den Faschisten beim Liebesspiel mit einer Mätresse (auch hier: Dominique Sanda). Der Vorhang ist offiziell noch geschlossen, das Spiel hat für Clerici noch nicht begonnen. Sein verbotener Blick wird mit dem Schuldkomplex des Voyeurs bestraft.

Wie der im Auto fahrende Clerici den Rahmen der Handlung bildet, sind diese Einstellungen – Clerici hinter den Autoglasscheiben – ihrerseits Rahmen, die den Protagonisten im Geschehen gefangen halten. Die Fensterscheiben rahmen und bannen sein Gesicht. Diese Kadrierung innerhalb des Bildes ist ein durchgehendes Motiv des Films: Die Fenster begrenzen den Fokus des Wahrnehmbaren, betonen Details und scheinen die größeren Zusammenhänge auszublenden. Die Realität wird reduziert und aus kleinen Fragmenten neu geschaffen; der Film verweist so bereits in seiner Erzählperspektive auf die eingeschränkte Wahrnehmung des Konformisten, der aus Fragmenten von Erinnerung und Gegenwart eine ausschließlich auf ihn selbst bezogene Welt konstruiert. Durch die vielfache Rahmung innerhalb des Kaders arbeitet Bertolucci mit seinen Bildern fast wie in einer Collage, die er um die Figur des Clerici anordnet.

Die filmische Welt von *Il conformista* ist die Projektion seines Protagonisten Marcello Clerici. Wie den Rahmen kommt auch den Projektionsflächen besondere Bedeutung zu. So sind es die halbdurchlässigen, halb spiegelnden Fenster, die wie ein Filter Clericis Sicht auf seine Umwelt brechen. Die Fenster trennen die Welten, hinterlassen nur eine Ahnung der Welt, wie sie (auch) ist, wenn die abendliche Stadtsilhouette durch die großen Fenster der Ballettschule und des Tanzsaales schimmert. Die Fenster fokussieren hier nicht den Blick durch ihren Rahmen, sie verschleiern und blockieren ihn. Die Autoscheiben werden vom Regen verschleiert, bis von Clerici nur noch ein Schemen erkennbar ist, die Fenster der Tanzräume verfremden den Blick durch ihre blaue Färbung; die Scheiben werden zur subjektiven Leinwand von Clericis Realitätswahrnehmung. Wie wichtig ihm dieses Motiv ist, betont Bertolucci gleich zu Beginn, als er das Spiegelbild des blinden, faschistischen Radiosprechers mit Clericis Antlitz hinter der Scheibe verschmelzen lässt.
Gleichzeitig kommt den Scheiben isolierende Funktion zu: Clerici in seinem Wagen scheint, von der Welt isoliert, seine ganz eigene Geschichte zu verkörpern. Als er mit seiner Frau im Zug nach Paris fährt, sieht man über ihnen auf der Scheibe die Landschaft vorbeiziehen; die Körper scheinen zur Projektionsfläche einer anderen Welt zu werden, die der Kamerablick nur indirekt erfasst, einer Welt, die hinter dem Zuschauer liegt. Statt die Räume virtuell zu erweitern, haben Fenster, Rahmen, Spiegel und Projektionen hier eine verfremdende, fragmentierende und letztlich den Fokus einengende Wirkung, was sich mit der oft erdrückenden Detailfülle der Ausstattung ergänzt. Immer wieder kommt diesen kadrierenden Elementen auch eine Funktion zu, die die Figuren in die Situation des Kinozuschauers versetzen, z.B. steht Clerici in der Radiostation in einem dunklen Raum vor dem grell erleuchteten Fenster mit Blick ins Studio, in dem drei Sängerinnen auf-

treten, oder als sich Clerici später noch einmal mit Italo kurz vor seiner Abreise unterhält: Die Männer stehen souterrain unter zwei Fenstern, durch die die Beine der auf dem Gehsteig flanierenden Frauen zu sehen sind, als Italo erklärt, dass ein »normaler Mann« der sei, der sich auf der Straße nach dem Hintern einer Frau umblicke und dann bemerke, dass sich fünf oder sechs weitere Männer wie er umgedreht hätten. Hier bekommt der selbstreferentielle Verweis des Films fast einen ironischen Beigeschmack. Und letztlich legt der Film nah, die Frontscheibe des Autos, das sich nie wirklich zu bewegen scheint, sei die Leinwand, auf der der Film von Clericis Leben abläuft.
In seiner blassen, oft monochromatischen Farbgestaltung erinnert *Il conformista* an die nostalgische Poesie alter Fotos und nähert seine Ästhetik dem Schwarzweißfilm an. Die starke Zurücknahme der Farbigkeit, die nur durch das Neonlicht zu Beginn und einige kurze andere Akzente gebrochen wird, ermöglicht zugleich eine prägnantere Lichtdramaturgie. Die kontraststarke Ausleuchtung gemahnt in einigen Sequenzen an die Hell-Dunkel-Malerei des *chiaroscuro*: Harte Lichtkanten treten vor den vorwiegend pastell-farbenen Hintergünden deutlich hervor. Bertolucci spielt hier mit Filmtraditionen, etwa wenn er Lichtstandards des Film Noir parodiert, als Clerici Giulias Wohnung betrit. Das nur in Streifen durch die Jalousien dringende Licht taucht Wände und Personen in eine fragmentierende Struktur. Das Muster von Giulias Kleid korrespondiert zudem mit dieser Struktur und lässt sie teilweise damit verschmelzen. Als sich die Hell-Dunkel-Zonen fließend zu bewegen beginnen, tauchen sie den Raum fast in eine Diskotheken-Atmosphäre. Auch diese sehr artifizielle Steigerung visueller Dramatik ergänzt die auf eine Oberflächenwahrnehmung ausgerichtete Perspektive des Films – und somit in diesem Fall Clericis.
Der betonte Gegensatz von Licht und Schatten trägt in Bertoluccis Film weniger moralische oder etwa metapho-

rische Bedeutung – wie die Schattenzonen in Liliana Cavanis *Il portiere di notte* –, vielmehr werden durch die kontraststarke Lichtinszenierung in Kombination mit der planimetrischen Bildkomposition Raum und Personen abstrahiert. Dieser abstrakte Zeichenraum scheint jegliche Moralität des Geschehens aufzuheben, es bleibt der reine Gegensatz zwischen Licht und Dunkelheit, zwischen Zeigen und Verbergen, letztlich zwischen Erkenntnis und deren Mangel.

In einem Teil von Platons »Der Staat«[160] bittet Sokrates Glaukon sich vorzustellen, er befinde sich in einem dunklen Raum und nehme vor sich nur ein Schattenspiel und einige diffuse Geräusche wahr, während die Quelle des Lichts hinter ihm läge. Was wäre, so die Frage, wenn man sein ganzes Leben in einem solchen Raum verbrächte? Man würde die Schatten und Töne als die ›reale‹ Welt annehmen, eine subjektive Perspektive, die schwer einem anderen Menschen zu vermitteln wäre. Dieses Höhlengleichnis, das die eingeschränkte Wahrnehmung Clericis pointiert, bildet die grundlegende Struktur von *Il conformista*. Was Clerici, eingeschlossen in seinen Wagen, dahingleitend durch die schneebedeckte Landschaft, wahrnimmt, sind nur die Schatten einer Wirklichkeit, von der er isoliert ist. Platons Höhlengleichnis besagt, wir seien alle in dieser Situation gefangen, lediglich in der Lage, die Erscheinung der Dinge zu sehen. Das wahre Wesen der Dinge bleibt im Verborgenen. Die Erkenntnis, die in diesem Gleichnis steckt, macht zumindest eine Bemühung möglich, diese fatale Lage zu überwinden, doch Clerici unternimmt nichts dergleichen. Immerhin wird das Gleichnis bei seinem Treffen mit Quadri explizit thematisiert. Clerici bleibt der Gefangene seiner Situation.

Il conformista reflektiert das Höhlengleichnis einmal in der planimetrischen Bildkomposition. Er projiziert das Ge-

---

[160] Platon: Der Staat, übers. v. Otto Apelt, 2. Aufl., Hamburg 1989, S. 268 ff.

schehen wie zweidimensionale Schatten an die Wand. Dann wird die reduzierte Wahrnehmung durch die auffällige Präsenz von Projektionsflächen und Spiegeln demonstriert. Wie dem Angeketteten in der Höhle wird dem Zuschauer nur der schwache Widerschein einer filmischen Realität zugestanden. Drittens macht *Il conformista* die *chiaroscuro*-Gestaltung der Lichtsetzung zum Symbol von Erkenntnis bzw. Blindheit. Bernardo Bertolucci entwirft hier eine ästhetische, artifizielle Welt, die in ihrer radikalen Subjektivität starken Einfluss auf die späteren Filme Liliana Cavanis und Lina Wertmüllers hatte.

Die bewusst tiefenlose Inszenierung des Films erinnert an die Tendenzen des französischen *nouveau roman*, der die fragmentierte und verzerrte Wahrnehmung der reinen Oberfläche zum stilistischen Prinzip erhob. Wie in den literarischen Werken Alain Robbe-Grillets ist Clerici, bei Moravia noch eine psychologisch durchgestaltete Person, im Film eine Leerstelle, seinerseits eine Projektionsfläche.[161] Auf sein Innenleben kann nur durch die Beschaffenheit der Ästhetisierung geschlossen werden, die der Film zeigt. Auch im *nouveau roman* kommt dem »wie« der Beschreibung die charakterisierende Bedeutung zu. Zudem spielt die Figur des Voyeurs, des dem Sehen Verfallenen, eine wichtige Rolle in dieser literarischen Strömung, und Clerici ist in seiner positionslosen Passivität der reine Beobachter: Er sieht das Liebesspiel des Ministers und die Ermordung von Anna und Quadri, ohne je darauf zu reagieren.

Die anderen Figuren ordnen sich weitgehend der planimetrischen Inszenierung unter. Giulia verschmilzt, wie schon erwähnt, durch die Wahl ihrer Garderobe häufig mit dem Hintergrund. Ihre Verhaltensmuster sind von einer unmittelbaren Sinnlichkeit geprägt, die auf keinerlei

---

[161] In diesem Zusammenhang ist es interessant, dass Trintignant auch in den Filmen des *nouveau-roman*-Vertreters Alain Robbe-Grillet häufig Hauptrollen spielte, z.B. in *Trans-Europ-Express* (1966).

eigenständige Gedanken schließen lässt. So verliert die Figur der Giulia in der tiefenlosen Inszenierung ihrerseits jegliche Eigenständigkeit und Tiefe: Sie wird ungreifbar, zu einem egalisierten Teil ihrer Umwelt. Anna wird als ein entgegengesetzter Pol der Weiblichkeit entworfen: Während Giulia mit ihrer üppigen Weiblichkeit und ihrem Hang zum gedankenlosen Plappern Clericis Bild von einer »normalen Frau« am ehesten entspricht, verkörpert die durchtrainierte, kühl-distanzierte Blondine ein ästhetisches Ideal von eher intellektueller Natur. Doch auch ihr Verhalten wirkt unmotiviert, ihre Gefühle bleiben im Dunkeln, das Verhältnis zu beiden Männern und der Frau, der sie sich mit fast lesbischer Hingabe nähert, irritierend. Auch Anna scheint eine Projektion Clericis zu sein, was erklärt, dass er ihr scheinbar dreimal während des Film begegnet: im Ministerium, im Bordell und in Paris. Während sie im Roman die potentielle Flucht aus dem »normalen«, bürgerlichen Dasein ist, trägt sie im Film fast unheimliche Züge, nicht zuletzt durch die zweifellos von Clerici imaginierte Doppelung ihrer Erscheinung.

Irritierend ist auch der scheinbar so gefährliche Widerstandskämpfer im Exil: Professor Quadri. In seiner mondänen Pariser Wohnung tritt er als gesättigter Vertreter des intellektuellen Bürgertums auf, dessen antifaschistische Aktivität auf einen Gesprächskreis mit jungen Leuten beschränkt zu sein scheint. Dass er auf dem Weg zu seinem Ferienhaus getötet wird, negiert sein politisches Potential auf ironische Weise. Er hat sich nach Paris zurückgezogen ohne die Absicht, jemals nach Italien zurückzukehren; tatsächlich will er auch Clerici überreden, mit Giulia in Paris zu bleiben. In der Figur des Quadri ist der »antifaschistische Widerstand«, die *resistenza*, zu einem »linken Mythos« im Sinne Roland Barthes verkommen: »Man hat mich gefragt, ob es ›linke‹ Mythen gäbe. Gewiß, in dem Grade, in dem die Linke nicht die Revolution ist. Der linke Mythos erscheint genau in dem Augenblick, in dem die Revolution sich in die ›Linke‹ verwandelt, das heißt, bereit ist, sich zu maskieren ...«[162] Quadris Eskapismus basiert nicht auf einer charakterlichen Zerrissenheit, sondern auf bürgerlicher Harmoniesucht. Quadri wird zum Symbol der impotenten Revolution. Die Rollengestaltung legt nahe, dass Quadri bereits vorher in Italien nicht anders war, dass er sich schon damals das Etikett des ›linken Aktivisten‹ selbst verliehen hatte. In ihm sieht Clerici möglicherweise seine letzte Hoffnung, doch Quadri kann ihm keine Argumente liefern, bietet ihm allenfalls den Weg ins Bürgertum. Quadris fehlender Standpunkt wird zu seinem Todesurteil.

Es ist eine bittere Ironie, dass ausgerechnet der überzeugte Faschist Manganiello als einzige Figur des Films einen deutlichen Standpunkt verkörpert und somit der Schattenhaftigkeit der übrigen Figuren entgeht. Auch sein Charakter hat keine Nuancen, aber er folgt konsequent seiner Aufgabe. Bleibt Clerici nicht mehr als ein innerlich zerfressener Konformist, ist Manganiello tatsächlich der perfekt funktionierende faschistische Funktionär, der seine Befehle nicht hinterfragt und stets für seine Überzeugung steht. In seiner kalten Präsenz zeigt er im Gegensatz zu dem pathologischen Clerici, der ständig von der Angst verfolgt ist, wie sein Vater dem Wahnsinn zu verfallen, den bürokratisch-emotionslosen Faschisten, wie er im SadicoNazista-Zyklus eher selten vorkommt. Dass Bertolucci diese beiden Typen in *Il conformista* miteinander konfrontiert und den Gegensatz somit thematisiert ist eine Qualität, die gerade aus der Distanz hoch geschätzt werden muss, da sich die meisten späteren Filmbeispiele ent-

---

[162] Barthes [1957] 1964, S. 135; im Original, S. 234: »On m'a demandé s'il y avait des mythes ›à gauche‹. Bien sûr, dans la mesure même où la gauche n'est pas la révolution. Le mythe de gauche surgit précisément au moment où la révolution se transforme en ›gauche‹, c'est-à-dire accepte de se masquer, de voiler son nom, de produire un méta-langage innocent et de se déformer en ›Nature‹.«

weder auf pathologische Figuren beschränken (*Portiere di notte*, *Salò* u.a.) oder ausschließlich die bürokratische Kälte betonen (*Aus einem deutschen Leben*). Der andere Faschist in *Il conformista* ist Italo, der schon mit seinem Namen für den damals gegenwärtigen Zustand des Landes steht. Da er blind ist, verliest er im Radio seinen Vortrag über »den lateinischen Aspekt Hitlers und den preußischen Aspekt Mussolinis« von einem Blatt mit Blindenschrift. Die Absurdität seiner demagogischen Rede macht deutlich, dass er, versinnbildlicht durch seine Behinderung, nicht einmal in der Lage ist, die Platonischen »Schatten« zu sehen. Clerici wartet im Dunkel des Senderaumes auf Italo, gleitet jedoch während der Rede in einen leichten Schlaf hinüber. Er ist zu intelligent, um den hohlen Phrasen zu erliegen, er kann für die Ideologie kein Interesse aufbringen. Der Faschismus ist lediglich das Diktat des Tages, um den Status der Normalität zu erreichen.

Die Figuren aus *Il conformista* weisen Verhaltensmuster auf, die sie in ihrer Funktion situieren, jedoch nie einen ›runden‹ Charakter entstehen lassen. Clerici und Anna handeln in Fragmenten, in uneinheitlichen Versatzstücken. Trintignants Spiel gleitet an einer Stelle gar in eine Slapsticknummer über: Nachdem er die Pistole überreicht bekommen hat, zielt er in mehrere Richtungen und schließlich auf seinen Kopf, um mit dem Satz »Wo ist mein Hut?« hastig den Raum zu verlassen. Die Widersprüche im Handeln der Protagonisten scheinen eine Tiefe anzudeuten, dienen jedoch letztlich nur der Irritation. Clerici ist ein desorientierter Charakter, ein Suchender mit unerreichbarem Ziel. Clerici bewegt sich meist, als kopiere er Handlungsweisen, um plötzlich spontan aus diesem System auszubrechen, oft ohne vorhersehbare Motivation. Das Verhalten der Figuren ist nahezu paradox: Vor dem Hotel küssen sich Clerici und Anna zunächst, bis sie ihn schließlich so fest beißt, dass er blutet; Clerici deutet an, Anna retten zu wollen, wohnt dann aber ungerührt ihrer

Hinrichtung bei; die Quadris und die Clericis feinden sich im Restaurant an, um unmittelbar darauf über ein gemeinsames Ferienwochenende nachzudenken. Bertolucci macht die Identifikation mit diesen fragmentarischen Charakteren unmöglich, er schafft eine ästhetische Distanz, die vor allem gegen Ende, als die Faschisten besiegt sind, die künstliche Natur der Inszenierung geradezu ausstellt. Die Figuren bleiben die Schatten, als die Clerici sie wahrnimmt.

Doch *Il conformista* übernimmt das Höhlengleichnis nicht nur als Struktur, er geht noch über das Konzept der »Schattenwelt« hinaus: Der Film stellt den Begriff der Wirklichkeit überhaupt in Frage. Neben den Irritationen in Form, Narration und Figurenzeichnung setzt er immer wieder die Montage gegen ihre etablierten Standards ein: Es gibt falsche Anschlüsse und Sprünge über die 180°-Achse (z.B. in der Slapstickszene oder beim Besuch der Mutter). Bertolucci verweigert sich dem Drang nach Kontinuität des Wahrgenommenen, er verwehrt sich der filmischen Tadition, die räumliche Illusion zu schaffen. Die filmischen Zitate und Verweise aus dem Gangsterfilm der 1930er Jahre und dem amerikanischen Film Noir dienen nicht mehr zur vereinfachten Simulation eines aus Standards zusammengesetzten Realitätsbildes, sie verweisen immer wieder auf ihre artifizielle Herkunft und werden entsprechend spielerisch eingesetzt.

Der Schlüssel zu dieser Lesart des Films *Il conformista* liegt in einer demontierenden Überblendung: Clerici steigt aus einer Kutsche und geht davon. Die Kamera schwenkt mit ihm und endet auf dem Gemälde einer Hafenmole. Langsam wird die Einstellung in die reale Hafenmole überblendet und Clerici kommt erneut ins Bild. Die Realität verweist nicht nur auf Bilder der Kunst, sie generiert sich aus ihr, aus dem Abbild ihrer selbst. Dass der Film sich in diesem Moment nicht selbst aufhebt, verdankt er der Tatsache, dass er sich letztlich auf eine Ideologie bezieht, die sich stets auf die Bilder und Mythen zurückführt, die sie selbst etabliert hat; eine Ideologie, die sich aus sich selbst heraus begründet. Der »rechte Mythos« ist eine »Tautologie«.[163]

---

[163] Barthes [1957] 1964, S. 143; im Original: S. 240 f.

Wiedersehen in Wien

Ungeachtet der starken künstlerischen Präsenz von Viscontis *Caduta degli dei* kreierte erst die italienische Regisseurin Liliana Cavani mit ihrem sadomasochistischen Psychodrama *Il portiere di notte* (1973) eine Art Speerspitze und Prototyp der eigentlichen SadicoNazista-Welle von 1975 bis 1977. Mit geradezu irritierender Konsequenz konstruierte sie zusammen mit ihrem Drehbuchautor Italo Moscati ein dialektisches Unterwerfungsszenario, den fatalen *amour fou* zwischen Henker und Opfer.

Die italienische Regisseurin, 1935 in Carpi / Reggio Emilia geboren, machte ursprünglich mit dokumentarischen Arbeiten für das italienische Fernsehen auf sich aufmerksam. Mit *Storia del Terzo Reich* (1963), *Le donne della resistenza* (1963) oder etwa *Philippe Pétain – Processo a Vichy* (1965) etablierte sie sich als Spezialistin in der Auseinandersetzung mit dem Faschismus. Ihre Mitgliedschaft in der KPI (Kommunistische Partei Italiens) motivierte sie, sich immer wieder mit diesem Thema zu beschäftigen. Später trat sie mit ihrer gesellschaftskritischen Fernsehreportage *La casa in Italia* (1965), in der sie über Spekulationen im italienischen Wohnungsmarkt berichtete, mit Medienautoritäten in Konflikt. Zensur kam erstmals ins Spiel. Auch ihr erster Spielfilm, das programmatisch politisierte Heiligendrama *Francesco d'Assisi* (1966), konnte erst nach heftigen Auseinandersetzungen gezeigt werden.

Gemeinsam ist all ihren Werken ein tiefverankertes Misstrauen in diktatorische, staatliche und religiöse Instanzen. Ihr Historiendrama *Galileo* (1968) geriet gar zum antikatholischen Statement, das von kirchlicher Seite stark angefeindet wurde und später in Ausschnitten Eingang in den deutschen Agitationsfilm *Die Ketzer* (1970) fand. Mit dem stilisierten, fast surrealen Politikon *I cannibali* (1969), das die »Antigone«-Tragödie in eine anonyme faschistische Diktatur projiziert, kamen auch sexuelle Obsessionen und

ein intensiver Blick auf den unterdrückten und geschändeten Körper ins Spiel.
Als *Il portiere di notte* 1973 in Italien uraufgeführt wurde, kam es erneut zum Eklat: Der Film wurde kurzfristig beschlagnahmt und erst nach einem aufsehenerregenden Streik der italienischen Filmindustrie, angeführt von Luchino Visconti und Bernardo Bertolucci, wieder freigegeben und zum Kunstwerk erklärt.[164] Die internationale Rezeption gestaltete sich gemischt. Die ›Reduzierung politischer Verhältnisse auf eine sadomasochistische Zweierbeziehung‹ wurde als unvertretbar und skandalös empfunden. Auch in Deutschland, wo *Portiere di notte* erst zwei Jahre später startete, änderte sich nichts an der auf die politische Parabel fixierten Interpretation.
Liliana Cavani, zu Beginn der 1970er Jahre zusammen mit Lina Wertmüller als große Regiehoffnung Italiens gehandelt, verlor kontinuierlich ihren Ruf. Kritisiert wurde sie für die mit *Al di la del bene e del male* (*Jenseits von Gut und Böse*, 1976) und *Inferno Berlinese* (*Leidenschaften*, 1985) vollendete »deutsche Trilogie«, indem man ihr vorwarf, sie »stülpe auf peinliche Weise historischen Ereignissen ihre sexuellen Obsessionen über« (z.B. Filmdienst, Kritik fd 20544). Gelegentlich fiel der Begriff des »sexualpolitischen Melodrams«, der bedingt durch die Themen (Nietzsche, Nationalsozialismus, *ménage à trois*) einleuchtend erscheint, angesichts der gestalterischen Vielfalt ihrer Werke jedoch zu kurz greift. Vor allem Cavanis 1980 nach dem Roman von Curzio Malaparte inszenierter Kriegsfilm *La pelle* (*Die Haut*) wurde als konventionelle und chargenhaft gespielte Skandalmache verschmäht und belächelt, ohne auch nur annähernd angemessen analysiert worden zu sein.[165] Was

---

[164] Tatsächlich sind derartige Vorkommnisse in Italien wohl eher üblich; auch Tinto Brass' Filme werden wegen Verdachts auf Pornografie regelmäßig beschlagnahmt und wieder freigegeben.
[165] Eine sehr treffende Rezension von *La Pelle* hat Elsbeth Prisi für das Magazin Zoom Nr. 23 / 1981, S. 17-19 verfasst. Ein typischer Verriss

die Regisseurin hier als ironisch-zynisches Historiendrama anbietet, wird möglicherweise erst aus einer zeitlichen Distanz zu bewerten sein. Die Tatsache, dass Cavani nicht nur eine getreue Umsetzung der im Roman vorgegebenen Ungeheuerlichkeiten bot (die »letzte Jungfrau«, die Sirene zum Diner), sondern teilweise einige Schritte weiterging, wurde oft nicht einmal bemerkt. Die Haut des gegen Ende des Films von der Panzerkette zerquetschten jubelnden Italieners bleibt eine großartige Metapher für die Absurdität der Kriegspolitik schlechthin.

Auch die erneute Verarbeitung des *Franziskus*-Mythos (*Francesco*, 1989), diesmal mit eher spirituellem als politischem Schwerpunkt, rief angesichts der gewagten Besetzung mit Mickey Rourke eher Spott hervor und führte zu einer längeren Abstinenzphase vom Kino. Cavani verlegte sich mehrere Jahre auf die Theaterarbeit und konnte auch mit ihrem Kinocomeback *Dove sieta io sono qui* (*Einmal Dein Lachen hören*, 1993) Anfang der neunziger Jahre, einem Mutter-Sohn-Drama, keinen Erfolg verbuchen. Der Film kam außerhalb Italiens kaum ins Kino und wurde publizistisch ignoriert.

Die Vision der selbstbewussten Italienerin von sexueller Befreiung und ihr Wille zu einer Durchleuchtung der Moralität scheint heute unaktuell geworden zu sein. Cavanis Karriere gleicht einem vorprogrammierten Leidensweg, einer bedingungslosen Leidenschaft zur filmischen Tragödie, die nur in den kreativen Ruin führen konnte, sobald sie sich verselbständigte.

Vom ersten Bild an atmet *Il portiere di notte* Dekadenz, Morbidität und Tod. Aus tiefliegender Perspektive gleicht das dämmrige, regnerische Wien des Jahres 1957 dem unheilschwangeren Venedig aus Nicolas Roegs Psychothriller *Don't Look Now* (*Wenn die Gondeln Trauer tragen*, 1973):

---

hingegen findet sich in Hans Werner Asmus (Hrsg.): Das große Cinema Filmlexikon, Band 2, Hamburg 1992, S. 31 f. (»[...] mitunter geradezu unerträglich [...] Spekulation und Zynismus [...]«).

hier wie dort wird die Stadt zum weiteren Protagonisten, zur unheilschwangeren, todbringenden Instanz, unergründlich, lauernd, mythisch, von einer Geschichte voller Leid geprägt. Modrige Braun- und Grüntöne dominieren, die Passanten gehen geduckt und zugeknöpft isoliert ihren Tätigkeiten nach. Finstere Statuen säumen die Straße. Wir befinden uns in einer »ewigen« Stadt, unangetastet von den Zerstörungen der Kriege, allenfalls befallen vom Moos der Zeit[166], und in der Stadt Sigmund Freuds, dem Geburtsort der Psychoanalyse. Ein Bläserthema, der Caféhaus-Musik entlehnt, etabliert den Protagonisten: Max (Dirk Bogarde) tritt in dunkler Dienstuniform die Nachtschicht als Portier im »Hotel zur Oper« an. Die nächtliche Routine beginnt. Max steht in vertrautem Verhältnis zu der heruntergekommenen Gräfin Stein (Isa Miranda), die er mit Pillen und einem Gigolo, dem Hotelpagen, versorgt. Der leicht schrille Charme der gealterten Dame enerviert ihn sichtlich, doch wird das Verhältnis der beiden unmittelbar als eine gegenseitige Abhängigkeit geschildert: Er entzieht sich selbst ihrer aufdringlichen Berührung nicht, obwohl sie ihm sichtlich zuwider ist. Die Gräfin ist gleichzeitig die erste einer Reihe satirisch überzogener Vertreter einer vagen, dekadenten Epoche, die allenfalls als Schatten in die Gegenwart wirken können. Auch Max wird sich als eine solche »Fledermaus-Persönlichkeit« entpuppen. Als er den Pagen barsch weckt, um ihn zur Gräfin zu schicken, bricht für Momente ein dominanter, nahezu tyrannischer Zug durch, der sich mit der homoerotischen Anbiederung im Aufzug (er knöpft ihm die Hose zu) nur ergänzt. »Hinter der wiederholt präzisen Gestik von Dirk Bogarde steckt eine schweigende und zurückgehaltene Suche nach Erlösung und Reinheit.«[167]

---

[166] Mark Sanderson hat den morbiden Charme der Stadt Venedig in seinem Buch »Don't Look Now«, London 1996, S. 24 ff., ausführlich beschrieben.
[167] Tiso 1975, S. 103: »E se nella gestualità ripetuta, precisa e insistita di

Das eigentlich noble, aber düstere Hotel wird mit zahlreichen Schattenzonen und labyrinthischer Architektur zum klaustrophobischen Museum, das seine Geheimnisse möglicherweise nur für einen unbestimmten Preis hergibt. Max ist während seines Dienstes der geheime Herrscher über dieses Schattenreich, er ist der Hüter der Schlüssel zu den »Räumen der Nacht« im »Hotel zur Oper«, jener Domäne des bürgerlichen Kunstbegriffes des 19. Jahrhunderts.
Der nächste Morgen bringt eine augenscheinlich schicksalshafte Begegnung: Ein Operndirigent kommt mit seiner Frau Lucia (Charlotte Rampling) im Hotel an. Die Begegnung ist kurz, fast flüchtig, lässt aber den verbissenen Gleichmut auf Max' Gesicht aufbrechen. Er ist berührt, seine Professionalität bleibt für Momente auf der Strecke. Die fragile Präsenz der jungen Frau, die in dem Kleidungspomp, der sie umgibt, nicht deplaziert, aber bedrückt wirkt, kulminiert in einem Blick: einem Augenblick, der das folgende Geschehen mit einer verwirrenden Plausibilität versehen wird. Der Schriftsteller Bogarde wird später einen Aufsatz über die Rampling mit »Der Blick« überschreiben:

> Es geschieht in einer belebten Hotelhalle, als sie nach vielen Jahren, plötzlich und völlig unerwartet, mitten im Gewühl der Hotelgäste den SS-Mann wiedererkennt, der im KZ ihr Aufseher und auch ihr Liebhaber war. Der Moment des Gewahrwerdens, der Schrecken des Wiedererkennens, die Erinnerung und die Schuldgefühle – all das ist *da*, in höchster Prägnanz und meisterhaft verkörpert. Es dauert nur einen kurzen Augenblick – und doch ist es von einer unglaublichen Eindringlichkeit, die das Publikum erschauern lässt. Von diesem Mo-

---

Dirk Bogarde [...] si può scorgere una richiesta nervosa, trattenuta e tacita di riscatto e di purezza ...«

ment an hat der Film den Zuschauer in seinem Bann und lässt ihn nicht mehr los.[168]
Der Blick, der Moment und das Gefühl sind präsent. Der Hintergrund wird sich fügen. Was zunächst für den Zuschauer rätselhaft erscheint – auch die Rückblicke erschließen sich erst nach und nach –, entwickelt die Regisseurin ab dieser Szene in fast befremdlicher Folgerichtigkeit. So ist es auch nicht die frühere Euphorie der Liebenden, sondern ein Hauch von Angst und Erschrecken, der über dieser Begegnung liegt. Bogardes Vergleich mit Charlotte Ramplings Blick aus *Caduta degli dei*, der ihr Erschrecken angesichts des bevorstehenden Untergangs spiegelt, ist somit einleuchtend.
Die Kamera nähert sich nun Max an, durchbricht die befremdliche Distanz des bisherigen Geschehens. Er ist unruhig, von Gedanken gejagt. Direkt dringt Cavani in das Innenleben ein: Ein Reihe Häftlinge ist zum Teil mit gelben Sternen gekennzeichnet und wirkt sichtlich verunsichert. Ein greller Scheinwerfer isoliert einen nach dem anderen, bis ein Ziel der Begierde gefunden ist: Lucia, mit Haarschleife, ängstlich und sehr jung. Jahre wurden übersprungen. Max wird in schwarzer SS-Uniform sichtbar. Er filmt die angestrahlten Menschen, scheint sie mit der Kamera in Schach zu halten. Wieder wird der Blick gezwungen: Über Max' Schulter sehen wir die fast panische Lucia gefangen im Bildkader. Sie – der »einzige ›schöne‹ Körper aus der Menge«[169] – wird das Wunschopfer eines Besessenen.
All dies bleibt gespenstisch, klinisch, kühl. Keine aufklärerische Schrifteinblendung, keine legitimierende Voice-Over. Wir befinden uns in Max' Erinnerungswelt – zweifellos. Lucia erscheint längst als Teil von ihm. Die Vergangenheit bricht aus einer nicht sehr sorgsam geschützten Ecke hervor, als wäre es nur eine Frage der Zeit gewe-

---

[168] Bogarde u.a. 1986, S. 11.
[169] Dorn 1991, S. 35.

sen. Konkret sind die Uniformen, die nur zu bekannten Sig-Runen der Kragenspiegel, die mechanischen Fragen: »Name. Adresse. Religion?«
Eine Zimmerbestellung zwingt Max, das Zimmer des Paares zu betreten. Wieder bricht ein Fragment durch: die Untersuchung der Neuankömmlinge, später ein unbekleideter Appell. Auch Lucia scheint gefangen in den Erinnerungen. Ihr Blick in den Spiegel leitet die Reflexion der Erinnerung ein. Sie sieht sich als Mädchen in einem Kettenkarussell zusammen mit anderen Kindern, alle ähnlich gekleidet. Schüsse und Schreie erwecken den Eindruck, die Kinder dienten als Tontauben. In der Kameraeinstellung, die nah an den Gesichtern bleibt, findet diese groteske Vorstellung jedoch keine Entsprechung. Dazwischen ist wieder Max zu sehen, der Lucia mit der Kamera einschüchtert. Schließlich decken sich die Bilder. Beide Charaktere werden verbunden durch den bizarren Kosmos ihrer gemeinsamen Erinnerungen.
Eine weitere groteske Figur kommt ins Spiel: Mit Monokel, Ledermantel und Hut präsentiert sich ein ehemaliger Kamerad von Max als stereotyper Gestapo-Scherge, den das Ende des Krieges unangetastet ließ. Er beargwöhnt Max' enerviertes Verhalten und kündigt den »Professor« an, eine weitere Figur einer Gruppe konspirativer Ex-Nazis, zu denen auch Max zählt, die an einem radikalen Exorzismus arbeiten: Gemeinsam suchen und richten sie potentielle Ankläger der Vergangenheit und »entschulden« sich selbst in hysterischen Psychoanalysen. Auch Lucia wird bald zum potentiellen Opfer erklärt werden.
Während in der Hotelhalle auch der »Professor« eintrifft, erleben wir in einem Rückblick, verknüpft mit Lucias nachdenklichem Blick, eine Folterszene in befremdender Isolation: In einem schäbigen weißgekachelten Raum jagt Max in schwarzer Uniform die nackte und kahlgeschorene Lucia mit Pistolenschüssen umher. Erstmals treten hier die in den ersten Rückblicken noch präsenten historischen

Bezüge in den Hintergrund: Die Uniform bleibt einziges Indiz der Epoche, der Raum jedoch ist aller konkreten Elemente enthoben. Er erinnert an die kahlen, weißen, aseptischen Zellen, die in Fetisch- und BDSM[170]-Pornos immer wieder eine Rolle spielen (z.B. in Peter Chernichs *The White Room*, 1994). Während Cavani dort das Leidensuniversum ihrer beiden Protagonisten isolieren zu wollen scheint, dient diese neutrale Räumlichkeit hier tatsächlich als soziokulturell und historisch nicht zuweisbares Schlachtfeld der Lüste: eine aufschlussreiche Parallele allemal. Lust und Begehren stehen dabei jedoch kaum im Vordergrund: Max schießt mit der gewohnten Nüchternheit und Professionalität, während Lucia in wilder Panik flüchtet, wimmert und stöhnt. Die Instanz der Begierde wird zunächst Max zugeordnet.

Wie sehr Max mit den Verbrechen der Vergangenheit verknüpft ist, wird in seinem Gespräch mit dem »Professor« deutlich: Max' eigene »Schuldaustreibung« steht an. Zu diesem Zeitpunkt müssen alle Indizien und Zeugen, die auf die Vergangenheit verweisen, beseitigt sein. Mario, ein Italiener, wird thematisiert; auch er ist ein Zeuge. Max soll ihn aushorchen und dann exekutieren. Bei all diesen Begegnungen mit ehemaligen Kameraden haftet Max eine tiefe Traurigkeit an, die ihn mehr als alle anderen von einem Schuldkomplex zerfressen zeigt. In seiner Abwesenheit (Cavani bricht hier erstmals die Erzählperspektive und bedient sich aus dramaturgischen Gründen der Auktorialen) wird seine Verfassung verbalisiert: »Max seems upset« heißt es im Dialog. Ein diffuses Misstrauen klingt an, das für den Zuschauer bereits mit Lucia in Verbindung gebracht wird: Der Professor besitzt ein Foto, auf dem sie beim Appell zu sehen ist. Auch sie gehört zu den Wunschopfern des »Exorzismus«.

---

[170] BDSM: heute gebräuchliche Abkürzung für »bondage, discipline, sadism, masochism«, früher SM oder S&M für Sadomasochismus.

Ein weiterer Charakter aus dem teilweise karikiert gezeichneten Kreis ehemaliger SS-Leute, die sich in Max Umfeld aufhalten, ist der in dem Hotel seit Jahren in absoluter Isolation vegetierende homosexuelle Balletttänzer Bert. Max sorgt für ihn ähnlich wie für die Gräfin, wobei sich in dieser Beziehung erheblich deutlichere sexuelle Untertöne zeigen: Max' Umgang mit Bert ist zwar distinguiert, aber zärtlich. Max wagt zaghafte Liebesgeständnisse: »Ich würde dich als Leibwächter anstellen.« Bei ihm fühlt sich Bert geborgen. Als ihm Max eine Spritze ins Hinterteil verabreicht, gerät er ins Schwärmen: »Du tust mir nie weh ...« Wieder scheint durch, dass Max tatsächlich ärztliche Erfahrung hat. Jede Episode fügt seinem Charakterbild eine weitere Facette hinzu und schafft einen zunehmend ambivalenten Eindruck, der Max möglicherweise tatsächlich zum Sympathieträger machen könnte.

Max' Besuch bei Bert kulminiert in einem befremdlichen Ballett: Max beleuchtet mit einem einzelnen Verfolgerscheinwerfer die stummen Posen des gealterten, aber noch immer zerbrechlich und jugendlich wirkenden Tänzers. Während Max gespenstisch beleuchtet aus dem Schatten heraus wie ein Marionettenspieler agiert, scheint ihm Bert hingebungsvoll jede seiner eleganten Gesten zu widmen. Diesem homoerotischen Ballett kommt eine ähnliche Position zu wie einer vergleichbaren Visionsszene aus Cavanis Nietzsche-Porträt *Al di la del bene e del male*, in der »Fritz« ein homoerotisches Partnerballett beobachtet: Auch hier betont die Regisseurin die deutliche Isolation der Figuren, die nur noch ihren eigenen Kosmos verkörpern können. Die Isolation der Charaktere bedingt die Relativierung ihrer sozialen Beziehungen, die auch in *Portiere di notte* auf pragmatische Verhältnisse (vor allem beruflicher Art) reduziert sind und grundsätzlich einer emotionalen Basis entbehren, die schließlich in dem *amour fou* mit brachialer Gewalt zurückgefordert wird. Max' Verhältnis zu Bert scheint ebenso von einer filigranen Zuneigung ge-

prägt, die den etablierten Verhältnissen zuwiderläuft und scheinbar nur im Geheimen blühen kann. Sobald derartige Verhältnisse an die »Öffentlichkeit« gelangen, droht eine fatale Kettenreaktion den Untergang zu bringen.
Wieder führt ein harter Schnitt in die Vergangenheit: In einer eindringlichen Sequenz von großer Ruhe inszeniert Cavani ein befremdliches Tableau, das in seinem konsequenten Ästhetizismus an die Arbeiten Luchino Viscontis anknüpft. In extremem Weitwinkel präsentiert sie eine kahle, leere Fabrikhalle, deren pastellfarbene Wände allenfalls von schwarzweißen SS-Standarten gesäumt werden. An den Wänden entlang sind pittoresk posierende SS-Soldaten platziert – u.a. auch Max – die ebenfalls einer Tanzperformance Berts beiwohnen. Das weiße, gleichmäßige Tageslicht, das den Raum durchflutet, lässt Berts blassen, nur knapp bekleideten Körper noch zerbrechlicher erscheinen – vor allem im Kontrast zu den hochgeschlossenen Uniformträgern, die insektenhaft lauernd erscheinen. In ruhigen Totalen dokumentiert die Kamera das Soloballett. Diese Inszenierung pointiert wohl nicht unabsichtlich mit filmsprachlichen Mitteln eine Tradition der »schwarzen Romantik«:

> Tod und Schönheit sind zwei hohe Dinge, / die gleich viel Schatten und Licht enthalten, so dass man sie / für zwei Schwestern halten könnte, gleich schrecklich und furchtbar, / erfüllt von demselben Rätsel und demselben Geheimnis.[171]

Immer wieder spielt Cavani mit dem Motiv der Travestie, das sich mit der vorbelasteten, todbringenden Ausstrahlung des SS-Mythos vereint und eine mysteriöse Verbindung eingeht. Licht und Schatten: die Sonne und die Fahnen, der Tänzer und die Soldaten, das Ballett und die Pose verschwistert in einem manierierten System, das nach einem Höchstmaß an Ästhetizismus trachtet, um die Sin-

---

[171] Victor Hugo: Toute la Lyre 1893, V, XXVI: Ave, Dea, moriturus te salutat [1871], nach: Praz, S. 49.

ne zu überwältigen und letztlich zu unterwerfen. Dass Cavanis Bilder hier von hoher Künstlichkeit und Abstraktion sind, provozierte Kritik, doch gleichwohl kann sie einiges von der »Überwältigungsästhetik« der faschistischen Kunst, die in ihrer Selbstinszenierung eine »unheilige« Ehe mit dem Kitsch eingeht, transportieren.

Für Angela Della Vacche verkörpert Bert hier sogar die »Seele des deutschen Volkes«.[172] Liliana Cavani selbst äußerte sich sehr konkret zu dem Unterschied zwischen dem nationalsozialistischen Ästhetizismus und dem Machismo des mediterranen Faschismus:

> If Mussolini was to make use of a Mediterranean machismo, the cocksure swagger of the Italian male, then Hitler relied on the reverse: a profoundly military ethos, an esprit de corps that was far more congenial to Germanic nature. Hitler inspired a devotion deeper, more aestheticizing and less rustic than that which the Duce enjoyed. [...] The SS was a body endowed with great capacity for narcissism. Hitler's charisma, moreover, was based on an ambiguity: he was the ›virgin‹ while Mussolini was the ›male‹. Fascist Italy spoke of ›male beauty‹ while Germany instituted a cult of physical beauty and purity of race.[173]

Die Regisseurin formuliert hier selbst einerseits die Unvereinbarkeit dieser beiden Ausformungen faschistischer Ideologie und andererseits das Spannungsfeld, in dem sich ein italienischer Film über den deutschen Faschismus bewegt. Vielen Rezensenten, die der Regisseurin gerade diesbezüglich mangelndes Bewusstsein vorwarfen, bietet diese Argumentation ein Gegenargument: Liliana Cavani war sich sehr wohl der Fallen bewusst, die ihr Modell bot, versuchte aber dennoch, eine ästhetisch-dramatische Entsprechung zu dem Konflikt zu finden.

---

[172] Della Vacche 1992, S. 40.
[173] Cavani, zitiert nach: Della Vacche 1992, S. 40.

Wiederum ein harter Schnitt in Lucias Zimmer etabliert auch ihre zunehmende Verstörtheit: In einer Nahaufnahme schüttet sie nervös den Kaffee neben die Tasse, während ihr Mann die Rezensionen seiner »Zauberflöten«-Aufführung inspiziert. Sie sagt ihm, sie wolle Wien verlassen, was bei ihm zum unvermeidlichen Missverständnis führt: »Ich verstehe, was du fühlst«, sagt er sorgenvoll in dem Glauben, sie leide lediglich unter Einsamkeit und Langeweile. Dieser fatale Irrtum verstärkt die plötzliche psychische Isolation, in die Lucia durch die unerwartete Begegnung gestürzt wurde. Ihr Spiegelbild scheint ihr näher zu sein als ihr eigener Mann, dem sie die wahren Gefühle nicht offenbaren kann.

Max besucht Mario, den Koch, in seiner »Jausen-Station«. Mario, der über zahlreiche Informationen verfügt, kommt tatsächlich gleich auf Lucia zu sprechen. Erstmals erfährt man, dass sie als Tochter eines Sozialisten ins Konzentrationslager eingeliefert worden war (dieses Detail ist insofern wichtig, als die kritische Rezeption des Films Lucia oft als Jüdin bezeichnet, was die Regisseurin laut eigener Statements verärgerte). Mario geht davon aus, sie lebe noch und könne Max wiedererkennen. Es sei nun an Max, den Zeugen zu beseitigen. Auch Mario scheint von den Gespenstern der Vergangenheit heimgesucht zu werden. Das fortdauernde Engagement belastet ihn in seiner Bemühung, »in Frieden zu leben«. Der immer wieder ersehnte »Frieden« ist eigentlich die Flucht in die Anonymität des Alltags, an der Max längst gescheitert ist. Sein Weg folgt dem »Außergewöhnlichen«. Die Alibiehe und -beschäftigung eines Mario wird ihm verwehrt bleiben. Max ist die »Fledermaus«, die er auch in Bert und der Gräfin erkennt.

Eine weitere Schlüsselsequenz hat schließlich die Oper selbst zum Schauplatz. Hier verknüpfen sich die Schicksale endgültig. Cavani inszeniert das Geschehen um die ehemaligen »Liebenden«, die sich unsicher aus der Distanz begutachten, parallel zum Geschehen aus der »Zauberflö-

te«. Tamino sucht Pamina und hofft, dass Papagenos Flöte ihn zu ihr führen kann: »Vielleicht führt mich der Ton zu ihr.« Lucia sitzt direkt hinter ihrem dirigierenden Mann, spürt jedoch scheinbar bald Max' Anwesenheit, woraufhin sie sich umwendet. Ein langer Kameraschwenk verbindet das Paar. Er zögert, wagt kaum, sie zu betrachten, weicht dem Blick aus. Ohne die Tonkulisse zu verändern, schneidet Cavani in die Vergangenheit ...
Der Schlafsaal einer Häftlingsbaracke, in kaltes, blaues Licht getaucht. Die Kamera gleitet an ausgemergelten, verschreckt starrenden Gesichtern vorbei. Auch Lucia, bekleidet mit einem Häftlingsanzug, ist unter den Häftlingen. Sie beobachtet eine Vergewaltigung, begangen von einem Kapo an einer nackten Häftlingsfrau.[174] Ein stilles Entsetzen, fast Lähmung regiert die bedrückende Szene, der durch die orchestrale Tonkulisse mythische Dimension zukommt: »Mann und Weib und Weib und Mann ...« singt Tamino dazu, was in diesem Zusammenhang zynisch anmutet. Max betritt als Arzt die Szene und führt die offensichtlich ängstliche, aber passive Lucia mit sich.
Lucia in der Oper ist gebannt. Die Klangkulisse um sie herum wird zum unbewussten Soundtrack, der das Geschehen kommentiert und gleichzeitig anheizt. Wieder kommt es zum Zeitsprung: Lucias Hände sind mit schweren Ketten an den Bettrahmen gebunden. Ein eleganter Schwenk verknüpft die Fragmente des Geschehens, der enge Bildkader garantiert Sinnlichkeit und Intimität zugleich. Max dringt mit zwei Fingern – eine symbolische Schußwaffe – in Lucias Mund ein, den sie bereitwillig öffnet. Cavani isoliert die beiden Charaktere komplett von ihrer Umwelt. Das Geschehen tritt wörtlich in den Hintergrund, gibt den Blick frei auf pure sexuelle Obsession und Dominanz. Taminos Hoffnung »vielleicht führt mich

---

[174] Der Kulturanthropologe Hans Peter Duerr dokumentiert eine solche Szene anhand von Zeugenaussagen in: Obszönität und Gewalt, 1993, S. 316.

der Ton zu ihr« wird für den deutschkundigen Rezipienten durch die suggestive Bildfolge zu »vielleicht führt mich der *Tod* zu ihr«. Was hier beginnt, ist nicht die von zahlreichen Rezensenten beschworene klischeehafte sadomasochistische Beziehung, sondern ein verzehrender *amour fou* unter selbstzerstörerischen Vorzeichen. Die Mechanismen der Begierde, einer bedingungslosen Begierde, werden von nun an das Geschehen diktieren. Ein möglicher Weg zeichnet sich ab und zwingt beide Figuren zur Aktivität. Als Lucia sich ein letztes Mal umblickt, hat Max bereits den Raum verlassen. Speziell diese Sequenz verleitete einige Rezensenten zu einer Interpretation des gesamten Films als eines psychosexuellen Tagtraums.[175] Auch Liliana Cavani selbst gab eine tiefenpsychologische Interpretation vor:

> Der Faschismus ist nicht nur ein gestriges Ereignis. Er ist immer noch da, hier und anderswo. Wie Träume auch, bringt mein Film ein verdrängte ›Geschichte‹ an die Oberfläche zurück. Noch heute steckt diese Vergangenheit tief in uns. [...] Was mich interessierte, war, diesen Keller der Gegenwart zu erforschen und in das Unbewußte des Menschen vorzudringen: das vorzuweisen, was mich beunruhigt, um andere zu beunruhigen, so dass wir alle wachend leben können. Es ging mir darum, anzuregen, einen Ausgangspunkt vorzuschlagen, von dem aus wir anfangen können zu verstehen, warum die Faschisten wieder unter uns sind. Nicht die alten, die Nostalgiker, die man als Karikaturen bezeichnen könnte [*sic*], sondern die neuen, jungen Antidemokraten aus meiner Generation.[176]

Diese psychoanalytische Deutung des Films soll also nach Cavani nur der Ausgangspunkt eines weiterführenden po-

---

[175] Houston / Kinder 1975.
[176] Liliana Cavani in einem Leserbrief an Le Monde, 25. April 1974.

litischen Erkenntnisprozesses sein. Das irreale Charisma dieser und vergleichbarer Montagesequenzen ist weniger gewollter Stil als ein Nebeneffekt der Ambitionen der Regisseurin. Dieses Zitat soll noch einmal eine Rolle spielen: in der Analyse der »bedeutungsvollen Montage«. Pascal Bonitzer weist in seinem Aufsatz »Le Borreau derrière la porte« (übersetzt etwa: »Der Henker hinter der Tür«)[177] zudem darauf hin, dass die tiefenpsychologische Deutung bereits im Titel des Films verborgen liegt, was in der deutschen und englischen Übersetzung weniger deutlich wird: *Il portiere di notte* kann auch »Pförtner der Nacht« heißen, Max wäre also der Hüter an der Schwelle der seelischen Finsternis.

Am nächsten Morgen verlässt Lucias Mann das Hotel, um nach Frankfurt abzureisen. Sie möchte ihm folgen, doch er besteht darauf, dass sie die verbleibende Zeit in Wien mit einem Einkaufsbummel genießt und später nachreist. Lucia reagiert verstört, fast als ahne sie, dass ihr Gatte sie unbewusst in die fatale Konfrontation treibe.

Die folgende Szene ist durch die Ton und Bild verschachtelnde Montage bemerkenswert aufgelöst. Erzählt wird die Heimkehr von Max, nachdem er während eines Angelausflugs Mario, den Koch, ertränkt hat. Erstmals sehen wir hier die Wohnung, die in dem legendären Wiener Arbeiter- und Sozialistenviertel »Karl-Marx-Hof«[178], einem zeitgenössischen Symbol des antifaschistischen Widerstandes, gelegen ist. Diese Tatsache verweist auf die Angst der politischen Linken vor feindlicher Infiltration und legt noch einen radikaleren Schluss nah: Im Unterbewusstsein des Widerstandes lauert der verborgene Feind. Die Wohnung ist sehr düster, von schweren Vorhängen verdunkelt, mit bedrückenden braunen Holzmöbeln eingerichtet. Max schleppt sich mühsam, wie sprunghaft gealtert, ins Bett. Das vorangegangene Geschehen wird nun mittels gesti-

---

[177] Bonitzer 1976, S. 98 ff.
[178] Arns 1987, S. 22.

scher, mimischer und minimaler akustischer Zeichen vermittelt, Stilmittel, die nur an dieser Stelle auftauchen. Max' gequälte, nahezu schmerzliche Lautäußerungen (Ächzen, Stöhnen) und seine abwehrende Gestik verdeutlichen die Qual, die ihm die Tat nachträglich bereitet. Dieses Verhalten konkurriert mit der bereits etablierten Kaltblütigkeit, mit der er in Uniform Gewaltverbrechen verübte (auch dies ein bekanntes Phänomen: die Uniform als Legitimation). Mehr denn je bekommt Max' Charakter einen tragischen Zug. Dass er sich in diesem Kontext in Ansätzen als identifikationstauglich erweist, mag man als bedenklich werten, entspricht aber genau der thematischen Ambivalenz, die der Regisseurin vorgeschwebt haben mag.

Erneut parallelmontiert mit Erinnerungsfetzen, begleiten wir nun Lucia bei ihrem Einkaufsbummel. In einem düsteren, schrulligen Antiquitätenladen kauft sie ein Mädchenkleid, das dem gleicht, welches sie von Max einst geschenkt bekam – wieder ein Rückblick.

Die ehemaligen SS-Leute versammeln sich schließlich im Hotel. »Das Terrain, auf dem sich die Figuren bewegen, gehört zu einer Gesellschaft, die die Nazi-Flaggen durch Wohlstandszeichen verdrängt hat. Was die Figuren im Film von den anderen unterscheidet, ist die gemeinsame Sprache, die es ihnen erlaubt, miteinander zu kommunizieren. Um sie herum schweigt alles. Sie sind eine mächtige Gruppierung, die sehr gezielt handelt, um sich selbst zu unterstützen und zu stärken«, erläutert der Drehbuchautor Italo Moscati deren Funktion.[179] Als die Verhandlung um Max beginnt, gelingt es Lucia, durch einen Türspalt zu lauschen. Aus ihrer Perspektive wird das Geschehen hauptsächlich gezeigt. Max scheint sich im Kreis seiner ehemaligen Kameraden sichtlich unwohl zu fühlen. Die Anwesenden betonen ihr Verständnis. Bert tröstet ihn gar, er hätte sich an seiner Stelle ähnlich gefühlt, sobald der

---

[179] Moscati in Letture, April 1974, zitiert nach Tiso 1975, S. 107.

Prozess jedoch vorbei gewesen sei, hätte es ihm sehr gut getan. Max jedoch würde die Zeugen lieber in Frieden lassen. Sein Einwand erzeugt Aufruhr. Klaus erklärt ihm die Relevanz der Augenzeugen: Sie seien besonders gefährlich, da sie detaillierte Beschreibungen der Taten liefern könnten. Und Max hat sich immerhin zahlreicher Exekutionen »schuldig gemacht«. Interessant ist, dass Cavani keinen Zweifel an dem Schuldbewusstsein von Max lässt und dieses mit der verblendet-fanatischen Position seiner Kameraden kontrastiert. In barschem Ton wendet einer ein: »Der Krieg ist noch nicht vorbei. Wir wollen unsere Dienstgrade zurück! Wir haben nie aufgegeben!« Max bricht aus: Er hat noch nicht aufgegeben. Immerhin stelle er sich der Gruppe. Doch sein Ziel sei ein anderes: Keinen vergangenen »Ruhm« will er wiedererlangen, sondern alleine und in Ruhe leben, »wie eine Kirchenmaus.« Bogarde spielt diesen von Hypernervosität geprägten Ausbruch erstaunlich exaltiert. Er ist längst verloren im Labyrinth seiner Begierden und Erinnerungen. Sein Verhalten muss auf Unverständnis stoßen.

Lucia verfolgt nur den Beginn der Verhandlung, die in einem hellen Hinterzimmer des Hotels stattfindet, dann begibt sie sich verstört auf ihr Zimmer. Noch einmal wurde ihr Max' ehemalige Funktion während des Krieges bewusst gemacht: Sie sieht die Fotos der Exekutionen, die Klaus herumreicht. Cavani schneidet immer wieder kurze Einstellungen aus Lucias finsterem Hotelzimmer parallel mit dem hellen Verhandlungsraum. Die Stimmen der SS-Leute klingen wie ein Nachhall in ihrem Kopf. Schließlich greift sie zum Telefon, um ihren Mann in Frankfurt zu erreichen. Scheinbar plant sie, ihm früher als geplant zu folgen: Doch Charlotte Rampling spielt Lucia bereits hier als vergleichbar gefangen, wie es Max ist. In einem kurzen, sehr behutsamen Rückblick sieht man Max mit sanftem, vertrauenserweckendem Gesichtsausdruck die Hand nach der verunsicherten Lucia ausstrecken. Der Schrecken und der Reiz, der von Max ausgeht, vermischen sich in Lucias Erinnerung. All diese Szenen sind in extremer Dunkelheit gefilmt. Oft wird die düster-morbide Ausstrahlung der Szenen noch unterstützt, indem Cavani die Personen vor leicht erhellten Wänden filmt und auf ihre Schemenhaftigkeit reduziert. Sie bewegen sich in den Schattenzonen ihrer Psyche. In dieser Finsternis wird sich die erste physische Begegnung der beiden abspielen. Lucia beschließt an diesem Punkt erneut zu bleiben, nicht ohne jedoch ihren Mann in Frankfurt anzurufen. Max verhindert an der Rezeption ein Zustandekommen dieses Gesprächs, begibt sich stattdessen zu Lucias Zimmer und dringt mit dem Nachschlüssel ein. Lucias erste Reaktion ist Angst. Max kommt ihr näher, als sie es ertragen kann. In einer langen halbtotalen Einstellung bedrängt und schlägt Max die junge Frau, die sich verzweifelt wehrt, schreit und versucht, die Tür zu erreichen. Als er sie halb zu Boden gestoßen hat, kommt es zum Bruch in ihrem Verhalten. Das Begehren bricht durch: In ihrem dünnen weißen Kleid spreizt sie leicht die Beine, nimmt ihn an beiden Händen und zieht ihn auffordernd zu sich hinunter. Er nennt sie eine »Hure«, zögert zunächst, lässt sich dann jedoch ebenfalls auf die neuen ›Spielregeln‹ ein. »Mein kleines Mädchen!« wird der Begriff sein, den er immer wieder auf Lucia anwenden wird. Hier kennzeichnet er die Wiederaufnahme ihrer Beziehung. Es sei »viel zu lange her«, vermag aber dennoch alle zeitlichen und moralischen Grenzen zu durchbrechen. Das Misstrauen der Kameraden nimmt unterdessen unweigerlich seinen Lauf. Klaus besticht den Pagen, um über Max' Unternehmungen unterrichtet zu sein, nachdem er mitbekommen hat, dass sich Max bei »einer Amerikanerin, die offenbar Abwechslung suche«, im Zimmer aufhalte. Die Regisseurin verweist den ganzen Film hindurch immer wieder auf ein komplexes System der Denunziation und Bestechung, das einen ge-

sellschaftlichen Mechanismus von Nazideutschland anschaulich pointiert.
Max lässt Lucia mit dem Angebot zurück, das nächste Mal ihr Gespräch nach Frankfurt zu ermöglichen. Als er kurz alleine sinnierend verharrt, wird die Traumhaftigkeit des Geschehens deutlich: »Sie ist ein Phantom mit Stimme und Körper. Ein Teil von mir ...« Er begreift Lucia als aus ihm heraus existentes Wesen, sein »kleines Mädchen«, eine Art mythische Schwester, die er in den eingeschobenen Erinnerungsfetzen verklärt.
Bei der Beerdigung des Kochs treffen sich die ehemaligen SS-Leute in scheinheiliger Eintracht noch einmal. Die Witwe verweigert jedoch Max den Beileid bekundenden Handschlag. Die umfassende Präsenz der Schuld aller Anwesenden scheint bekannt zu sein, wird jedoch sogar von den Opfern verschwiegen und toleriert. Auch hier zeigt Liliana Cavani einen gesellschaftlichen Mechanismus, der zu einer umfassenden Schuld der gesamten Bevölkerung des Dritten Reiches beitrug: Hitlers willige Vollstrecker aus Opportunismus. Selbst die Opfer aus der eigenen Familie können keinen Mut erzeugen, sich gegen die Korruption aufzulehnen. Jeder scheint untilgbar eine Schuld auf sich geladen zu haben.
Am Tag ihrer geplanten Abreise sendet Lucia ihrem Mann ein Fax, in dem sie ihm mitteilt, sie könnten sich erst in New York treffen, er solle sich aber »keine Sorgen machen«. Tatsächlich zieht sie nun in Max' Wohnung. Als er langsam erwacht, zeigt sie ihm das Kinderkleid, dessen Gegenstück dem Zuschauer in einem Rückblick präsentiert wird. Erneut durchdringen sich die Zeitebenen in einer Parallelmontage: Als sich Lucia über Max beugt, um ihn oral zu befriedigen, sieht man im Rückblick erst, wie sie sich das weiße Satin-Kleidchen überstreift und schließlich, wie er mit sanfter Gewalt ihren kurzgeschorenen Kopf an sich hinunterdrückt. Widerwillen und leichte Abscheu spiegeln sich auf ihrem Gesicht, das frontal der

Kamera zugewandt ist. Der Bildkader zeigt ausschließlich ihren Kopf vor Max' uniformbekleidetem Unterleib. Er öffnet unter metallischem Klicken sein Koppel. Als sie den Kopf ihm zuwendet, erfolgt ein erneuter Schnitt in die Gegenwart: Max beugt sich verkrampft über Lucias Kopf.
Max und Bert treffen sich im Foyer. Bert hat einen Blumenstrauß mitgebracht und bettelt den Nachtportier förmlich an, wieder mit ihm zu »proben«. Max vertröstet ihn unsanft und wirft die Blumen desinteressiert hinter sich. Sein perfekt organisiertes Universum aus Verdrängung und Ritual gerät bereits aus den Fugen. Als ein Serviceruf ertönt, ahnt er, welche Pflicht ruft. Widerwillig begibt er sich auf das Zimmer der Gräfin. Die dort plazierte Cabaret-Sequenz nimmt das Zentrum des Films ein. Eingeleitet durch ein vertrauliches Gespräch zwischen Max, der nun gänzlich von seiner Vergangenheit eingenommen zu sein scheint, und der Gräfin von Stein, die hier mehr denn je zur Mutterfigur wird. Eine biblische Geschichte möchte er erzählen, die Geschichte von Salome ...
In frostiges Stahlblau ist der Raum getaucht, in dem sich eine illustre SS-Truppe zusammengefunden hat. Die Kamera gleitet an den Gesichtern entlang und offenbart karnevaleske, clowneske Elemente: Mit alberner Zirkusschminke wird das feiste Gesicht eines SS-Mannes zur grausamen Farce, ein anderer trägt eine venezianische Maske, die sein Gesicht gespenstisch aus der schwarzen Uniform leuchten lässt. Es muss angemerkt werden, dass hier stets die schwarzen Vorkriegsuniformen auftauchen, die im KZ-Dienst nur selten Einsatz fanden und durch die feldgrauen Waffen-SS-Uniformen ersetzt wurden. Es ist anzunehmen, dass die schwarzen Uniformen hier wider besseren Wissens als Mittel der Dämonisierung eingesetzt werden (immerhin trägt der Soldat, der das Paket hereinträgt, tatsächlich eine graue Uniform). Die bleichen Ge-

sichter der Uniformierten offenbaren zudem den Travestiecharakter des faschistischen Äußerlichkeitenkultes, der noch heute in verschiedenen Subkulturen, u.a. der schwulen Lederszene, etabliert ist.[180] Der homoerotische Zug von Max' Charakter, der in den eingehenderen Analysen des Films immer wieder betont wird, wird hier überdeutlich. Armin Halstenberg schreibt:

> Mit der Figur von Max gibt Frau Cavani ihr Psychogramm eines SS-Mannes: ein Versager, homosexuell belastet, spielt Max den Onkel Doktor. Ein kleiner Junge mit einer starken Mutterbindung an die Nazi-Gräfin Stein, eine Wagner-Walküre. Sonst aber hat er Angst vor Frauen, und eben deshalb wählt er Lucia als sein ›kleines Mädchen‹, benutzt sie als Puppe, die er anzieht und auszieht, schlägt und quält ... Diese spezifische Mischung aus Impotenz und Machtrausch, Mordlust und Todessehnsucht, Brutalität und Obszönität, Wissenschaft und Irrationalismus, Barbarei und Kulturrudimenten diagnostiziert die Filmemacherin als Grundsubstanz für den Faschismus.[181]

Max fungiert in dieser Szene als Marionettenspieler, als Drahtzieher im Hintergrund, und in der Tat wirkt Lucia hier wie die Inkarnation seiner geheimsten Wünsche und Träume, neben der seine Kameraden nur zu grotesken Statisten verkommen können. Mit kurzgeschorenen Haaren und knabenhaft-ausgemergeltem Körper, totenblass, ist das Mädchen mit den Insignien der Macht und des Todes ausgestattet und zur kindfrauenhaften Todesgöttin stilisiert worden. Schimmernde Handschuhe bedecken ihre Arme, eine SS-Mütze mit Larve ihren Kopf. Ansonsten trägt sie nur eine dunkle Herrenhose, die mit breiten Hosenträgern an ihrem Oberkörper lastet. In vager Erinnerung an Marlene Dietrich und vergleichbare Diven in-

---

[180] siehe Kantrowitz in: Mark Thompson [Hrsg.]: Lederlust, 1991.
[181] Phelix / Thissen 1982, S. 187.

terpretiert sie mit lasziv-gleitender Gestik ein Lied von Friedrich Holländer:
> Lebendig liebe ich zu leben. / Ich kann nur sagen, ich liebe zu gefallen. / Wenn auch nicht immer, liebe ich zu lieben. / Ich weiß nicht was ich will, und doch erwarte ich viel. // Wenn ich mir was wünschen dürfte, / käm' ich in Verlegenheit, / was ich mir denn wünschen sollte: / eine schlimme oder gute Zeit. / Wenn ich mir was wünschen dürfte, / möchte' ich etwas glücklich sein; / denn sobald ich gar zu glücklich wär', / hätt' ich Heimweh nach dem Traurigsein.

Die einleitenden Zeilen vermitteln den Eindruck einer fatalen Desorientierung. Ein Drang nach dem Leben, nach der Veräußerlichung (»Gefallen«) mündet in das diffuse Bedürfnis nach Zuneigung und Begierde (»liebe ich zu lieben«). Die vierte Zeile betont schließlich als relativierender Abschluss die Unerfahrenheit, die Unentschlossenheit des kindlichen Charakters mit einer Erwartungshaltung, die aus dem Unbekannten schöpfen will, getrieben von Neugier und Mut. Diese Zeilen singt Lucia in dem akzentbelasteten Deutsch einer Engländerin, das hier ein wenig deplatziert wirkt, als Bekenntnis. Es wird allerdings nie deutlich, ob diese Sequenz nicht letztlich eine Phantasmagorie von Max darstellt, zumindest eine verklärte Erinnerung: Zu genau ergänzen diese Worte seine Sicht auf die begehrte Kindfrau, als dass er ihr diese Worte nicht selbst in den Mund gelegt haben könnte. Diese Interpretation stellt folglich jene Kritiken in Frage, die ihre Einwände bezüglich einer faktenverfälschenden Sichtweise des Films an eben dieser Szene festmachen wollen.

In der Darstellung der jungen Lucia verweist die Regisseurin erneut auf ein weibliches Ideal der Schwarzen Romantik: die »getrübte Schönheit«.[182] Sie ist blass, kränklich, die

---

[182] Praz, S. 58 ff.

Augen von dunklen Ringen umrandet, ihr Körper zerbrechlich dünn (»schmalbrüstig«). In Verbindung mit der aggressiven Kleidung (des »Vaters«) wird sie jedoch zum begehrten Objekt (»einem samtenen Dämon«), letztlich zur *femme fatale*, in deren Anbetung der »Schöpfer« versinken kann. »In der unschuldigen Schönheit von Charlotte Rampling ist ein satanischer und perverser Riss zu erkennen, in dem das Licht einer zerstörerischen Disposition als Nietzsche-Hypothese brennt: Man weiß nicht mehr, ob das Laster die Reinheit verdeckt oder die Reinheit das Laster verschleiert.«[183] Wieder verfolgt die Kamera das Geschehen mit elegant gleitenden Bewegungen. Das Traumhafte dieser Sequenz garantiert letztlich ihre Qualität als ein kleines Kabinettstück der »Fetischisierung faschistischer Stereotypen« (Uniformen, Posen, Musik) und muss als eine der Schlüsselsequenzen gelten, die das Thema dieser Arbeit exemplarisch auf den Punkt bringen (neben der Bad-Wiessee-Sequenz bei Visconti und der Verführung aus *Pasqualino*). Dabei liegt Cavani wenig daran, diese Sequenz als ihre »Faschismusinterpretation« geltend zu machen, zu sehr betont sie die irrealen, traumhaften Momente des Geschehens durch Ausblendung einer Originaltonkulisse, die Maskierung der Beteiligten (schon bei Visconti kommt dieses clowneske Travestieelement bei der SA-Orgie in Bad Wiessee zum Tragen) und die Fixierung auf die beiden Protagonisten. Es handelt sich hierbei um eine fiktive Episode von Max, der hier seine Erinnerungen und Wunschvorstellungen auf den Punkt bringt. Dass diese Sequenz auch die vorangehenden Rückblenden in ihrer Authentizität in Frage stellt, störte einige Rezipienten hinsichtlich des Simulacrum-Effekts,

---

[183] Tiso 1975, S. 103: »[…] nella bellezza innocente e luminosa di Charlotte Rampling si deve in fondo riconoscere una piega, una incrinatura satanica e perversa in cui sono le luci di una disponibilità distruttiva, di una ipotesi nietzschiana dove non si sa piú de il vizio copre la purezza o la purezza riveste il vizio.«

ergänzt sich aber mit der Logik der subjektiven Perspektive des Films, der immer tiefer in das zweisame Universum Max' und Lucias eintaucht. Das Lied selbst bestätigt die erwähnte Desorientierung und verdeutlicht noch einmal das Hin- und Hergerissensein zwischen Zärtlichkeit und Schmerz, zwischen Liebe und Hass, eine Ambiguität, die in jeder Begegnung der »Liebenden« deutlich wird. Lucia »beehrt« die Anwesenden nacheinander und verharrt schließlich vor dem gönnerhaft an einem Tisch sitzenden Max (ein ›Puppenspieler‹, der es sich scheinbar erlauben kann, einem jungen Häftlingsmädchen zu verfallen), der zum Ende des Liedes einen Soldaten mit einem großen Paket herbeiruft. Es ist ein Geschenk für Lucia. Sie öffnet es voller Vorfreude und findet darin den Kopf eines Mannes.

Max registriert ihre zwischen Abscheu und Faszination wechselnde Mimik sichtlich amüsiert, faltet fast die behandschuhten Hände vor sich. Kein Originalton verirrt sich in die Szenerie. Salome hat ihr Geschenk erhalten. Immer bemüht sich Cavani in solchen Momenten, mit einer distanzierten Kamera und prägnanter Lichtregie irreale Tableaus zu kreieren. Mit der Musik bricht auch die Szene ab. Der Gräfin erklärt Max dann, der Kopf sei der des Kapos Johann gewesen, der Lucia oft gequält hätte. Tatsächlich findet hier eine Verlegung des Schuldkomplexes statt. Mit einem Mal erscheint Lucia, das Opfer, als Auftraggeberin für eine Exekution. Ihre ambivalente Reaktion auf das Geschenk verdeutlicht das Bewusstwerden dieses Komplexes. Ohne es zu wollen, ist sie zu Max' Komplizin geworden.

Kurze Zwischenschnitte zeigen, dass Klaus Max erfolgreich beschattet. Auch Max bemerkt, dass seine Wohnung überwacht wird. Plötzlich scheint sich das Paar überall auf Feindesland zu bewegen. Der Film entwirft diese extreme Isolation jedoch als reizvolles Schlachtfeld der sexuellen Obsessionen: Der Scherbenakt ist ebenfalls eine häufig

zitierte Sequenz, die oft als Beleg für den sadomasochistischen Appeal des Films herangezogen wird. In einem übermütigen Necken schließt sich Lucia im Badezimmer ein. Max klopft barfüßig an die Tür. Die Frau wirft eine gläserne Parfumflasche auf den Boden, deren Splitter sich auf dem Boden verteilen, dann öffnet sie. Max läuft unmittelbar in die Scherben. Sein Gesicht spiegelt unvermittelten Schmerz und zugleich dessen zufriedene Duldung. Lucia streckt die Hand aus, um eine Scherbe aus der Ferse zu ziehen, Max verlagert überraschend sein Gewicht und tritt die Scherbe zugleich in seinen Fuß und ihre Hand. Sie lächeln sich an ... Er breitet seine Arme zu einer großmütigen Geste.
Klaus verhört Max mit großer Eindringlichkeit und appelliert an dessen Vernunft. Immer wieder spricht er eine kameradschaftliche Einigkeit an, die Max längst hinter sich gelassen hat. Er zeigt sich beharrlich. Max kettet Lucia schließlich in seiner Wohnung an, teils, um sie nicht gehen zu lassen, teils, um sie vor den Gefahren des »Draußen« zu schützen. Es ist eine liebevolle Geste, mit der Max die dicke Kette durch die Hände gleiten lässt und um Lucia windet, die sie mit einem zärtlichen Lächeln erwidert. Doch erst, als sie sich gemeinsam in der Wohnung einsperren, ist die Flucht in das gemeinsame Universum des *amour fou* vollzogen, in dem nichts mehr gilt als die Obsession einer verzehrenden, destruktiven Leidenschaft.
Doktor Vogler bricht in die Wohnung ein und verhört die angekettete Lucia. Er will sie unter Druck setzen, zum Aufgeben überreden. Er deutet an, dass sie ohne das Einverständnis der »Freunde« niemals in Ruhe leben werden. Lucia bewegt sich hier bereits auf allen Vieren, zeigt Tendenzen einer Animalisierung, die sich mit andauernder Belagerung ausweiten. Als Max zurückkehrt, passt der Schlüssel nicht. Ihm wird klar, dass eingebrochen wurde. Die Nachbarin Frau Holler gesellt sich misstrauisch dazu; sie habe Geräusche gehört. Die Regisseurin führt hier eine

weitere symptomatische Figur ein: die kleinbürgerliche Opportunistin, die jederzeit ihren Nachbarn bespitzeln und denunzieren würde, um ihre Identität als Bürgerin zu bestätigen. Die stark überschminkte, sich aufdringlich nähernde Person scheint nur zu ihrem Haustier, einem braunen Kurzhaardackel, persönliche Beziehungen zu hegen. In der übernächsten Sequenz ist es schließlich auch dieser Hund, der als ›Sonde‹ in Max' Wohnung eindringt, um von der neugierigen Frau Holle zurückgeholt zu werden. Max schiebt die Reaktion des Hundes auf seine ›Katze‹; auch dies ist ein ironischer Verweis auf die allmähliche Animalisierung der Liebenden.

Die ehemaligen SS-Leute treffen sich hoch über den Dächern Wiens, die Kamera schwenkt unruhig über die bläulichen Flächen, um schließlich die schwarzgekleideten ›Herren der Stadt‹ in einer ähnlich insektenhaften Präsenz zu fokussieren wie zuvor in der Cabaret-Sequenz. Es haben sich zwei Parteien gebildet: Bert, Klaus und Dr. Vogler bedrängen Max, sich in einem »Prozess« endlich der Zeugin Lucia zu stellen, um wieder »in die Normalität zurückkehren zu können«. Wie Vogler Lucia vorhält, wird auch Max gegenüber immer wieder betont, seine Leidenschaft für die Zeugin sei »krank«. In ihrer verständnislosen Sturheit nennen sie ihn einen »Kommunisten«, was er als Phrase abtut. Klaus monologisiert in einer nahen Profileinstellung über seinen unerschütterten Glauben an die nationalsozialistische Ideologie und die Mission der SS. Obwohl Max deutlich darauf beharrt, Lucia nicht ausliefern zu wollen, verabschiedet er sich mit einem Führergruß, den die ehemaligen Kameraden prompt erwidern.

Zehn Tage dauern die Isolation und die Belagerung bereits, wie Klaus erwähnt. Max lässt sich Lebensmittel in die Wohnung liefern, was die Belagerer jedoch bald verhindern. Lucia lebt die Isolation in stummer Duldung, lächelt sanft dazu und raucht hin und wieder eine Pfeife. Dieser männliche Habitus, gepaart mit ihrer stoischen

Ruhe, zeigt, wie bewusst sich Lucia der destruktiven Konsequenzen ihres Handelns ist. Mehrfach betont sie, auch gegenüber Vogler, dass sie Max aus freiem Willen gefolgt ist, woraufhin auch sie von Vogler bezichtigt wird, »krank« zu sein. Sein Hauptvorwurf ist jedoch letztlich, sie »lasse die Vergangenheit nicht ruhen«. Die Belagerung mündet schließlich in Gewalt, als Max auf den Balkon läuft und ein Schuss fällt, der ihn an der Hand verletzt. Er verbarrikadiert die Tür. Sein alter Freund Oskar ruft an, teilt ihm jedoch mit, er könne ihm nicht helfen, sonst stehe seine Versehrtenrente auf dem Spiel. Max kann nur verächtlich lachen. Er und Lucia sind von nun an völlig alleine und leben in entbehrungsreicher Isolation. Als sich Lucia über ein Marmeladenglas hermacht, will er sie hindern. Das Glas zerbricht und Lucia leckt gierig die Scherben. In unvermeidlicher Erregung lieben sie sich mit einer Verzweiflung, die den drohenden Tod spürbar macht. In dieser Szene erinnert die Liebe im Zeichen des gewaltsamen Todes mehr als in allen anderen an die Eros/Thanatos-Theorie von Georges Bataille.

Auch Erika ruft schließlich an, um Max zur Aufgabe zu überreden, doch er bricht das Gespräch ab, mit den Worten: »mein kleines Mädchen wartet auf mich.« Es wird nie deutlich, inwieweit sich Max wirklich gewahr ist, dass Lucia nicht mehr seine willenlose Puppe ist, sondern in vollem Bewusstsein auf das tödliche Spiel eingeht. Lucia jedenfalls bleibt milde lächelnd im Hintergrund. Der Hunger treibt Max langsam zum Äußersten: Er klingelt bei seiner Nachbarin Frau Holler, um sie um einige Einkäufe zu bitten, doch Adolf hat hier bereits Quartier bezogen. Als er Max auffordert, ihm »die Kleine« auszuliefern, tritt der ihm zwischen die Beine. In der Wohnung breitet sich langsam ein träges Chaos aus, dem sich Max in lethargischen Putzgesten entgegenstellt.

Die Spiegelbilder von Vogler und Bert umrahmen als drohende Schatten den Mercedes-Stern auf einer schwarzen

Motorhaube. Eines der bekanntesten deutschen Industrielogos zeigt sich von der Vergangenheit überschattet. Vogler fragt, ob der Balletttänzer nun nicht mehr für Max tanze; dieser stellt trauernd fest, er habe »Max verloren«. Wieder verweist er auf eine homosexuell konnotierte Sehnsucht, die endet, bevor sie ihre Erfüllung finden konnte.
Im letzten Akt des fatalen Geschehens werden alle Versorgungsleitungen zur Wohnung gekappt. Wieder erklingt die Melodie des Liedes, das in seiner unentschlossenen Melancholie noch nachhallt. In einem rituellen Akt legen die Liebenden das Opfergewand an, er die schwarze Uniform, sie das Kinderkleid, und verlassen die Wohnung im Auto. Auf einer Donaubrücke werden sie im fahlen Licht des Morgens erschossen. Mehr als eine lange Totale, die sich den Toten langsam nähert, zeigt uns Liliana Cavani nicht vom Ende der Liebenden.
Hauptanliegen der Regisseurin ist es also weniger, einen politischen Mikrokosmos zu entwerfen, als den Mechanismus einer bedingungslosen Begierde einleuchtend zu gestalten. Jeder Stufe der Begegnung zwischen Max und Lucia kommt so drastischer als im Melodram üblich der Charakter einer Schlüsselszene zu. Die Handlungen und Ereignisse bekommen zunehmend mythisierenden Charakter. Begierde hat hierbei stets den Anschein der Bedingungslosigkeit und letztlich der Auslieferung. Es erscheint folgerichtig, dass auch destruktive Akte als Liebesbeweise dienen, allen voran die spontane Trennung von ihrem Ehemann, als Lucia die Auswegslosigkeit ihres Verlangens erkennt. Nur eine Schmerzerfahrung scheint der Intensität ihrer Gefühle noch angemessen zu sein: Als Max zum ersten Mal ins Hotelzimmer eindringt, ohrfeigt er Lucia; das Bett aus Scherben verdeutlicht gar noch drastischer das Wesen ihrer Ekstase. Der *amour fou*, der bedingungslosen, verrückten Liebe, die im europäischen Kino eine lange Tradition hat, folgend, kann der Weg der Liebenden

nur in den gemeinsamen Liebestod führen, dem sie sich stilisiert (er in seiner schwarzen Ausgehuniform, sie in ihrem hellen Kinderkleid) hingeben. Dem Ort des Todes, einer einsamen Stahlbrücke im Morgengrauen, kommt hier deutlich der Charakter eines Passageritus zu. Cavani scheint suggerieren zu wollen, es gebe eine Welt für die Liebenden, nur ist sie nicht die unsere. Auch entfernt sich die Kamera in diesem Moment deutlich vom Geschehen: Der Handlungsort wird bühnenhaft, die Protagonisten zu kleinen Figuren, die sich im Moment des Todes den Konturen der Umgebung anpassen. Erinnerungen an die »Zauberflöten«-Inszenierung und die lautmalerische Umdichtung der Tamino-Zeile (siehe oben) werden wach. Die Liebenden sind zu kostümierten Chargen eines tragischen Stückes avanciert.

Das Eheverhältnis zwischen Lucia und ihrem Mann wird hingegen sehr distanziert gezeigt. Ihr Umgang hat bereits eine unleugbare Routine, innerhalb der Lucia nahezu die Rolle des kindlichen Luxusweibchens hat, das im goldenen Käfig des Hotelzimmers an die Langeweile bereits gewöhnt ist. Fast gönnerhaft überredet ihr Mann Lucia, in Wien erst noch etwas »einkaufen zu gehen«, bevor sie ihm nach Frankfurt folge, ohne zu bemerken, was er damit einleitet. Die Notwendigkeit eines Befreiungsaktes aus diesem Ehegefängnis wird nahegelegt und schließlich zelebriert. Die Art und Weise dieser Befreiung durch erneute (bedingungslose) heterosexuelle Abhängigkeit und Auslieferung wird oft gegenteilig als endgültiger Schritt in die Passivität fehlgedeutet, da übersehen wird, wie bewusst und mit wieviel Kontrolle Lucia den Schritt geht. Letztlich ist es eher Max, der ein Leben lang als Sklave seiner Begierden verbrachte und dessen Handeln in der Tat von Zwanghaftigkeit geprägt ist.

Das eigentlich »obszöne« Potential dieses Films liegt nicht in seinem Thema oder der unverblümten Darstellung sadomasochistischer Handlungen, sondern in der Tatsache, dass Liliana Cavani die Begierde unkommentiert für sich stehen lässt. Sie ermöglicht nicht den geringsten Zweifel an der Intensität der Gefühle und der Folgerichtigkeit des Weges von Max und Lucia aufkommen. Eine Leidenschaft, die unter diesen Bedingungen brennt, so scheint der Subtext des Films zu behaupten, kann nur im Tod eine Erfüllung finden. »Vielleicht führt mich der *Tod* zu ihr ...« Angesichts dieser radikalen Position verwundert es fast, wie schwer sich die zeitgenössische Kritik mit *Portiere di notte* tat. Häufig zeigte sich der Vorwurf, der dramaturgische Mechanismus des Films verselbstständige sich im Verlauf der Handlung und ließe ihn durch Zugeständnisse an die Konventionen des Thriller-Kinos tatsächlich exploitative Züge annehmen.[184] Diesen Mechanismus weiterverfolgend, wurde die Befürchtung formuliert, durch die »gleichzeitig monströse wie verharmlosende Gegenübersetzung« von »sexueller Besessenheit und Hörigkeit« und »nazistischen Mechanismen und Mentalitäten« laufe die Regisseurin in eine »reaktionäre Falle«[185]. Ihr späterer Film *Inferno Berlinese* (*Leidenschaften*, 1985), in dem im faschistischen Berlin ein gutbürgerliches Ehepaar in sexuelle Abhängigkeit von einer japanischen Botschafter-Tochter gerät, scheint diese Befürchtung zusätzlich zu untermauern. Zu den wenigen ernsthaften positiven Stimmen zählen die Amerikanerinnen Beverle Houston und Marsha Kinder, die die Bemühungen Cavanis würdigen:

> It's as if Cavani begins with the desire to create a powerful sado/masochistic story and then draws from the past the most extreme setting possible – the Nazi concentration camp – in order to enhance its imaginative power. This is quite different from setting out to make a film about the historical reality of Nazi brutality and then reducing it to a ro-

---

[184] vgl. Liehm 1984, S. 264.
[185] alle Zitate: Fischer 1985.

mantic love story, which would be grotesquely immoral and obscene.[186]

Die Autorinnen betrachten *Portiere di notte* als einen »Tagtraum«, ein Konzept, das sich auch in Ciriaco Tisos Analyse findet, die bereits 1975 in seiner Cavani-Monografie erschien. Seine These besagt, die Regisseurin entwerfe in diesem Film einen »imaginären Nationalsozialismus«[187], der »in der Imagination von Max und Lucia neu erfunden wird«. Während die beiden Protagonisten das »Reich der Sexualität« vertreten, verkörpern die anderen Figuren die »sexuelle Frustration, die in dem Fanatismus der nationalsozialistischen Ideologie sublimiert wird«[188]. Die Ambition des Films sei eine ›enthüllende‹: Im Gegensatz zu seinen Kollegen, die sich mit der Zerstörung aller Beweise ihrer Schuld zu retten erhoffen, sucht Max in der Erhaltung und Verschärfung seiner Verantwortung und in der selbstzerstörerischen Anerkennung seiner Anormalität die Rettung. Hier klingt die Hoffnung auf einen Nachkriegs-Exorzismus an, die Hans Jürgen Syberberg fast zeitgleich zum künstlerischen Konzept erheben wollte. *Portiere di notte* sei »nicht ein politischer Film über die Geschichte, sondern ein sexueller Film über die Politik oder auch ein Film, der die Geschichte und die Politik erotisiert.«[189] Die Inszenierung der Isolation der Protagonisten innerhalb einer »stillen«, fast toten Stadt könnte man mit Ingmar Bergmans Film *Tystnaden* (*Das Schweigen*, 1962), der eine Welt angesichts des ›Schweigens Gottes‹ schildert, vergleichen.[190] Tiso lässt keinen Zweifel daran, dass die Regisseurin eine Mythisierung des Geschehens anstrebt, wie sie

---

[186] Houston / Kinder 1975.
[187] Tiso 1975, S. 100; im Original: »un nazismo *immaginato*«.
[188] a.a.O.; im Original: »Le altre figure sono invece la *frustrazione* sessuale sublimata nel fanatismo della ideologia nazista.«
[189] a.a.O., S. 103; im Original: »... ossia non un film politico sulla storia ma un *film sessuale* sulla politica, o anche un film che *erotizza* la storia e la politica, un film sessualmente primordiale sulla storia e sulla politica.«
[190] a.a.O., S. 107.

es bereits zwei Jahre zuvor in *I cannibali* – ebenfalls einer Politparabel – getan hatte. Kritisiert wurde jedoch gerade die Inszenierung der Erinnerungsfetzen, die »aus dem KZ den mythischen Ort einer verbotenen Sexualität machen« (Gertrud Koch, auch bezüglich *Pasqualino*[191]). Auch hier mag die streng personale Erzählhaltung Cavanis als Erklärung dienen: Für Max und später auch Lucia *ist* das Lager tatsächlich der Ort ihrer sexuellen Obsession. Hinzu komme in *Portiere di notte* und *Pasqualino Settebellezze* die Eigenart der Rückblendenstruktur, die eine »Enthistorisierung« des Geschehens begünstige.[192] Dietmar Schmidt ließ sich gar zu der Behauptung hinreißen, *Portiere di notte* »vermittle« vom Konzentrationslager »nichts als schwüle Bar-Atmosphäre, die auf manchen Zuschauer, der es nicht besser weiß, sogar eine gewisse Attraktion ausüben mag«.[193] Gemeint ist augenscheinlich nur die stilisierte Salome-Sequenz. Dieser Vorwurf trifft jedoch in keiner Weise auf die ersten Flashbacks zu, die durchaus die kühle Nüchternheit der Vernichtungsbürokratie adäquat umsetzen. Eine Personalisierung des Blickwinkels und damit einhergehend ein höherer Stilisierungsgrad im Verlauf des Films ist dramaturgisch beabsichtigt und gipfelt in der Cabaret-Szene.
Zu radikalen Stellungnahmen sah sich vor allem die feministisch orientierte Filmkritik genötigt.

> Was Liliana Cavani hier als Darstellung des weiblichen Masochismus anbietet, ist nichts anderes als eine Bestätigung und Verstärkung der traditionellen Ideologie von der ›wahren Natur der Frau‹. Damit will ich keineswegs die Bedeutung masochistischer Züge bei Frauen herunterspielen und für ein idealisiertes Frauenbild im Film plädieren – selbstverständlich kann es nur darum gehen, die

---

[191] Koch in: Stroemfeld u. a. 1985.
[192] Arns 1987, S. 23.
[193] a.a.O., S. 33.

schlechte Realität in ihrer Komplexität und Widersprüchlichkeit darzustellen. Aber das muss auch bedeuten, die historischen und gesellschaftlichen Ursachen einer gewordenen Situation aufzuzeigen und Ansätze zu ihrer Überwindung vorzuführen. Und im ›Nachtportier‹ fehlt einfach jeder Hinweis auf mögliche Gründe für Lucias Verhalten. Sie ist eben passiv, masochistisch, unentschieden. Kein Verweis auf den gesellschaftlichen Zusammenhang, kein Wort über die Demütigung der weiblichen Sozialisation innerhalb der patriarchalischen Familie, ohne die der vielbeschworene weibliche Masochismus nun mal nicht zu erklären und zu verstehen ist: Eine Frau muss masochistisch sein, wenn sie überleben will; ohne masochistisches Verhalten kann sie kaum auf Erfolge hoffen.[194]
Claudia Alemanns zeitgenössische Kritik von 1975 mag beispielhaft sein für eine persönlich motivierte, aufgebrachte Kritik, die dem Film das mangelnde Einlösen aufgezwungener Ansprüche vorwirft. Die Klassifizierung von Lucias Verhalten als »passiv und unentschieden« ist durchaus unzutreffend: Ihr Verhalten gewinnt an Dominanz im Laufe der wiedererwachten Gefühle, es scheint sogar eine dialektische Umkehrung einzuleiten. Es ist ein Phänomen sadomasochistischer Beziehungen, dass die eigentliche Kontrolle dem »unterworfenen« Partner zukommt: Nur er kann die Grenze bestimmen. Lucia beschließt sehr bewusst die Trennung von ihrem Mann und entscheidet sich für den aussichtslosen Weg der Begierde, was als ausgesprochen radikaler Akt der Selbstbestimmung gelten muss.

Da Cavani keine Ursachen zeigt, gibt es auch keine Entwicklung, keine Dynamik. Das ist vielleicht das Fragwürdigste an diesem Film: Lucia ist eine sta-

---

[194] Alemann 1975, S. 30 ff.

tische Figur, sie bleibt immer gleich. Nie zeigt sie auch nur den Ansatz zum Widerstand, zur Veränderung oder auch nur zur Reflexion ihres Handelns. Nach 15 Jahren trägt sie noch immer das Kinderkleidchen im Koffer, das Max ihr im KZ so gerne angezogen hat. Ganz ohne Skrupel macht sie alles mit, verrät einen anderen Gefangenen und lässt sich während einer Kabarettszene seinen Kopf servieren.[195]

Diese Ausführungen mögen für die Autorin folgerichtig sein, entlarven sich jedoch als böswillige Faktenfehler: Lucias eigene Entscheidung, sich das antike Kinderkleidchen in Wien zu kaufen, läutet die Entwicklung der emotionalen Dispositionen ein und markiert den neuen Start. Diese Entscheidung stellt *per se* einen Akt des Widerstandes dar: gegen ihren Mann, gegen Max' Kameraden, gegen das gutbürgerliche Milieu, dem sie entstammt. Wie es sich in der Salome-Szene mit dem Verhältnis von Schuld und Verantwortung verhält (das Opfer als indirekter ›Täter‹), wurde bereits erläutert. Kurios wirkt in diesem Zusammenhang auch die Begründung der römischen Staatsanwaltschaft zum Beschlagnahmebeschluss des Films:

> Der Film ist doppelt gefährlich, da er von einer Frau inszeniert wurde. Er zeigt, wie eine Frau die Initiative bei einem Sexualakt ergreift – und das in einer Weise, die jedem Bordell Ehre machen würde.[196]

Von mediterranem Machismo fragwürdig beeinflusst, wird der Frau hier tatsächlich der aktive Part zugesprochen.

In der Behandlung des Faschismus wie in der Darstellung der Frauenrolle ist ›*Der Nachtportier*‹ ein durch und durch rückwärtsgerichteter Film, der denjenigen glänzend in den Kram passen muss, die Veränderungen in der Politik und in den zwischen-

---

[195] a.a.O., S. 31.
[196] Phelix / Thissen 1982, S. 186.

> menschlichen Beziehungen mit Macht verhindern wollen. Die Frauen haben angefangen, sich zu organisieren. Und eines ihrer wesentlichen Ziele besteht darin, den Begriff der Liebe neu zu formulieren: Statt der im ›*Nachtportier*‹ vorgeführten sadomasochistischen Beziehung, die auf der Unterwerfung und Zerstörung des einen Partners durch den anderen beruht, wollen sie menschliche Beziehungen, in denen jeder dem anderen seinen eigenen Raum zur Selbstverwirklichung überlässt. Auf diese in der Tat ›umstürzlerische‹ Konzeption reagiert die Bewußtseinsindustrie auf ihre Weise. Sie produziert und fördert Filme [...], in denen keine eigenständigen, selbstbewußten Frauen mehr vorkommen, sondern nur noch gemeine, hysterische, kleinliche, masochistische, stumpfe, destruktive, dämonische Marionetten, die herumgeschoben werden und nie auch nur einen eigenen Gedanken fassen.[197]

Die Autorin bringt hier dem Sadomasochismus an sich ein großes Misstrauen entgegen. Sie suggeriert, diese Ausformung der Sexualität spiele dem patriarchalen System in die Arme und beschränke die Freiheit der jeweiligen Partner. Das bereits weiter oben zitierte Schlagwort des »weiblichen Masochismus«, der aus der unterlegenen Position der Frau im patriarchalen System heraus erfolge, klingt hier nach, indem Claudia Alemann davon ausgeht, Lucia sei das Opfer von Max – früher wie ›heute‹. Liliana Cavanis Film beschwört stattdessen einen *amour fou* herauf, der auf einem *gegenseitigen* Aussaugen des Partners basiert und in aller Konsequenz nur im Tod enden kann. Max' und Lucias Beziehung ist einerseits in ihrer Fatalität keineswegs symptomatisch für eine sadomasochistische Beziehung, in der die *ritualisierte* Umsetzung von Dominanz- und Unter-

---

[197] Alemann 1975, S. 31.

werfungsphantasien zur Erreichung der sexuellen Erfüllung im Mittelpunkt steht, und zeigt andererseits nicht die »Zerstörung des einen Partners durch den anderen«. Die Exekution erfolgt stattdessen von außen. Die Vorbehalte Claudia Alemanns treffen, was die Gestaltung der Liebesbeziehung betrifft, eher auf das Paar aus Bernardo Bertoluccis *L'ultimo tango à Parigi* (*Der letzte Tango in Paris*, 1972) zu, dessen verzehrende sexuelle Obession in der verzweifelten Ermordung des Mannes durch die Frau gipfelt. Claudia Alemanns Artikel mag als Beispiel für einen intellektuellen Skandalisierungswunsch stehen, der Filmkritik als fatale Fehllektüre benutzt.

Der Filmhistoriker Peter Bondanella stellt in seinem Buch »Italian Cinema«, in dem er sich ebenfalls mit der kritischen Rezeption des Films vor allem in Amerika auseinandersetzt, zutreffend fest, dass »the portrayal of evil [...] does not imply the praise of it, and the superficial attacks on the film's supposed ›Fascist‹ character entirely miss the point«.[198] Er verweist auf den äußerst komplexen, mutig ambivalenten Umgang mit den »Schattenseiten« des menschlichen Charakters, den die Regisseurin hier entfaltet.

> Ich habe das Bedürfnis gehabt, die Grenzen der menschlichen Natur bis an die Grenzen ihrer Glaubwürdigkeit, bis zum Äußersten zu untersuchen. Es gibt nichts Phantastischeres als die Realität. Was ich in *Portiere di notte* zeige, ist nur der Anfang der Realität.[199]

Eine der wichtigsten Aussagen von Liliana Cavani selbst erklärt einleuchtend die gewagte Handlungskonstruktion, die sie für ihren Film wählte:

---

[198] Bondanella 1991, S. 349.
[199] Cavani nach: Tiso 1975, S. 102: »Ho sentito [...] il bisogno [...] di analizzare i limiti della natura umana *al limite della credibilità*. Spingere le cose fino in fondo. Poiché non v'è nulla di più fantastico della realtà. E ciò che mostro in *Portiere di notte*, è solo l'inizio della realtà.«

One of the survivors, a woman, told me: ›Not all the victims are innocents because a victim too is a human being.‹ This survivor had known cruelty, horror, human experiments. But she could not forgive her jailors for showing her the ambiguity of the human character.[200]

Der Prozess, in dem sich die Schuld der Täter und die der Opfer vermischen, verdeutlicht diese Ambivalenz. Die Begegnung mit dem »Bösen« scheint auch das »Böse« in den Opfern zu aktivieren, wenn man der Überlebenden glauben mag, die von Cavani im Rahmen ihrer Dokumentarfilme interviewt worden war. Die Unerträglichkeit dieser desillusionierenden Erkenntnis ist in der Tat skandalös. Und es ist leicht, diese »Schuld« in den Film und seine Schöpferin zurückzuprojizieren. Bereits 1975 verwies Ciriaco Tiso im Zusammenhang mit *Portiere* auf die mögliche Zukunft des filmischen Faschismusdiskurses:

In den letzten Bildern auf der Brücke sterben nicht Max und Lucia, sondern nur ihre »politischen« Reste in Uniform: Ihre menschliche Wesenheit hatte sich schon in den vorangehenden Bildern desintegriert […]. Mit Max und Lucia stirbt auch ein bestimmtes Kino über das Phänomen des Nationalsozialismus‹, der nur als Perversion und Päderastie interpretiert wird. Mit ihrem Tod zeigt die Cavani das Kino, das über den Nationalsozialismus noch zu realisieren ist: ein Kino, das ihn als kaltblütige, rationale und politische Planung interpretiert, die in *Portiere* von den alten Nazis, Ex-Kameraden von Max, personifiziert wird.[201]

---

[200] Cavani nach: Liehm 1984, S. 203.
[201] Tiso 1975, S. f.: »… E con Max e Lucia muore anche tutto un tipo di cinema sul fenomeno nazista, quello appunto che lo vede soltanto come perversione e pederastia. Con la loro morte, la Cavani indica il cinema che invece resta ancora da fare sul nazismo, un cinema che lo analizzi come fredda progettazione politica normale e razionale (personificata nel *Portiere* dai vecchi nazisti ex camerati di Max).«

Erst Theodor Kotullas Film *Aus einem deutschen Leben* sollte diesem Anspruch gerecht werden. Er zeigt aus der protokollarischen Distanz eines Dokumentarspielfilms die Karriere des Konzentrationslagerkommandanten Rudolf Höß, hier: Franz Lang, der den Tod als ein Geschäft begreift, das es möglichst ökonomisch zu bewerkstelligen gilt. Selbst in sein Familienleben dringt die gefühlskalte Ökonomie ein: Als ihn seine Frau fragt, ob er auf Befehl auch den gemeinsamen Sohn töten würde, bejaht er dies nach kurzem Zögern. Die emotionalen Verflechtungen, unter denen noch Jean-Louis Trintignants Clerici in *Il conformista* zu leiden hatte, bevor er seine potentielle Geliebte ermorden ließ, spielen in diesem System emotionaler Erstarrung keine Rolle mehr. Im Vergleich zu Kotullas Film lässt sich *Il portiere di notte* noch immer als morbides Melodrama rezipieren.

Umgekehrte Chirurgie

> Das Hakenkreuz trägt neben der besonderen, von allen gefährlichen Symbolen ausgelösten Erregung, Zerstörung und Tod in sich.
>
> Jean Genet, *Das Totenfest*

Anlässlich Lina Wertmüllers Satire *Film d'amore e d'anarchia* (*Liebe und Anarchie*, 1972), in der der angehende Mussolini-Attentäter Tunin (Giancarlo Giannini) vor dem Faschisten Spatoletti Zuflucht in einem Bordell sucht, schreibt Peter Bondanella:

> Once again, Wertmüller plays with the paradoxes that arise when love and politics are combined. Spato-letti continuously associates political power and sexuality: Italy is metaphorically seen as a ravished woman, dominated by sexual and political adven-turers like Mussolini and Spatoletti. The brothel, photographed in a way that explicitly recalls the brothel scene in Fellini's *Roma*, serves as a metaphor for all of Italy: both the Fascist govern-ment and the bordello are organized around autho-ritarian principles, while the private, intimate rela-tionships of Tunin and the two women seem to embody old-fashioned, romantic views of love.[202]

Das Bordell ist die Passion des inzwischen bereits betagten Italieners Tinto Brass. Immer wieder ist es der dramaturgische Dreh- und Angelpunkt seiner bis heute eigentlich sehr unterschiedlichen Werke: das Bordell-Schiff in *Caligola* (1979), das Freudenhaus in *Paprika* (*Paprika, ein Leben für die Liebe*, 1990), die *Snackbar Budapest* (1988) und schließlich: *Salon Kitty*.

---

[202] Bondanella 1991, S. 357 f.

Im Rahmen der Diskussion seines Films *Salon Kitty*, der 1976 in die Kinos kam und zum Teil Initiator der Sadico-Nazista-Welle, zum Teil deren prototypischer Vertreter ist, erklärte sich Tinto Brass in seinem künstlerischen Selbstverständnis zum »Chirurgen«[203]: »I am a surgeon. Compassion doesn't lie in gestures or rituals but rather in the motivation: the scalpel is an instrument of exorcism. He explains: ›I make an incision, plunge deep, cut, extirpate: The tumor always turns out to be Power.‹« Trotz oberflächlicher Ähnlichkeiten arbeitet Brass weder mit der theatralischen Verführung Viscontis, noch mit der grotesken Überzeichnung Fellinis, der sich in seiner Jugenderinnerung *Amarcord* (1973) mit dem italienischen Faschismus auseinandergesetzt hatte. Auch Brass entstammt den Ausläufern des Neorealismus‹ (früher war er Regieassistent bei Roberto Rossellini), doch seine Motivation ist eher Verbitterung. Er schwenkt nicht plakativ die Fahne des Proletariats; eher trachtet er danach, seinen eigenen Hang zur *Macht* zu exorzieren. Der omnipräsente Polizeiapparat und das Bordell, jene öffentliche Lustanstalt, werden zur Zentrale der totalen Überwachung. Sie sind nach Brass die grundlegenden Metaphern des faschistischen Regimes. Sein Blick auf den »Unterleib« des Nationalsozialismus sieht er selbst als Weg der Erkenntnis: »How is it possible to depict Nazism without wondering what techniques were behind it and under the boot of what technocrats such a massacre was ever possible?‹ His tension doesn't call for a reply so he goes on: ›it's depiction must be pitiless, cruel, blood-curdling. Rosenberg, the nazi official ideologist, used to say: Hitler is not a Messiah of love, a prophet of pity, he is the other face of Christ: Wotan. He used to add: Hitler is our saviour, love him more than yourself.‹«[204] Er begriff seine Inszenierung als einen umgekehrten operativen Eingriff: Statt einer sauberen Narbe

---

[203] Nassi 1975.
[204] a.a.O., auch alle folgenden wörtlichen Zitate von Tinto Brass.

liefert er monströse, schwärende Wunden, die er dem Publikum vorhält.

Zum Vorspann des Films tanzt Ingrid Thulin als Madame Kitty in ihrem Berliner Bordell zwischen den Kriegen. Kleidung und Maske weisen sie zur Hälfte als Mann, zur Hälfte als Frau aus. Sie tanzt mit sich selbst; ein melancholischer, illusionistischer Akt, der die ständige Sehnsucht nach der fehlenden Ergänzung verdeutlicht. Die Kamera unterstützt das verwirrende Spiel mit den Identitäten, bis nach und nach das Cabaret-Publikum zu sehen ist: bizarre Zerrbilder der herrschenden Klasse, fast expressionistisch überzeichnet. Auch Gesichter aus *Salò* tauchen hier auf. »Power is monstrous. Power is the monster.«[205] sagt Brass dazu. Als Quellen haben ihm Francis Bacon und die Karikaturen von George Grosz und Otto Dix gedient. Mit Grosz denkt Brass, statt einer »Reinheit« predigenden »Lichtrasse« entpuppen sich die Nazis als eines der »häßlichsten Völker der Erde«. Was in einer Karikatur, einer Groteske funktionieren mag – ist es doch nichts weiter als der einfache Versuch einer ›Umkehrgleichung‹ – wird in der Inszenierung von Tinto Brass zum durchaus ernst-gemeinten Zerrbild, einem distanzfähigen Zerrbild, das Roland Barthes auch in Pasolinis *Salò* zu entdecken glaubt (siehe unten). Was Brass für eine provokative Darstellung hält, ist tatsächlich ein unfreiwilliger gespielter Witz. Es ist jederzeit möglich, sich von dem Geschehen mit einem amüsierten Kopfschütteln zu entfernen.

Der italienische Softporno-Regisseur entwirft in loser Anlehnung an Peter Nordens gleichnamige Reportage ein melodramatisches Szenario, mit dem er glaubt, den Terror des Nationalsozialismus‹ erklären zu können. Er erzählt die Geschichte des regimetreuen Mädchens Margeritha (Teresa Ann Savoy), das sich im Berlin der 1940er Jahre von dem Untergruppenführer Wallenberg (Helmut Ber-

---

[205] a.a.O.

ger) als Prostituierte und (unfreiwillige) Spionin für das SS-Geheimprojekt »Salon Kitty« anwerben lässt. Es handelt sich dabei um ein pompöses Bordell unter der Leitung der eher regimekritischen Madame Kitty (Ingrid Thulin), das von der SS komplett überwacht wird, um Spione in den eigenen Reihen ausfindig zu machen. Das Mädchen wird dem neurotischen Wallenberg, der ein Auge auf sie geworfen hat, jedoch bald zum Verhängnis: Sie verliebt sich in einen Wehrmachtsflieger, der ihr erzählt, bei seinem nächsten Auftrag zum Feind überlaufen zu wollen. Als sie wenig später erfährt, dass er wegen Hochverrats exekutiert wurde, beginnt sie, die Wahrheit zu ahnen. Sie schlägt Wallenberg mit seinen eigenen Waffen: Durch sexuelle Verführung bringt sie ihn zu dem Geständnis, mit einer Jüdin verheiratet zu sein, zeichnet es heimlich auf und übergibt es Wallenbergs Vorgesetzten Biondo (John Steiner). Wallenberg wird in der Sauna brutal exekutiert und das Bordell bei einem Bombardement dem Erdboden gleichgemacht.

Brass' Ziel ist es, das historische Grauen, dessen Aktualität er nicht bestreitet, in metaphorisch wirksame Bilder zu kleiden, um zu zeigen, »was Faschismus letztlich dem Menschen antut«.[206] Nach Nordens Bericht wurde das historische Projekt »Salon Kitty – Geheime Reichssache« von den SS-Leuten Walter Schellenberg und Karl Schwarz durchgeführt, indem sie in Fräulein Kitty Schmidts Salon, einem populären Luxusbordell, den Lauschposten bezogen in der Annahme, vor oder nach dem Geschlechtsakt seien verdächtige Personen williger, auch intimste Geständnisse abzulegen.

> Salon Kitty [...] hatte 120 Abhörvorrichtungen, durch die eine Fülle prominenter Persönlichkeiten aus Militär, hoher und höchster Politik belauscht wurden. Als Prostituierte getarnte SD-Agentinnen

---

[206] a.a.O.

hatten die Aufgabe, von dem betroffenen Personenkreis interne Kenntnisse ihres Aufgabenbereiches, aber auch ihre persönliche Meinung zur Staatsführung und zur politischen Lage in Erfahrung zu bringen. 25.000 Wachsplatten mit Originaltexten liegen davon noch heute in Ost-Berlin.[207]
Schellenberg betonte bei den Nürnberger Prozessen, das Regime litt nicht nur an Furcht vor dem äußeren Feind, sondern vor allem vor dem aus den eigenen Reihen.[208] Zwar sind Mikrophone und Kameras in den Schlafzimmern und Salons kaum ungewöhnlich, doch auch bei der Ausbildung der Prostituierten wurde auf äußerste Regimetreue bestanden. Ursprünglich hatte Ennio de Concini den Stoff in ein Drehbuch umgewandelt, doch die Version des Regisseurs von *Hitler – The Last Ten Days* fand keinen Produzenten. Tinto Brass arbeitete den Stoff nach einigem Zögern um. Er wollte die erotischen Elemente jedoch nicht mehr als würzendes Beiwerk eines Spionagethrillers benutzen, sondern aus der Sexualität das eigentliche provokante Potential des Themas ableiten. So veränderte sich auch der Charakter Schellenbergs, den Helmut Berger unter dem Namen Wallenberg darstellt. Peter Norden beschreibt Schellenberg mit folgenden Worten:

> Ein ausgesprochen intellektueller Mitarbeiter Heydrichs und später Kaltenbrunners war Walter Schellenberg, zuletzt Chef des Nachrichtendienstes des SD und SS-Brigadeführer. [...] am 16. Januar 1910 in Saarbrücken geboren [...]. Er war der Mann des scharfen und schnellen Intellekts, der in den Nationalsozialisten seine Chance für eine schnelle und große Karriere sah. [...] Schellenberg

---

[207] Norden 1970; inzwischen ist allerdings fraglich, ob Nordens Bericht der Realität entspricht, denn tatsächlich sind keine Beweise für Aufzeichnungen der Vorgänge verzeichnet oder vorhanden.
[208] All diese Informationen entstammen Norden 1970.

war der Mann, der nicht nur phantastische Pläne entwickelte, sondern sie auch in die Tat umzusetzen wußte […]. Schellenberg hat es den ganzen Krieg über verstanden, Himmler davon zu überzeugen, dass trotz des Kriegszustandes ein ständiges Gespräch mit den Engländern notwendig sei, um im Fall des Falles zu einem Sonderfrieden mit Großbritannien kommen zu können. […] Im Juni 1945 wurde er an die Alliierten ausgeliefert und trat 1945 noch im Kriegsverbrecherprozeß als Zeuge auf. Er selbst wurde im Wilhelmstraßenprozeß […] zu sechs Jahren Gefängnis verurteilt […].[209]

Brass verschmolz nicht nur die beiden Namen der historischen Figur zu einem neuen, nämlich Wallenberg, sondern scheint tatsächlich eher John Steiners Figur des ›Marionettenspielers‹ Biondo mit den Eigenschaften Schellenbergs ausgestattet zu haben. Wallenberg ist im Gegensatz zum intelligenten Organisator eher ein launischer *décadent* mit größenwahnsinnigen Ambitionen.

Der Film zeigt eine Gesellschaft, die von innen her an ihrer Amoralität zu verfaulen scheint: Margheritas adlige Eltern essen schmatzend die Schweine, die in einem barbarischen Akt in den Schlachthäusern getötet werden. Die Schlachter tragen SA-Uniformen und tummeln sich mit drallen Metzgerinnen. Ein simpler Schnitt schafft die konfrontierende Verbindung: Montage der Attraktionen nach Tinto Brass. Durch harte Schnitte, eine drastische Konfrontationsästhetik und ein oft delirierendes Tempo der Bilder versucht der Film, einem 1930er-Jahre-*chic* der Bilder auszuweichen, den man vor allem Visconti noch vorwerfen konnte. Sein Berlin ist eine Metropole der Dekadenz, der Doppelmoral und der Hässlichkeit.

---

[209] Norden 1970, S. 329 ff.

Homoerotik ist auch für Brass wesentliches Merkmal der Mentalität der SS: Wallenberg und Biondo treffen sich in einer dunstigen Sauna, um ihren Plan zu besprechen; derselbe Ort wird zu Wallenbergs Grab werden. John Steiners überzogen affektierte Darstellung, die er in *La deportate della sezzione speciale SS* wiederholen sollte, weist zahlreiche gestische und mimische Zeichen auf, die seit *Roma citta aperta* mit dem schwulen Nazi in Verbindung gebracht werden. Während Biondo jedoch durch physische Sexualität nicht berührbar scheint (im Schattenfechten genügt er sich selbst), beweist Wallenberg vor allem Freude am Voyeurismus. Sehr viel Zeit verwendet der Regisseur auch auf die Auswahl und Charakterisierung der BDM-Mädchen, die sich als regimetreue Prostituierte qualifizieren wollen:

a) Susanne, die gerade ihren Geliebten küssen will, springt in einem Kino abrupt auf, als Hitler auf der Leinwand erscheint; ihr ausgestreckter Arm kommt einem sexuellen Spasmus gleich;

b) Marika lauscht in der Anatomieklasse der Universität den Ausführungen des Professors, der die Merkmale der »minderen Rassen« an drei Leichen erläutert;

c) Margherita schwärmt beim Essen mit ihren Eltern von Hitler als der »Quelle allen Lebens«;

d) Gloria, eine sinnliche, blonde Matrone, vergnügt sich mit der SA im Schlachthaus (s.o.);

e) Helga demütigt einen jüdischen Jungen im Meeresaquarium, indem sie auf dessen Spielzeug tritt.

Das Schicksal dieser fünf Mädchen steht stellvertretend für die große Gruppe von Frauen, die schließlich in Schloss Sonthofen einer Gruppeninitiation unterzogen wird. Unter den kritischen Augen von Biondo, Wallenberg und einem SS-Arzt müssen sie sich in statuesken Posen zu Militärmusik mit jungen SS-Männern paaren. Unter süffisantem Lächeln fordert Biondo: »Amüsiert Euch, Kameraden!« Wallenbergs Augen jedoch – so suggeriert die Kamera mit Nahaufnahmen – haben sich längst an Margherita verloren.

Die folgende Sequenz gehört zu den drastischsten des Films und ist nur in wenigen Fassungen komplett erhalten (in Deutschland fehlt sie ganz, in England teilweise): Zu einem fatalistischen Klavier-»Countdown«, einem Tonleiterlauf, der nicht von ungefähr an Ennio Morricones Italo-Western-Soundtracks erinnert, werden die Kandidatinnen einer weiteren Bewährungsprobe unterzogen. In aseptischen, dunkel gekachelten Zellen hat jede von ihnen einen speziellen Sexpartner bekommen, der das Durchhaltevermögen testen soll: Marika muss mit einem deformierten Zwerg schlafen; Margherita soll einen abgemagerten, gequälten Konzentrationslagerhäftling verführen; Gloria wird von einem halbirren Koloss bedrängt; Helga soll einer Lesbierin näherkommen; Susan wird von einem muskulösen Zigeuner penetriert. Wallenberg beobachtet die Vorgänge durch kleine Luken in den Zellentüren und entscheidet über die »Qualität«. Die Testpartner will er dem Arzt zu »Versuchszwecken zur Verfügung stellen«. Diese in deutlichen Nahaufnahmen und mit stilisierter Tonverfremdung aufgenommene Sequenz ist in ihrer Deutlichkeit einmalig im SadicoNazista-Zyklus. Brass scheut sich nicht, Reden über »minderwertige Rassen« konkret mit KZ-Opfern und körperlich und geistig Behinderten zu illustrieren. »Ekel und Ablehnung« habe er an dieser Stelle provozieren wollen, sagt Brass; dies sei dienlich für den »politischen Erkenntnisprozess des Zuschauers«.[210] Tatsächlich erschöpfen sich diese Bilder in ihrem surrealen Horrorambiente, werden zur schlüpfrigen Jahrmarktattraktion, neben der sich die SS-Uniformen nahtlos einreihen.

---

[210] Nassi 1975, im Original: »»Because one upsets, and one disgusts« explains Tinto Brass, ›one fulfills a function which is moral and political.‹ He adds: ›Nausea and revulsion.‹««.

Kitty Schmidt wird gezwungen, ihr florierendes Bordell zu schließen und ihre Angestellten zu entlassen, mit dem Versprechen, für die SS ein noch pompöseres Etablissement leiten zu dürfen. Trotz der Differenzen ist ihr Verhältnis zu Hauptsturmführer Wallenberg fast ein mütterliches, was Erinnerungen an die entsprechenden Rollen der beiden Schauspieler in *Caduta degli dei* weckt. Wallenberg gebärdet sich ihr gegenüber wie ein trotziges Kind, wenn er vor den BDM-Huren wütet, mit denen sie äußerst unzufrieden ist. 1939 wird der Salon Kitty eröffnet, rational organisiert und hoch technisiert als gigantische Abhöranlage. Während der Film eher nebenbei der Handlung um Margherita folgt, schildert er in reißerischen Episoden das Leben im Bordell: ein »Held der Wehrmacht« trägt heimlich Damenunterwäsche (»Nenn mich Greta!«), ein anderer lässt ein Mädchen mit Hakenkreuzstrumpfband vor der Projektion des Parteitagsfilms paradieren, um sie schließlich in seinen »Brotphallus« beißen zu lassen. Das ist selbst einer regimetreuen BDMlerin zu viel: Sie verliert den Verstand.

Das Melodrama nimmt seinen Lauf, als sich Margherita in den Fliegeroffizier Hans verliebt. Unglücklicherweise werden seine Absichten zu desertieren von der SS mitgeschnitten und das von Brass in modischer Fettlinse gefilmte Liebesgeplänkel ist nur von kurzer Dauer. Als ein späterer Kunde Margherita von Hans' Tod an einem Fleischerhaken erzählt und ihn als Kameradenschwein beschimpft, erschießt sie ihn unter der Dusche. Für Brass ist diese Schlüsselszene der Moment der Erkenntnis. Kitty hilft, diesen Affektmord als Selbstmord zu tarnen und besorgt dem Mädchen das Aufnahmegerät, das zum Instrument ihrer Rache wird. Margherita besucht Wallenberg in seiner pompösen Wohnung, wo sie ihn verführt. Das offen sexuelle Werben der beiden setzt Brass in einer rasanten Bildchoreografie um, in der sich Fahrten, Kameraschwenks, Montage und Proxemik[211] der Darsteller ergänzen. Hier wird Brass' Stärke deutlich, erotisierende Szenarien zu entwerfen und mit einem Spiel von Nähe und Distanz sexuelle Spannung zu erzeugen. Eine wichtige Rolle spielt dabei das An- und Ablegen von Kleidung. Wallenberg wechselt hier seinen schwarz-roten Umhang gegen eine glitzernde, hellblaue Ausgehuniform mit weißen Sig-Runen. Dieses unfreiwillig komische Relikt des Nazi-Kitsches (tatsächlich existieren Fotografien von Göring in vergleichbaren Phantasieuniformen) verweist erneut auf Wallenbergs Neigung zur Travestie, die ihn mit Bergers Figur des Martin bei Visconti verbindet. Er behandelt Margherita als verfügbares, willenloses Püppchen, das ihm ausgeliefert ist; ihrer Nacktheit stehen seine Uniformposen gegenüber. Bergers Gesten sind weitausholend, pathetisch, mit einem deutlichen Hang zum Größenwahn. Ahnungslos tappt er in seine eigene Falle. Er lässt sich durch Margheritas Verführung zu verhängnisvollen Geständnissen hinreißen: der Großvater seiner Frau war Jude; er selbst trachtet nach unvergleichlich viel mehr Macht, will selbst Reichsführer der SS werden. Margherita soll seine auserwählte Gefährtin sein.

Margherita übergibt die Aufzeichnung wenig später Biondo. John Steiner stellt diese Figur einerseits mit einer überheblichen Affektiertheit dar, wie sie auch Bergers Rolle eigen ist – die spöttisch gehobene Augenbraue, das Kinn immer eine Spur zu hoch getragen, die spinnenhaften, ausgestellten Posen während des Schattenfechtens –, ihn unterscheidet jedoch die in jeder Hinsicht übergeordnete Position innerhalb des Geschehens von den Untergebenen. Biondo waltet mit gottgleicher Lässigkeit über das Reich des Terrors. Sein Gleichmut ist bereits jenseits der machiavellistischen Ader des Aschenbach aus *Caduta degli dei*. Er verkörpert die Macht im Zustand dekadenter

---

[211] Proxemik bedeutet die Bewegung des Körpers im Raum.

Abgehobenheit. Politische Entscheidungen geraten zum lästigen Beiwerk; wie der verwirrte Kaiser Caligula (Malcolm McDowell) aus Brass' gleichnamigem Film erledigt er Todesurteile mit linker Hand. Wenig prätentiös ist schließlich auch die folgende Exekution Wallenbergs: Lediglich mit Hakenkreuz-Manschetten bekleidet macht er in der Sauna, in der die Geschichte ihren Anfang nahm, gerade Gymnastik, als sein Kamerad Rauss (Dan van Husen) den Raum betritt und wortlos mehrere Schüsse auf ihn abfeuert. Im Augenblick des Todes posiert er im Hitler-Gruß, bricht dann jedoch jämmerlich zusammen und verendet blutend auf den Kacheln. Bereits zu Beginn analogisierte Brass die Schweine auf dem Festtisch mit einer dekadenten Endform des Machtrausches. Aber er zeigte auch die Schlachthäuser, in denen sie den privilegierten Bedürfnissen zum Opfer fallen. Für Bruchteile von Sekunden schneidet er von dem stürzenden Wallenberg auf ein verendetes Schwein, das in der Enthaarungsmaschine rollt. Der einstige Marionettenspieler ist selbst zum Opfer eines durchweg korrupten Systems geworden. Brass bezieht sich in dieser kurzen Parallelmontage auf Eisensteins Montage der Attraktionen, wobei die Analogie des exekutierten Kriegsverbrechers mit einem geschlachteten Schwein nichts weiter als ein rüder Zynismus zu sein scheint. Die Einarbeitung derartiger kurzer, kaum wahrnehmbarer Bildsegmente – oft nur von 1/24stel Sekunden Länge –, nennt man subliminale Bilder. Sie sollen allenfalls vom Unterbewußtsein des Zuschauers wahrgenommen und identifziert werden, und somit zusätzlich seine Wahrnehmung beeinflussen, indem sie Assoziationsketten einleiten. Diese Montagetechnik stößt immer wieder auf Misstrauen und Ablehnung, da sie die manipulative Kraft von filmischen Bildfolgen zu belegen scheint. William Friedkins Dämonen-Fratze aus *The Exorcist* (*Der Exorzist*, 1973), die mehrfach in einer Traumsequenz auftaucht, ist

wohl das bekannteste und gleichzeitig umstrittenste Beispiel für ein subliminales Bild.[212]
Salon Kitty ist nach seinem Entstehungsdatum zu urteilen neben *Salò* wohl als direkter Vorläufer der exploitativen SadicoNazista-Welle zu deuten. Auf wesentlich direktere Weise als Pasolini versammelt Brass all jene Klischees vom Nationalsozialismus, die den SadicoNazista-Zyklus charakterisieren. Brass versucht, anhand des räumlich sehr begrenzten Bordellschauplatzes einen faschistischen Mikrokosmos zu entwerfen, der seiner Meinung nach die wesentlichen Merkmale des totalitären Systems in sich vereint. Als Ursache möchte er einen aggressiven »Willen zur Macht« verstanden wissen, der humanitäres Verhalten ausschließt. Jede Instanz ist von weitgehender Korruption geprägt, so auch die stellvertretenden Machthaber selbst, allen voran Wallenberg. Die Dialektik zwischen Henker und – im übertragenen Sinn – Opfer spielt der Regisseur anhand der einseitigen Liebe Wallenbergs zu der zweifelnden Polithure Margherita durch; letztlich wirkt dieses Handlungselement jedoch eher zweckgerichtet, um den Spannungsaufbau zu runden. Gleichzeitig zu seinen vielseitigen Ambitionen muss sich Brass jedoch vorwerfen lassen, seine Vision des totalitären Systems zu Schauzwecken auszubeuten: Unverhältnismäßig großen Raum nehmen immer wieder breit ausgespielte sexuelle Episoden aus dem Bordellleben ein. Brass scheut dabei kein Klischee und nimmt in der »Initiationssequenz« sogar auf ein jüdisches KZ-Opfer Bezug – nur wenige spätere SadicoNazistas wurden derart deutlich. Obwohl die Handlung vor Kriegsbeginn einsetzt, lässt Brass die Geschichte des Salon Kitty mit dessen Bombardierung enden. Er spielt

---

[212] Mark Kermode geht in seinem Buch »The Exorcist«, London 1997, S. 45-52, aufführlich auf dieses Phänomen ein. Friedkin hat auch in späteren Filmen wie *Cruising* (1980) und *Jade* (1996) von dieser Technik Gebrauch gemacht. Nach eigenen Aussagen führt der Regisseur diese Technik auf Alain Resnais Essayfilm *Nuit et brouillard* zurück.

somit stellvertretend Geburt, Organisation und Niedergang des totalitären Systems auf der Ebene des Politbordells durch. Helmut Berger als Wallenberg verkörpert den neurotischen, faschistischen Despoten, John Steiners Biondo den distanzierten, unemotionalen Drahtzieher, Margherita ist das Ideologie-»Opfer« mit rebellischer Attitüde, die anderen Huren die passiven Opfer und Kitty Schmidt die kritische Zweiflerin, die der Rebellin zu Hilfe kommt. Rauss kann in seiner verkrampften physischen Hässlichkeit als der skrupellose Handlanger betrachtet werden, der ohne Zögern seinen ehemaligen Vorgesetzten ins Jenseits befördert.

Dass *Salon Kitty* letztlich zum Zerrbild, zur Karikatur eines verheerenden Terrorsystems verkommt, ist dem hemmungslosen Hang des Regisseurs zum Kitsch zu verdanken. Brass plagiiert sämtliche Kunststile, die ihm passend erscheinen, scheut keine Übertreibung und häuft sämtliche Stereotypen an, die die populäre Kultur seit dem Ende des Zweiten Weltkrieges zum Thema Faschismus hervorbrachte.

Die Reaktion der Presse zeichnete sich häufig durch spontane einseitige Distanz und Ablehnung aus:

> Ein spekulativer Film ohne zeitkritischen Wert, der lediglich auf den Reiz von Sex und Nazi-Nostalgie baut.[213]

> Dem Zuschauer wird keine Gelegenheit zur Freude gegeben. Der Film ist nicht nur kitschig, sondern auch noch miserabel. [...] Man kann diesem Film nicht einmal – und sei es auch nur ungewollte – Komik nachsagen.[214]

Bescheidene Qualitäten vermochte Ronald M. Hahn in dem Film zu entdecken:

> Ein von plumper Hand inszenierter Sexfilm mit Alibifunktion, der auch nicht vor ein paar Ab-

---

[213] fd 19727.
[214] ANAHI 1976, S. 46.

scheulichkeiten zurückschreckt, auch wenn die Charaktere relativ solide und realistisch gezeichnet sind.[215]

Der Schweizer Filmkritiker Kurt Horlacher bezeichnet *Salon Kitty* als einen »›Blut und Hoden‹-Film«:

> [Der Regisseur] meint, die Faschismus-Ideologie anhand ihrer Konfrontation mit Sex aufschlüsseln zu können. Die Beziehung von SS-Schergen zur Sexualität […] steht im Vordergrund. […] Das Bild des Faschismus, das der Film gibt, macht es allen leicht. Man weiß nun, wie es zu all den Schrecken des Dritten Reiches kommen musste. Die Erklärung – einfach und klar – ist bei den exotischen sexuellen Perversitäten seiner Machthaber zu suchen. Dabei wird geflissentlich übersehen und vergessen, was den eigentlichen Nährboden des Faschismus ausmacht.[216]

Horlacher stellt diesem Film die Werke Viscontis und Cavanis gegenüber, die er zumindest für diskussionswürdig hält, und wendet auf *Salon Kitty* wesentlich treffender als Roland Barthes in seiner Kritik an *Salò* das Argument einer reduzierenden Darstellung des Nationalsozialismus an. Zudem bezeichnet er die pseudointellektuelle Haltung des Regisseurs als »arrogant« bzw. »ignorant«, wenn er dem schlüpfrigen Geschehen seines Films den Stempel der Ideologiekritik aufdrückt. Interessant ist schließlich die Wertung Horlachers, der *Salon Kitty* als einen kommerziell durchaus wirkungsvollen Film beschreibt und somit einiges über die Rezeptionshaltung der 1970er Jahre aussagt: »Morbidität, pervertierter Sex, Degenerationen aller Art sind nicht nur in Filmen, in denen sie als Selbstzweck dargestellt werden, gefragt.«[217]

---

[215] Hahn 1993, S. 418.
[216] Horlacher 1976, S. 20.
[217] a.a.O.

Tinto Brass inszenierte dieses zynische Melodram als dekadentes Tableau; keine Gelegenheit wird verschenkt, die staatlich verordnete Verklemmtheit der Politfunktionäre in sexuelle Perversion münden zu lassen: Obwohl er sich alle Mühe gibt, das Bordell als Mikrokosmos des faschistischen Staats zu porträtieren, gelingt ihm letztlich nur eine weitgehende Reflexion des sexuellen Gehalts der faschistischen Ästhetik, nicht viel, aber mehr, als man von den meisten seiner exploitativen Nachzieher sagen kann. Von der zeitgenössischen Kritik hemmungslos verrissen, hat sich der Film heute als kitschiger »Edel-Trash«, als formal höchste Form exploitativen Filmemachens in Spezialistenkreisen etabliert.

Vom Ernst des Grotesken

Ähnlich wie Liliana Cavani hatte es die Norditalienerin Lina Wertmüller mit ihren filmischen Grotesken, die sich nicht selten deutlich marxistischer und feministischer Tendenzen bedienen, sehr schwer im europäischen Kino der 1970er Jahre. Die Radikalität ihrer Zynismen wurde oft fehlgedeutet, die humanistische Hinwendung zum »kleinen Mann« ignoriert, die gemäß der Commedia dell'Arte konstruierten Charaktere als Plattheiten bezeichnet. Tatsächlich ähnelt ihr derber Humor oft vergleichbaren Ausbrüchen aus Fellinis späteren Werken, wenn leinwandfüllend Augen gerollt werden und sich die Gemütszustände der Charaktere in der Intensität ihres Make Ups spiegeln.

Geboren wurde Lina Wertmüller 1928 in Rom, wo sie an der Theaterakademie studierte und in den 1950er Jahren zur Produzentin und Regisseurin avantgardistischer Theaterstücke aufstieg. Ihre Tätigkeit zu dieser Zeit umfasst auch Arbeiten als Schauspielerin, Bühnenbildnerin und Kritikerin. Durch Marcello Mastroianni lernte sie Anfang der 1960er Jahre Federico Fellini kennen, bei dessen Film *Otto e mezzo (8 ½)* sie Regieassistentin war. Obwohl ihr bereits 1963 mit der Satire *I basilischi (Die Basilisken)* ein Anerkennungserfolg gelang, kam ihre große Schaffensperiode erst in den frühen 1970er Jahren. Mit dieser kreativen Hochphase, in der u.a. *Mimi metallurgico ferito nell'onore (Mimi – in seiner Ehre gekränkt,* 1972), *Film d'amore e d'anarchia (Liebe und Anarchie,* 1973) und *Pasqualino Settebellezze* entstanden, traten auch zwei männliche Schlüsselpersonen in ihr Leben: der multibegabte Künstler Enrico Job, mit dem sie verheiratet ist und bei fast all ihren Werken zusammenarbeitet, und der Schauspieler Giancarlo Giannini, der den tragischen Narren ihrer Visionen kongenial verkörpert.

Obwohl sich Lina Wertmüllers Name in den 1980er Jahren bereits etabliert hat (immerhin wurde 1985 *Pasqualino* auch erstmals in Deutschland gezeigt), steht ihr Ansehen weiterhin zwischen Kunst und Kommerz. Ihr letzter großer Kinofilm *Camorra* (1985) verdeutlicht dieses Dilemma mit seiner zwischen Melodrama, Selbstjustizfilm und Gesellschaftssatire angesiedelten Dramaturgie exemplarisch. Ebenso wie ihre umstrittene Kollegin Liliana Cavani scheint Lina Wertmüller ihre große Schaffensphase gegen Ende der 1970er Jahre hinter sich gelassen zu haben. Betrachtet man ihr Gesamtwerk aus der Distanz der 1990er Jahre, lassen sich einige deutliche Arbeitsprinzipien feststellen, die ihre Filme als eine zeitgemäße, medientransformierte Variante der späten *commedia dell'arte*-Stücke präsentieren, wie sie im 18. Jahrhundert etwa von Carlo Goldoni geprägt worden waren. Ihren bevorzugten Hauptdarsteller Giancarlo Giannini setzt die Regisseurin – zumindest in ihren populären Filmen zwischen 1970 und 1975 – typgerecht als tragisch-trotteligen Antihelden ein, dessen Handlungen sich durchaus als ›Hanswurstiaden‹ bezeichnen lassen (vorausgesetzt, man betrachte die Figur des Hanswurst ebenfalls als von der *commedia dell'arte* abgeleitet). Die festgelegten Masken des italienischen 17. Jahrhunderts werden bei Lina Wertmüller entweder auf expressives Make-Up reduziert, oder sie beschränken sich auf eine strenge Typisierung vor allem der Nebenrollen. Die Schauspieler bedienen sich dabei einer breiten Palette gestischer und mimischer Stereotypen, sei es das Augenrollen in Großaufnahme, die nervösen, nie zur Ruhe kommenden Hände oder der Tanz. Momente skurriler Ausgelassenheit schmücken die meist einfach strukturierte Fabel reich aus. Analog zu den kleinen amüsanten Zwischenspielen der *commedia dell'arte* scheut sich die Regisseurin dabei nicht vor gelegentlich albernen und obszönen Effekten; bewusst wählt sie »dionysische« Schauplätze, die diese Effekte geradezu provozieren: Bars, Bordelle, belebte Straßen und Volksfeste. Ihre Gratwanderung zwischen artifiziellem, intellektuellem Spiel und vulgärer Komödie lässt sie auch heute noch als Künstlerin »zwischen den Stühlen« erscheinen.

Pasqualino Settebellezze beginnt mit einem bizarren »Musikvideo«: Dokumentarbilder von Frontkämpfen, Bombenteppichen, schwelenden Trümmern, gefallenen Soldaten; dazwischen immer wieder Hitler und Mussolini, der eine hysterisch gestikulierend, der andere in machohafter Selbstgefälligkeit badend. Einmal umarmen sie sich freundschaftlich. All das wird von einem durchaus ironisch-gutgelaunten Lied von Enzo Jannacci (»Quelli che ... oh jes«) untermalt. Diese Kontrapunktierung durch Musik wird erstaunlich konsequent beibehalten und bildet eine kommentierende Ebene des Films.[218] Unmerklich – wie Sam Peckinpah in seiner Exposition zu *Steiner – Das Eiserne Kreuz* (1977) – mischt die Regisseurin dokumentarische und inszenierte Bilder: Das körnige Schwarzweißmaterial wird zu monochromer Farbigkeit. Ein Zug wird unvermittelt von einer Explosion erschüttert. Der Neapolitaner Pasqualino und Francesco (Piero di Orio), ein weiterer Italiener, werden aus dem Zug geschleudert und finden sich mitten in einem düsteren, monumentalen deutschen Wald wieder. Ein abrupter Schnitt befördert den Zuschauer in das Neapel der Vorkriegszeit. Pasqualinos aus dem Off gesprochener Satz »Wegen einer Frau habe ich gemordet« lässt das überschminkte, fleischige Frauengesicht, das nun das Bild füllt, grotesk erscheinen. Wir wohnen einer Cabaret-Aufführung bei; auf der Bühne parodiert eine von Pasqualinos sieben Schwestern die Faschisten. Eine nationalfarbene Rosette auf dem cellulitischen Schenkel lässt die Menge johlen. Aus dem

---

[218] Dabei ist festzustellen, dass der Film erst seit Ende der 1960er Jahre Musik *extensiv* als kommentierende Ebene einsetzt, begonnen mit *Easy Rider* (1968) von Dennis Hopper und zeitgleich mit Wertmüller natürlich Martin Scorsese.

schummrigen Licht des Vorraumes tritt Pasqualino Fraufuso ein: Das Haar stark pomadisiert, ein weißer Anzug mit Schlag, eine Pistole im Hosenbund. Die lange, dünne Zigarettenspitze lässt ihn endgültig als Prototyp des eitlen, herrischen und verwöhnten italienischen Machos erscheinen. Lina Wertmüller legt hier viel Wert auf die detailliert präsentierten Attribute seiner »aufgedonnerten« Männlichkeit.

> Der kleine Pasqualino steckt sich eine Pistole in den Gürtel. Er will damit Macht ausüben, Angst einjagen. An die Anwendung denkt er zunächst nicht. Und vor allem glaubt er, dass er sich damit Respekt bei anderen verschaffen kann. Von diesem Irrtum an entwickelt sich ganz logisch alles weitere ...

So äußert sich die Regisseurin dazu.[219] Pasqualino – Narr, Hanswurst und letztlich fellinesker Charakter – suhlt sich förmlich in seinem femininen Umfeld, ausgeschmückt von Dessous, Rüschen und der Wolle seiner Arbeiterinnen. Aufmerksam achtet er auf die moralische Integrität seiner sieben gealterten Schwestern. Doch die Folgen der mediterranen Moralität erweisen sich für ihn nicht weniger fatal als für Celas *Pascual Duarte*.[220] Wie dort führt die Geldnot Pasqualinos Schwester Concettina (Elena Fiore) ins Bordell. Der verantwortliche Zuhälter Totonno weigert sich selbstredend, Concettina zu ehelichen, was von Pasqualino, der von dem Treffen gedemütigt zurückkehrt, die Blutrache verlangt, um seine Ehre wieder herzustellen. Lina Wertmüller inszeniert diese Tat als ironische Posse, indem sie sich aller Mittel der *commedia italiana* bedient. Die Ermordung gelingt Pasqualino eher aus Versehen, als er die Waffe unachtsam auf den Schlafenden richtet.

---

[219] Wertmüller zit.n. Jacobsen u.a 1988, S. 64.
[220] In Camilo José Celas Roman »La familia di Pascual Duarte« (Madrid 1942) wird beispielhaft die von Jähzorn und Machismo dominierte Gesellschaft auf dem Weg zu selbstzweckhafter Destruktion beobachtet.

Schweißüberströmt bemüht er sich nun, die Leiche zu beseitigen. Dieser Akt erweist sich angesichts der Leibesfülle der Leiche des Zuhälters als schwieriges Unterfangen: ein Hitchcocksches Dilemma. Schließlich zerlegt er Totonno und schickt ihn, auf drei Koffer verteilt, in verschiedene Städte. Natürlich wird der Täter gefaßt und vor Gericht gestellt. Der Richter zeigt sich jedoch sehr verständnislos angesichts von Pasqualinos »ehrenvoller Tat« und erklärt ihn für geisteskrank. Wertmüller löst diese Szene als musikuntermalten Blickwechsel zwischen den zahlreichen beteiligten Personen auf, wobei die expressive Gesichtsmimik Pasqualinos und die Reaktionen des Publikums ausreichende Informationen vermitteln.

Das Asyl für Geisteskranke, in das Pasqualino nun eingewiesen wird, ist die erste Station seines Martyriums. Auch in dieser Welt findet er sich bald sichtlich gut zurecht: Er weiß sich zu arrangieren. Doch auch hier wird ihm der Machismo zum Verhängnis. Er vergeht sich sexuell an einer angebundenen Patientin und wird mit Zwangsjacke und Elektroschocks gepeinigt. Als sich eine Möglichkeit zum Entrinnen bietet, ergreift er sie: Für »Himmelfahrtskommandos« werden Freiwillige gesucht, die dem Militär beitreten. Der anfängliche »militärische Stolz« weicht jedoch bald dem Wunsch, zu desertieren. Die anfangs gezeigte Explosion des Zuges nutzt er, um zusammen mit seinem Freund Francesco zu entkommen.

Wieder sind wir in dem monumentalen, mythischen Wald, den die beiden Deserteure durchstreifen. Die eher vergnügliche, vitale Tonlage der vorangehenden Episoden weicht nun – in der zweiten Hälfte – dem erdigen Braun und Grün des »kalten«, von Kriegswirren erschütterten Deutschlands.[221] Alice Bachner bezeichnet diesen Wald

---

[221] An dieser Stelle werden Erinnerungen an George Roy Hills *Slaughterhouse Five* (*Schlachthof 5,* 1971) nach dem Roman von Kurt Vonnegut wach, in dem der Protagonist ebenfalls durch einen winterlichen Wald irrt und in deutsche Kriegsgefangenschaft gerät. Überhaupt weisen beide

als »teutonischen Götterwald«[222], eine mythische Bühne also, die folglich von Wagnerischen Elementen beherrscht wird. In einem einsamen, finsteren Landhaus erblicken die beiden verwirrten Italiener eine weißgewandete, kräftig gebaute Matrone, das »deutsche Mädchen«, ein Wagnerisches Lied schmetternd. Diese Figur verweist ebenso wie eine Häftlingserschießung, die die beiden im Wald beobachten, auf die kommenden Ereignisse im Konzentrationslager, in das die Italiener nach ihrer unvermeidlichen Gefangennahme gebracht werden.[223] Zu den Klängen von Richard Wagners »Walkürenritt« gleitet die Kamera durch das wahrhaft apokalyptische Ambiente der dunstigen, schäbigen Lagerhallen (eigentlich ein Schlachthof) – entlang der Reihen der nackten Häftlinge, streift die gehäuften Leichen und folgt Pasqualinos verunsichertem Blick. Neben einigen uniformierten SS-Wachen steht der Häftlingsabteilung, in der wir Pasqualino wiedertreffen, die monströse Aufseherin Hilde (Shirley Stroler) vor, die mit ihrer schwergewichtigen Physis und ihrem geringschätzig-ignoranten Blick Dominanz und Kontrolle ausstrahlt. Hilde wird aus der klassischen Untersicht etabliert, wobei eine Nahaufnahme ihres Gesichts der etablierenden Totalen vorausgeht, die sie von einigen Uniformierten mit Hunden flankiert zeigt.

Analog zu der Cabaret-Sequenz aus *Portiere di notte* liegt die Erklärung des Skandals, den Lina Wertmüllers Film auslöste, in einer zentralen Schlüsselszene, der Verführungs-Sequenz. Als Resultat des demütigen Werbens um die schwergewichtige Aufseherin – Pasqualino pfeift ihr ein Lied – lässt sie ihn von Wachtposten in ihr Büro führen.

Filme konzeptuelle Ähnlichkeiten auf, da sie die Weltkriegsodyssee in Form eines Schelmenromans nachzeichnen.
[222] Alice Bachner in: VSETH/VSU 1986, S. 40.
[223] Ich kann in meiner Zusammenfassung nicht ganz der komplexen Schachtelmontage folgen: Tatsächlich wird der Konzentrationslager-Schauplatz bereits früher im Film etabliert.

Im Laufe der Sequenz lösen sich die Positionen von Verführer und Verführtem langsam auf. Die Frau scheint mit Pasqualino zu experimentieren. Wie den gesamten Film löst die Regisseurin auch diese Sequenz in einer komplexen Struktur von Rückblenden auf, die Bezüge zwischen Gegenwart und Vergangenheit herstellen. Während sich also Pasqualino in gestreifter Häftlingsuniform der Frau auf allen Vieren kriechend nähert – vom Licht in den Schatten, gezeigt aus erhöhter Kameraposition hinter der sitzenden Aufseherin –, werden wir Zeuge eines Kindheitserlebnisses: Der kleine Pasqualino steht weinend vor seiner ebenfalls korpulenten Mutter, die ihm ein Lied singt:

> Das ist ein sehr populäres Lied in Neapel, in dem es sinngemäß heißt: »Wie Ihr Euch mit mir benehmt, Frau Brigida, scheint mir wie eine Tasse Kaffee zu sein, oben sind Sie bitter und unten sind Sie süß, solange muss man umrühren, bis der Zucker nach oben kommt.«[224]

Bereits hier wird das Motiv des Inzests etabliert. Zudem legt die Montage eine Verschmelzung der Aufseherin mit der Mutter nah, die Pasqualino scheinbar bewusst gedanklich herbeiführt, um sich zu stimulieren. So ist sein Vorhaben, die Frau zu verführen, geprägt von der latenten Todesangst, dem Kitzel der Herausforderung und dem Überlebensinstinkt. Der massige Körper wird bildlich zum Berg, den es zu erklimmen gilt. Die schimmernden Stiefel und die Reitpeitsche der Aufseherin, mit der sie den zitternden Häftling teils liebkosend und teils fordernd berührt, etablieren die Ikonografie eines literarischen Sadomasochismus, der oft von den Rezensenten überbewertet wird. Wesentlicher ist die Inszenierung eines mythischen Inzests, der Pasqualino in seiner assoziativen Vorstellung mit der mythischen Übermutter vereint. Immer wieder

---

[224] Wertmüller zitiert nach: Stroemfeld u.a. 1985, S. 82.

montiert die Regisseurin Details eines Gemäldes in das Geschehen ein, das in einer Ecke des Büros steht. Gertrud Koch verweist treffend auf die Funktion dieses Gemäldes von Bronzino, indem sie den Film in Bezug zum Manierismus des 16. Jahrhunderts setzt, dem der Maler zuzurechnen ist.[225] Auf der Grenze zwischen Renaissance und Barock experimentierten die Künstler des Manierismus erstmals mit einer Auflösung der Zeit- und Raumeinheiten und stellten Elemente unterschiedlicher Proportion und chronologischer Zuordnung nebeneinander – ähnlich wie es die Montage des Films leistet. Der Titel des Gemäldes ist »Venus, Cupido, Narrheit und Zeit« und zeigt die Verführung von Cupido durch seine Mutter Venus, die Psyche zerstören will: auch hier der inzestuöse Verweis. Die irritierende Montage macht eine eventuell stimulierende Wirkung der Sequenz zunichte, selbst wenn der Film nach der Verschachtelungsmontage in die filmische »Gegenwart« zurückkehrt und Pasqualinos Orgasmus zeigt. Angestrengt schließt er seine Augen, doch die Aufseherin zieht ihm die Augenlider hoch. Das Bewusstwerden des tatsächlichen Geschehens wird unvermittelt zur Qual. Hildes Verhalten ist von der stoischen Ruhe des distanzierten Beobachters geprägt, der die erbärmlichen Paarungsversuche seines ›Kaninchens‹ beobachtet. Nie strebt der Film die private Intimität an, die Cavani in *Portiere di notte* evoziert; der scheinbare Sadomasochismus zwischen Pasqualino und Hilde bleibt auf der abstrakten, mythischen Ebene, gerät allenfalls zur tragikomischen Groteske. Die Distanz der intellektuellen Perspektive macht Lina Wertmüllers Film erst ansehbar.

Pasqualino wird zum Kapo befördert und genießt fortan Privilegien, die ihn von seinen beiden Freunden Francesco und Pedro, einem Anarchisten (Fernando Rey), entfremden. Der freidenkerische Pedro begeht schließlich Selbst-

---

[225] Koch, zitiert nach Jacobsen u.a. 1988, S. 22.

mord, indem er sich in der Jauchegrube ertränkt (die einzige wirklich tragikomische Sequenz in diesem Setting). Konnte man der Regisseurin bis hierhin durchaus vorwerfen, sie habe eine zynische Hymne auf den Überlebenswillen komponiert, bricht sie diesen Eindruck mit einem tragischen Ereignis, das zur »Zähmung« Pasqualinos beiträgt. In seiner Funktion als Kapo wird er schließlich gezwungen, seinen eigenen Freund Francesco zu exekutieren, was er auch tut. Was von Hilde ohnehin wie ein Experiment eingeleitet wurde, wird hier zu seinem bitteren Endpunkt geführt. Pasqualino hat jede ›Ehre‹ und ›Würde‹ verloren, als sein Freund tot auf dem Lagerboden aufschlägt.

Wie er das Ende des Krieges überlebt, wird ausgespart. Stattdessen treffen wir den Neapolitaner bei seiner Rückkehr in die Heimatstadt wieder, wo er von seinen Schwestern, die inzwischen allesamt als Prostituierte ihr Geld verdienen, seiner alterslosen Mutter und seiner Verlobten jubelnd empfangen wird. Seine Persönlichkeit hat sich verändert, ebenso sein Äußeres: Mit wirren Haaren scheint ihn nur noch die häusliche Ambition der Kinderzeugung zu beschäftigen ...

Pasqualino Settebellezze war bei seiner Aufführung in den USA ein großer Erfolg – vor allem unter den Intellektuellen, die sich publizistisch ausführlich mit Lina Wertmüllers Wagnis auseinandersetzten, sich auf ironische Weise dem Holocaust zu nähern. Sie selbst beschrieb ihren Ansatz wie folgt:

> Niemand hat bisher gewagt, die Welt der Konzentrationslager auf eine groteske Weise darzustellen. Immerhin hat das eine Loslösung von der Geschichte erlaubt, der Zeitgeschichte, die Epochen immer einzeln betrachtet, aber nicht ihre Nähe. Also ein geschichtliches Konzept zu gewinnen, das ein wenig anders ist, das nicht zerfällt in einzelne Epochen. [...] Die Groteske ist ein sehr visuelles

Phänomen. In unserer Zeit ist die Groteske sehr
selten geworden, auch die Ironie.[226]

Bereits in dieser Aussage der Regisseurin selbst steckt jedoch der Hauptkritikpunkt an ihrem Film: Er egalisiere historische Fakten durch seine collagenhafte Montage.

Das formale Konzept des barocken Welttheaters, der manieristischen Groteske prägt den Film, seinen irritierenden Zug zum Lachen, das im Halse stecken bleibt. Aber in dieser ästhetischen Konstruktion liegt auch ein ideologisches Problem: Die Verschmelzung historischer Brüche in ein fließendes Raumkontinuum ist ein Konzept der Enthistorisierung. Es ist letztlich ein mythischer Raum, in den uns der Film zieht; ein mythischer Raum, der bevölkert ist von allegorischen und mythischen Figuren, mächtige Mütter, sterbende Rebellen, die Jungfrau, die wieder zur Hure und Mutter wird.[227]

Obwohl sich ihr filmisches Vokabular nicht grundsätzlich von dem ihrer vorangehenden Filme unterscheidet – man könnte *Mimi metallurgico ferito nell'onore* (*Mimi in seiner Ehre gekränkt*, 1972), *Film d'amore e d'anarchia* und *Pasqualino* leicht als Trilogie begreifen –, scheint gerade das historische Setting dieses Films direkt auf das historische Tabu abzuzielen. Die Tendenz zur betont feministischen Mythologisierung vor allem der Aufseherin wurde als geschmacklos erachtet und zugleich als ideologisch bedenklich kritisiert:

Das Ideologische an *Sieben Schönheiten* liegt auf zwei Dimensionen: der Enthistorisierung geschichtlicher Wirklichkeit durch die Überführung historischer Motive in den Raum des Mythos und der Mythifizierung der großen Mutter, die über Leben und Tod, Nahrung und Körper verfügt.[228]

---

[226] Wertmüller, zitiert nach Jacobsen u.a. 1988, S. 63.
[227] Koch 1985, S. 25.
[228] a.a.O.

Lina Wertmüller sieht diese Probleme nicht, wenn man nicht davon ausgeht – wie z.b. Bruno Bettelheim in seiner engagierten Stellungnahme »Überleben in Extremsituationen«[229] –, Pasqualino diene als Identifikationsfigur des Films. Tatsächlich verkörpert er auf tollpatschige Weise den Versuch, die Welt in eine subjektive Ordnung durch die Macht der Gewalt zu bringen. Männliche und weibliche Prinzipien stehen sich in diesem Film auf destruktive und dennoch wertfreie Weise gegenüber. »Auch die KZ-Aufseherin ist nicht nur schlecht,« sagt Lina Wertmüller, »Leben erzeugt Tod und umgekehrt, alles ist miteinander verbunden.«[230] Aber auch hier ist die Gleichstellung destruktiver Elemente spürbar. Der eigentliche Skandal des Films *Pasqualino Settebellezze* ist die Reduktion nationalsozialistischer, faschistischer und patriarchaler Gewalt auf gleichwertige Formen menschlicher Destruktivität. Auf dieser Basis erst kann die Regisseurin sagen, sie »glaube von vornherein, dass alle Ideologien schlecht« sind.[231] Für sie ist Hilde tatsächlich eine Inkarnation der mythischen Mutter, verzerrt jedoch durch ihren Glauben an eine grundsätzlich destruktive Ideologie. Die Regisseurin beteuert zudem, das Ambiente des Konzentrationslagers sorgfältig rekonstruiert zu haben, die historischen Fakten also nicht unnötig reduzieren zu wollen. »Ich darf Sie erinnern, dass es wirklich eine wahre Geschichte ist. Pasqualino, der wirkliche Pasqualino lebt in Rom, er hat in dreien meiner Filme als Komparse mitgespielt.«[232] Wiederum ist jedoch mit der Repräsentantin des Nationalsozialismus eine sadomasochistische Sexualität verknüpft, während die anderen Frauenfiguren des Films, die Italienerinnen, eher eine genitale, fast produktive Sexualität vertreten. Die Passage des machtgierigen und gleichzeitig unfähigen Mannes

---

[229] Bettelheim 1982.
[230] zitiert nach: Stroemfeld u.a. 1985, S. 83.
[231] a.a.O.
[232] a.a.O., S. 86.

führt programmatisch durch diese Zone der absoluten Unterwerfung, des Masochismus, um ihn als gegängelten Handlanger der gewalttätigen Ideologie wieder in die Welt zu entlassen. Der grundlegende Irrtum Pasqualinos kann nur in einer umfassenden Schuld enden – und in der Einsicht, sich in die beschauliche Vertrautheit des mütterlichen Heims zurückziehen zu müssen. Pasqualino, der sich zu Beginn selbst als Faschist begreift, durchläuft einen radikalen Lernprozess, in dem er auf eine Weise immer wieder abwechselnd zu Opfer und Täter wird, so dass der Rückzug aus der Welt der scheinbaren Ordnung, der Ideologie, ins Reich des Privaten seine einzige Möglichkeit bleibt.

Lina Wertmüller wählt als künstlerische Sprache das Konzept des filmisch adaptierten »Welttheaters«. Sie konstruiert und montiert aus zahlreichen Motiven, Traditionen und Kunstformen ein umfassendes Bild der Welt, deutlich gebrochen durch die Perspektive des »Schelmen« Pasqualino. Auch Pasolinis *Salò* zeigt derartige nach Allgemeingültigkeit strebende Ansätze, ohne die Ironie des Wertmüller-Films zu teilen. Anders als Liliana Cavani jedoch spart Lina Wertmüller die melodramatische Komponente ihres Henker-Opfer-Verhältnisses aus; der vorgeführte Sadomasochismus bleibt allegorisch und führt weniger zu dem Missverständnis, faschistische Ideologie in sadomasochistische Intimität projizieren zu wollen. Heide Schlüpmann interpretiert die Verführungssequenz als »Parodierung des Patriarchats: die patriarchale Machtposition wird mit einer Frau besetzt.«[233] Die Lächerlichkeit des Protagonisten und das Groteske der Situationen öffnet das Publikum einerseits für eine Welt, vor der es nur zu gerne die Augen abwendet, und schafft andererseits eine Distanz, die emotional affizierenden Filmen wie *Il portiere di notte* oder *Lacombe Lucien* nie möglich wäre. Die Diskussion, ob

---

[233] a.a.O., S. 88.

Lina Wertmüllers Bilder »falsch« seien, ist demnach weniger relevant, insofern das Publikum diese Bilder im Kontext eher als überspitzt wahrnehmen kann als in einem vergleichbaren melodramatischen Zugang zu dieser Thematik. Ich möchte in diesem Zusammenhang noch einmal auf die Collagenfilme Hans Jürgen Syberbergs verweisen, die sich zwar nicht der ironischen Spielfilmelemente Lina Wertmüllers bedienen, im Resultat jedoch eine aufschlussreiche Ähnlichkeit im Umgang mit Geschichte bzw. *Posthistoire* aufweisen. Bereits der Historiker Jules Michelet bemerkte bei seiner Arbeit an einer »»Geschichte der französischen Revolution«[234] erstens die Unmöglichkeit, allen unzähligen heterogenen Aspekten der Vergangenheit gerecht zu werden, und zweitens die Schwierigkeit, die Vielzahl der Details systematisch zu vereinen. Er bediente sich also eines subjektiven, romanhaften Schreibstils und drang immer tiefer in die Einzelheiten der Epoche ein, beschrieb beispielsweise ausführlich Kleidungsvorlieben jener Zeit. Dennoch wird die individuelle Perspektive auf die Vergangenheit immer genau das bleiben: die eingeschränkte Sicht eines einzelnen. Wie zum Beispiel nähert man sich den mythischen Elementen einer Epoche, die immer wieder deutlichen Einfluss ausüben, wie – schließlich – will man mit der offenkundigen Attraktivität des nationalsozialistischen Äußerlichkeitenkultes umgehen, der sich zwar hinlänglich beschreiben und dokumentieren, aber angesichts seiner dominanten Irrationalität schwer erklären und deuten lässt? Die komplexe Montage des Films und der modernen Literatur macht die Annäherung an eine Vielzahl von Aspekten zunächst scheinbar möglich. Doch gerade Syberberg hat erkannt, wie sehr die romanhaft-narrative Struktur und Erzählweise des kommerziellen Spielfilms dem Vorhaben, Geschichte analytisch oder philoso-

---

[234] »Histoire de la révolution française« (1847-1853).

phisch zu betrachten, entgegenarbeitet. Er wendet sich z.B. mit *Hitler – Ein Film aus Deutschland* gezielt gegen eine klassische Dramatisierung der historischen Figur Hitler, sondern versucht deren soziokulturelle und politische Verflechtungen in einer Montage aus theatralen Elementen, Skulpturen, Gemälden, Musik usw. neu entstehen zu lassen. Daraus wurde ein nahezu multimediales Filmwerk, das Susan Sontag als das »ehrgeizigste symbolische Kunstwerk dieses Jahrhunderts«[235] bezeichnete. Lina Wertmüllers *Pasqualino* dagegen ist zwar unter all den nichtlinear erzählten Filmen des SadicoNazista-Umfeldes der radikalste, doch gerade durch seine deutliche Verpflichtung dem ›Unterhaltungsmedium‹ Film gegenüber kann man die komplexe Montage hier als kontraproduktiv bezeichnen: Sie nähert sich trotz ihrer medienübergreifenden Aspekte nicht der Geschichte, sondern scheint sie in ihrer Tendenz zur Allgemeingültigkeit auszulöschen. Lina Wertmüllers ›barockes Welttheater‹ ist sicher neben Pasolini der ambitionierteste Versuch, anhand historischer Faschismus-Motive Aussagen über den Zustand der Humanität zu treffen, aber in all seiner Launenhaftigkeit, seiner Detailverliebtheit, seinen Manierismen und seinem zynischen Humor auch der angreifbarste.

---

[235] Sontag in: Eder 1980, S. 25.

Die »Anarchie der Macht«

> Eine auserwählte Schar von Dienern und Komplizen ist in das Geheimnis eingeweiht. Sie nehmen Teil an dem Gelage der Völlerei, an dem Gemetzel, an der Begutachtung der Körper. [...] In der Hand des Täters wird der leidende Körper zu einem einzigartigen Werkzeug der Macht.
>
> Wolfgang Sofsky, *Traktat über die Gewalt*

Über Pier Paolo Pasolini, einen der großen Filmpoeten Italiens, ist schon derart viel geschrieben worden, dass ich mich in meinen Ausführungen über seinen letzten Spielfilm *Salò* (*Salò oder Die 120 Tage von Sodom*, 1975) auf eine knappe Skizze des gesamten Films beschränken werde und nur die themenrelevanten Aspekte eingehender beleuchte. Wichtig ist mir die Konfrontation zwischen Marquis de Sades Literatur und der faschistischen Vergangenheit Italiens, die Gestaltung und Variation des umfangreichen Figurenensembles, das durchaus den von mir beschriebenen Typisierungen entspricht, sowie die spezifische Verbindung von sexuellen und gewalttätigen Handlungen. Ein weiterer aufschlussreicher Aspekt ist das Design von Architektur und Ausstattung, besonders die zu-sätzliche Dimension, die die Gemälde in den Räumen des Schlosses der Handlung beifügen.

Bemerkenswert ist auch, dass Pasolinis künstlerisches Schaffen offenbar mehr als bei anderen Künstlern von dessen sexuellen Neigungen und deren Entwicklung beeinflusst ist. Hatte er sich zu Beginn seiner Regiekarriere den römischen Vorstädten zugewandt, den *borgate*, in deren unterprivilegierter Jugend er eine ideologische Hoffnung zu finden glaubte (*Accatone*, 1960), pries er zu Beginn der 1970er Jahre nur noch deren Körper in seiner sinnesfrohen, vitalen »Trilogie des Lebens« (*Il Decamerone / Decameron*, 1970, *I raconti di Canterbury / Pasolinis tolldreiste Ge-

schichten, 1971, *Il fiore delle mille e una notte / Erotische Geschichten aus tausend und einer Nacht*, 1973) und widerrief schließlich all seine bisherigen Thesen mit seinem letzten Filmwerk *Salò*:

> Wenn die Jungen und die Jugendlichen des römischen Subproletariats (...) j e t z t menschlicher Abfall sind, heißt das, dass sie es auch d a m a l s potentiell waren. Auch die »Realität« der unschuldigen Körper ist vergewaltigt worden ... Die privaten Sexualleben (wie das meinige) haben ein Trauma erlitten, sowohl das Trauma der falschen Toleranz als auch das der körperlichen Entartung, und was in den sexuellen Phantasien Leid und Freude war, ist selbstmörderische Enttäuschung, formlose Unlust geworden ... Ich kann die Körper und die Sexualorgane nur noch hassen.[236]

Salò ist demnach auch das Ergebnis einer Ent-Täuschung. Zur gleichen Zeit sprach Pasolini von einem »latenten Faschismus« in der italienischen Gegenwart. Er bedient sich des Romans von de Sade einerseits, um allgemein die menschenverachtende »Anarchie der Macht« bloßzustellen, andererseits hält er die historischen Bezüge vage, um seine allgemeingültige These bezüglich der gegenwärtigen Situation seiner Heimat nicht in geschichtliche Distanz zu rücken. Die Welt seines *Salò* ist geprägt von einer sich verselbstständigenden Macht, ein Reich größenwahnsinniger Libertins, nicht zufällig Repräsentanten wirtschaftlicher und ideologischer Machtkomplexe der italienischen Gesellschaft. Diese Aussage muss als Ausgangspunkt einer aktuellen Untersuchung über *Salò* stehen.

Marquis de Sades Roman »Les Cent Vingt Journées de Sodome ou l'École du Libertinage« ist eine Etüde von verheerender Destruktivität. De Sades Philosophie treibt hier ihr nahezu Rousseausches Konzept des Individualismus

---

[236] Pasolini in: Lettere luterane, Turin 1976, nach Schweizer 1986, S. 124.

zum psychotischen Exzess. Der Roman dient dem Regisseur in *Salò* als Vehikel, als Strukturmodell. Pasolini variiert jedoch das von De Sade vorgegebene Figurenensemble – vier Herren, die Libertins, vier Erzählerinnen, die Kupplerinnen, vier Anstandsdamen, vier starke junge Männer, acht Mädchen zwischen zwölf und fünfzehn Jahren, acht Knaben, und vier Sklavinnen, die Gattinnen der Herren –, indem er die Anstandsdamen durch Prostituierte und die Frauen durch die jeweiligen Töchter der Herren ersetzt. Aus der Epoche um den Fall Louis' XIV. im Roman wird im Film die Mussolinische Marionettenrepublik Salò, die von den Nazis bis zum Ende des Zweiten Weltkrieges aufrecht erhalten wurde. Der narrativen Struktur einer »kalten« Mathematik der Vernichtung fügt Pasolini den »theologischen Vertikalismus« nach dem Modell Dantes hinzu. Gliedernde Zwischentitel kennzeichnen die verschiedenen Kreise seiner »Höllenvision«.

a) »*ante inferno*«: Die vier Libertins planen ihr Vorhaben, für 120 Tage in einem Schloss am Gardasee die »Anarchie der Macht« auszuleben. Sie lassen mit Hilfe deutscher Waffen-SS-Soldaten zahlreiche junge Menschen aus den umliegenden Dörfern entführen und wählen die oben genannte Anzahl geeigneter Opfer aus und führen sie auf dem isolierten Schauplatz der Tragödie zusammen.

b) »Der Höllenkreis der Leidenschaften«: Inspiriert von den Geschichten der Signora Vaccari beginnen die Libertins, sich an den Jugendlichen zu vergehen, während sie fragmentarisch Aphorismen von Baudelaire und Nietzsche zitieren. Die Jugendlichen sind weitgehend spärlich bekleidet, werden verschiedentlich erniedrigt, zu Hunden gemacht und gequält. Einer der Kapos, Enzio, verliebt sich in das schwarze Dienstmädchen, wird jedoch verraten. Diese einzige heterosexuelle Liebe im Film wird von den Libertins mit dem Tod bestraft. Enzio wagt nackt, mit erhobener Faust, einen einzigen rebellischen Gestus.

c) »Der Höllenkreis der Scheiße«: Signora Maggi leitet diesen Teil mit Geschichten über Skoprophagie ein, tatsächlich ein favorisiertes Thema des anal-fetischistischen Marquis. Nach dieser Einleitung werden die Opfer gezwungen, zusammen mit den »Herren« an einem Banketttisch ihre eigenen Exkremente zu verzehren. Danach wird beschlossen, den Jugendlichen mit dem schönsten Hintern zu exekutieren. Der Gewinner wird schließlich verschont, da man ihn sonst ja nicht mehr sodomisieren könnte.

d) »Der Höllenkreis des Blutes«: Dieser finale Teil hat die rituelle Vernichtung der jugendlichen Opfer zum Thema. Im Innenhof des Gebäudes werden sie der Reihe nach gefoltert und exekutiert. Die vier Herren sind jeweils einmal Henker und einmal Beobachter, wobei ihnen die Kapos assistieren. Da Pasolini mit der Kamera den Blick des räumlich distanzierten Beobachters einnimmt, vollzieht sich das grauenvolle Geschehen in aller Stille, untermalt lediglich von einem Stück aus Orffs *Carmina Burana*.

Salò ist ein Film der kalten Symmetrie. Er entspricht so der mathematischen Struktur des zugrundeliegenden Romans, der ebenfalls keinerlei Identifikation mit Täter oder Opfer anstrebt. De Sades Medium ist die Klarheit und Direktheit der Sprache; doch diese ist es, die Pasolini in seinem Film versagen lässt. Eine der narrativen Stützen des Romans sind die Geschichten der vier Erzählerinnen, die er auf einem Thron positioniert. In Pasolinis Film wirken sie bei ihren Erzählungen, die als Stimulans dienen sollen, eher schwach, ihre divenhaften Posen eher kitschig und grotesk. Auch den Herren ordnet Pasolini zusätzliche Eigenheiten zu: Gelegentlich wollen sie ihrer Erhabenheit mit zynischen Witzen Ausdruck verleihen (z.B. in der letzten Sequenz), erweisen sich jedoch als geistlos und dümmlich. Eine weitere entlarvende Ebene misst ihnen der Regisseur bei, indem er sie zusammenhanglos Zitate der europäischen Literatur von Charles Baudelaire und Friedrich Nietzsche bis Ezra Pound als Rechtfertigung und Selbstbestätigung missbrauchen lässt. Waren diese Herren bei de Sade noch als moralose Philosophen angelegt, verkommen sie hier zu Abbildern der europäischen Dekadenz. Pasolini zelebriert hier exemplarisch die Macht der hohlen Phrasen, die es den italienischen und deutschen Faschisten ermöglichte, das jeweilige Volk ruhig zu stellen. Ihr Schweigen, ihren Mangel an Protest setzt Pasolini mit dem Schweigen der Opfer von *Salò* gleich. Das Schweigen nimmt den Opfern die Persönlichkeit; die Möglichkeit zu sprechen an sich ist es, die die Macht verleiht. *Salò* verdeutlicht diesen Zusammenhang auf ungewöhnlich zermürbende Weise. In einer für ihn typischen Weise setzt der Regisseur auch hier – wie in früheren Filmen – Laiendarsteller ein. Er nutzt diese Tatsache jedoch nicht wie die frühen Neorealisten, um einen dokumentarischen Charakter in die Inszenierung einzuführen, sondern als Mittel der Distanz. Was man in einem anderen Kontext als hölzerne Schauspielerei bezeichnen könnte, wird hier zur schlichten Passivität der Darsteller. In ihren Gesichtern spielt sich in den meisten Szenen schlicht nichts ab. Sie sind stoisch angesichts des Grauens. Auch hier ermöglicht Pasolini dem Zuschauer keinen emotionalen, auf Identifikation basierenden Zugang zum Geschehen.

Das Bild, das Pasolini in *Salò* von faschistischer Macht entwirft, könnte sexueller nicht sein. Jede Ausübung der Macht geht mit der sexuellen Demütigung eines oder mehrerer Opfer einher und dient der Stimulation des Peinigers. Anders als im faschistischen System meist üblich, wird die physische Gewalt hier nicht nur von Handlangern ausgeübt, sondern häufig von den Libertins selbst. Sexualität reduziert sich in *Salò* auf folgende Elemente: Voyeurismus; Zufügung physischer Schmerzen mittels Folterwerkzeugen; Zwang zur Skoprophagie (Verzehr der Exkremente); homosexuelle und heterosexuelle Penetration, meist anal; Zwang zur Entkleidung und zu devoten Gesten. Das Streicheln der Opfer wird zur Parodie auf ein zärtliches Vorspiel. Im Zusammenhang mit all diesen Mechanismen sexueller Demütigung erscheint die Liebesszene zwischen dem Kapo und dem farbigen Dienstmädchen in mehrerlei Hinsicht revolutionär: Nicht allein werden hier die Grenzen von *race* überschritten und hierarchische Ebenen überwunden, tatsächlich ist der Geschlechtsverkehr hier ein Zeichen der Zuneigung und wird in beiderseitigem Einverständnis vorgenommen. Diese Motivation widerspricht dem Gedanken der libertinen, anarchischen Macht der Herren: Der Transgressionsakt muss folglich mit dem Tode bestraft werden. Bezeichnenderweise werden die beiden Liebenden von einem der gefangenen Mädchen verraten.

Die Schilderung der Sexualakte in de Sades Vorlage ist meist von degradierender, nüchterner Direktheit. Dabei scheint er von der Ambition getrieben, jede nur erdenkliche Spielart der Sexualität durchzuexerzieren, ein Vorhaben, das durch die Überbetonung der destruktiven Aspekte und die Eliminierung emotionaler Aspekte getrübt wird. In sechshundert Beispielen lässt er seine Libertins die Grenzen ihrer eigenen Freiheit maßlos dehnen: Sie machen sich die Körper ihrer Opfer bis zur buchstäblichen Auflösung Untertan. Der Freiheitsbegriff der Libertins ist dabei losgelöst von Religion, Moral, Ideologie oder zwischenmenschlicher Liebe. Das Begehren wird zum Prinzip der Macht. Es ist demnach kein sinnlicher Genuss, de Sades Vision eines Ideenromans zu folgen. Man ist als Leser auch der Willkür dieses Autors schutzlos ausgeliefert. Eine unmittelbare Umsetzung der Schilderungen in Bilder ist nicht nur schwer möglich, sondern im Hinblick auf Film schlicht uninteressant. Pasolinis Blick in *Salò* ist folglich ein streng personaler, interpretativer. Die »Schule der Ausschweifung« wird bei ihm Allegorie und Metapher. Um sich vor der nahezu pornographischen Unmittelbarkeit der Vorlage zu schützen, lässt er sich kleine Fluchtwege der Emotionen offen. Zwar bleiben die Beziehungen

zwischen Täter und Opfer weitgehend unemotional, auf primäres sexuelles Verlangen reduziert, doch die angedeutete Liebesgeschichte zwischen dem Kapo und dem Dienstmädchen bewahrt zumindest die Hoffnung auf die Möglichkeit einer emotionalen Beziehung – selbst in einer so kalten Welt des willkürlichen Tötens.
Pasolinis Blick ist trotz voyeuristischer Direktheit des Geschehens betont unerotisch, fast anti-erotisch: Die Beleuchtung ist taghell, bläulich oder weiß, lässt keinerlei diffusen Raum für Intimität. Die Räume sind karg ausgestattet, auf die funktionalen Möbelstücke reduziert. Oft wählt er eine symmetrisch orientierte Totale, die das Geschehen wie eingefroren beobachtet, ruhig und distanziert; er erweckt so den Eindruck einer Guckkastenbühne, der klassischen Theaterperspektive. Unter diesen Voraussetzungen fallen genuin filmische Mittel wie die Nahaufnahme erheblich stärker ins Gewicht als für den zeitgenössischen Rezipienten gewohnt. Die Großaufnahmen der Gesichter geraten zur befremdlichen Konfrontationsästhetik – vor allem, da sich in diesen Gesichtern oft nur wenig abzuspielen scheint. Auffällig ist dies in der Appellplatzszene, in der den Opfern, dargestellt als anonyme Masse, ihre Pflichten vorgelesen werden. Nacheinander bekommt man die Gesichter der »Herrscher« vorgeführt. Neben dem anzüglich-tumben Amüsement der Damen und der machtbewussten Ernsthaftigkeit der Libertins fällt nur die angewiderte, mitleidige Mine der Pianistin auf, die bezeichnenderweise gegen Ende freiwillig aus dem Leben scheiden wird. Als es zum Zwischenfall kommt – die Bediensteten betreten den Hof mit der Frage »Was ist denn hier los?« – isoliert Pasolini noch zwei weitere Figuren aus der Masse: den jungen Soldaten und das farbige Dienstmädchen, deren Zuneigung bereits hier deutlich wird. Die bereits hier etablierte Präsenz dieser geheimen Liebe sollte nicht als massiver Kontrast zur de Sadeschen Konstruktion nicht unterschätzt werden. Ist die Perspektive in dieser

Szene noch offen – der Appellplatz befindet sich vor dem Schloss im Freien –, nimmt Pasolini am Ende jede Illusion von möglicher Rettung: Die Vernichtung der Jugendlichen nimmt in der hermetischen Abgeschlossenheit des kahlen Innenhofes ihren Lauf. Doch nicht erst hier wird deutlich, dass der Wille der Opfer längst gebrochen wurde. Pasolini diagnostiziert ihr Verhalten von Beginn an weitgehend als lähmende Duldsamkeit.

Pasolini entfernt sich durch einige drastische historische Verweise von der Ebene einer abstrakten Metapher: So ist die Stadt Marzabotta, in der der flüchtende Junge zu Beginn erschossen wird, historisch der Schauplatz eines von Faschisten begangenen Massakers; die Soldaten, die den jungen Bauernsohn abführen, tragen deutlich sichtbare Kragenspiegel der Waffen-SS; im Radio läuft während des ersten Festmahls eine Goebbels-Rede; die immer wieder vernehmbaren Bomber, die über das Schloss hinwegfliegen, verweisen auf den nahenden Zusammenbruch des Systems.

Der Regisseur ergänzt zwar den Roman de Sades um die Instanz des politischen Hintergrundes (die Libertins treten als Vertreter und mit der Legitimation des faschistischen Systems auf), dennoch charakterisiert er diesen nicht als jene ideologische Massenbewegung, als die ihn die Geschichtsschreibung charakterisiert. Der Faschismus in *Salò* ist allegorischer Natur, er ist auf seine ideologische Zeichenhaftigkeit reduziert. Gleichzeitig mit der relativen Konkretisierung der historischen Zusammenhänge entfernt sich der Regisseur von der literarischen Vorlage, von den philosophischen Ansätzen des Autors. Er hat den Roman auf seine Grundstruktur reduziert, um mit der gewonnenen Essenz in seinem programmatisch-nihilistischen Sinne zu arbeiten. Der pointierte, auf seine Willkürherrscher reduzierte Faschismus in *Salò* knüpft an eine Idee des »absoluten Bösen« an, die nur allzu leicht mit einer Mythisierung des politischen Phänomens verwechselt werden kann. Statt sich jedoch auf die Auswirkungen der physischen Destruktionsakte zu verlassen, erweitert Pasolini einen naheliegenden, oberflächlichen Begriff des Bösen und dehnt ihn auf die faschistischen »Verbrechen des Geistes« aus: Seine »Herren« missbrauchen nicht nur ihre politische Macht, sie missbrauchen gleichermaßen Literatur und Bildende Kunst, mit deren Früchten sie sich auf zweifelhafte Weise schmücken. Der Einsatz des Zitats geht hier wesentlich weiter als die schöngeistigen Anflüge des SS-Mannes Aschenbach aus *Caduta degli dei*. Wollte schon de Sade die destruktiven Triebfedern der menschlichen Psyche bloßlegen, so versucht sich Pasolini an einer konkreten Aktualisierung dieses Vorhabens. Roland Barthes bestreitet in seinem Aufsatz »Sade-Pasolini« in Le Monde nicht einmal, *Salò* sei zumindest eine veräußerlichte Essenz des Faschismus, Pasolini sei es jedoch nicht gelungen, das faschistische System zu beschreiben. Ich sehe es umgekehrt. In allen Mängeln seiner ideologischen Gleichung schafft es Pasolini hier mehr als alle vor ihm, den Schrecken der Isolation und Entmenschlichung der Opfer zu verdeutlichen, obwohl auch die quantitative Reduktion der Henker/Opfer-Gruppierung auf ein überschaubares Ensemble die radikale Grenzsituation dieser bedrückenden Isolation nur erahnen lässt. Es kommt dem Film zugute, dass er nie mit einer Identifikation von Henker und Opfer kokettiert, sondern sich stets um einen kalten, nüchternen Blick bemüht, in dem etwa Mitleid keine Rolle spielt. Die Charaktere der Libertins bleiben modellhaft, ihre größenwahnsinnigen Worte gleichen Hülsen: »Sogar in unseren Greueltaten werden wir nie frei des Modells Gottes sein können. Wie jeder von uns seinen anarchistischen Willen den Körpern der Opfer auferlegt, so werden wir alle Götter auf Erden.« Mit de Sade betreiben sie den unfruchtbaren, analen Geschlechtsakt, die »Sodomie«, als »Revolte gegen Gott«. Sie mögen ihre Zeichen den geschundenen Körpern einbrennen, letztlich stehen ihre Zerstörungen doch für sich. Einem Akt der Zerstörung kann nur der nächste folgen, da die Zerstörung an sich die Legitimation des Gotteswirkens ist. Doch in dem Akt der Anti-Schöpfung – wieder ein Verweis auf die unfruchtbare anale Sexualität – liegt letztlich das Nicht-Sein der Henker. *Salò*s Götter sind die Götter des Nichts. *Salò* ist ein nihilistisches Manifest.

Die »letzte Orgie«

> Wer das Kunstspiel mit Peitsche und Folter treibt, hat zur Wirklichkeit der Tortur zu schweigen.
>
> Jean Améry, *Auf den Sade gekommen*

Die schon an früherer Stelle erwähnten Exploitationfilme aus dem SadicoNazista-Bereich präsentieren sich nicht sonderlich originell. Oft billig produziert spulen sie eine schematische Handlung ab, die möglichst viele Vorwände für *setpieces* sadistischen oder sexuellen Gehalts bieten. Da nahezu alle Beispiele dieser Gattung in einem Gefangenen- oder Konzentrationslager spielen (einige Ausnahmen bedienen sich eines Burgsettings, das eine Gothic-Horror-Tendenz einführt), sind sie in der Fanzine-Presse auch als »Nazi-Death-Camp«- oder »Lagerfilme« bekannt. Um mit den Mitteln des Erzählkinos operieren zu können, kommen prinzipiell lediglich zwei Figurenkonstellationen in Frage:

a) Eine Gefangene verliebt sich in einen Wärter oder Arzt, der ohnehin regimekritisch ist, und zettelt einen Aufstand an bzw. ergreift die Flucht, die von dem dämonischen Kommandanten (bei *Ilsa* ist es eine Frau) vereitelt wird.

b) Der neurotische Kommandant verliebt sich in eine Häftlingsfrau, was entweder zum Untergang des Paares oder mit Kriegsende in die Katastrophe führt.[237]

In einigen Beispielen erfolgt eine komplexe Mixtur aus beiden Schemata (*Ilsa, La svastica nel ventre*). Um die erwünschte Verteilung der Sympathien zu erreichen, werden

---

[237] Perverserweise illustrieren die SadicoNazista-Filme mit diesen Schemata die Ausführungen Heinrich Himmlers in der sogenannten »Posener Rede«, vgl. die Dokumentation der Bayerischen Staatsbibliothek http://www.1000dokumente.de/index.html?c=dokument_de&dokument=0008_pos&object=pdf&st=REDE%20DES%20REICHSF%C3%BCHRERS%20SS&l=de (abgerufen am 27. Dezember 2014).

alle Protagonisten entweder als Verfolgte charakterisiert oder sind nur unter Zwang in den Dienst des Regimes getreten (*Lunghi notti della Gestapo*). Die dämonisch gezeichneten Kommandanten schöpfen ihre Bösartigkeit obskurerweise nicht aus ihrer Funktion innerhalb eines ohnehin destruktiven Systems, sondern disqualifizieren sich erst durch den persönlich motivierten Missbrauch ihrer Macht zur Befriedigung ihrer Instinkte (*La deportate della sezione speciale SS*). Man kann diesen Modellen sicherlich keine bewusste politische Entschuldigungsprogrammatik vorwerfen, doch wird so die historische Ungenauigkeit dieser Filme offensichtlich. Sie reduzieren das Konzentrationslagersystem auf die Spielwiese heterosexueller Sex- und Machtphantasien. Aus der gerade noch überschaubaren Masse von derartigen Filmen (immerhin lässt sich die populäre kommerzielle Phase auf 1976 bis 1978 begrenzen), die ich vollständig im filmographischen Anhang dokumentiert habe, stechen einige wenige Beispiele hervor, in denen sich Anflüge von Intelligenz und Stilwillen nicht abstreiten lassen. Während man Sergio Garrones häufig zitierten *SSadi Kastrat Kommandantur* angesichts seiner billigen Machart und chargenhafter Darsteller kaum ansehen kann, ragen Mario Caianos *La svastica nel ventre*, Rino die Silvestros *La deportate della sezione speciale SS* und Cesare Canevaris *L'ultima orgia del Terzo Reich*, alle 1976, durch vergleichsweise hohe Produktionsstandards bei Kostüm und Ausstattung und zumindest zweitklassige Schauspieler hervor. Es ändert sich jedoch nichts an der haarsträubenden Dramaturgie, die gerade in dem in Details (Viehwaggons, gynäkologische Untersuchung) sehr naturalistisch arbeitenden *Deportate* durch die konsequente Gothic-Horror-Inszenierung (Folterkammer im Burgverlies) historisch *ad absurdum* geführt wird. Hier spielt übrigens erneut der Brite John Steiner (*Salon Kitty*) affektiert chargierend den bisexuellen Kommandanten. Ich will im Folgenden versuchen, die Mechanismen der SadicoNazista anhand eines der populären Beispiele zu erläutern.

Cesare Canevaris *L'ultima orgia del Terzo Reich*, der erst durch seine internationale Heimvideoauswertung als *Gestapo's Last Orgy* bekannt wurde, bietet in erster Linie eine sehr interessante Lesart von Cavanis *Portiere di notte*: Seine Interpretation offenbart sich als groteskes Missverständnis, ebenso wie das einleitende vorgebliche Nietzsche-Zitat, das hier nur in einer faschistischen Lesart Sinn macht:

> When the Superman wishes to amuse himself, he may do so, even at the cost of the life of others.

Im Jahre 1950 trifft sich der ehemalige SS-Mann Konrad Starker (Marc Loud), trotz seiner früheren Kriegsverbrechen offenbar rehabilitiert, in den Ruinen seines früheren Lagers »Liebencamp« (*sic!*) mit der Häftlingsfrau Lisa (Daniela Levy). In Rückblenden wird ihre gemeinsame »Romanze« erzählt: Lisa wurde 1943 als Jüdin in das Bordell-Camp gebracht, um dort als Prostituierte SS-Leuten zu Diensten zu stehen. Im Rahmen des nationalsozialistischen Eugenik-Programmes ist diese Idee natürlich grotesk, die Lagerbordelle wurden nach den Recherchen des Historikers Robert Sommer[238] eher den aus den Häftlingen rekrutierten Kapos zur Verfügung gestellt. Nach den demütigenden Prozeduren der Selektion, der gynäkologischen Untersuchung und des Appells wird deutlich, dass der Kommandant Starker ein Auge auf sie geworfen hat. Er kürt sie zu seinem bevorzugten Folteropfer, doch sie widersteht all seinen Schikanen mit stoischer Miene. Einem ihr zugeneigten Arzt vertraut sie an, sie habe mit ihrem Leben bereits abgeschlossen, da sie sich schuldig fühle am Tod ihrer ganzen Familie. Dieser Arzt ist es schließlich, der nach der Studie ihrer Akte Lisa den Lebenswillen zurückgeben kann, indem er ihr mitteilt, nicht

---

[238] Siehe Sommers Nachwort in diesem Buch.

sie, sondern ein anderer Arzt habe den Unterschlupf ihrer Familie an die Gestapo verraten. Lisa verliebt sich in den Arzt und verbringt mit ihm eine Liebesnacht, die von dem Titelsong untermalt wird: »Lisa, kleine Lisa, lass die dunklen Träume nun hinter Dir. [...] Das Glück kehrt zurück.« Starker lässt sich im Folgenden mehr und mehr von seinem Wunschopfer dominieren: Die Verhältnisse kehren sich um. In einer irrealen Szene fahren die in einen Pelz gekleidete[239] Lisa und Starker in einem Boot vor dem Camp spazieren.[240] Lisas Rachegelüste werden schließlich in einem sehr abstoßenden Flashback erklärt, in dem sie ein Kind zur Welt bringt (vermutlich das des Peinigers), das dieser jedoch umgehend töten lässt. Wieder in der Gegenwart erschießt ihn Lisa in der Umarmung und bleibt alleine in den verfallenen Lagerbaracken zurück.

Es ist weniger die haarsträubende Kolportagehandlung, die hier in Erinnerung bleibt, sondern die mit den Mitteln einer schockierenden Konfrontationsästhetik inszenierten Setpieces, die dramaturgisch etwa den von Linda Williams klassifizierten »Nummern« des pornografischen Films entsprechen. Dennoch lohnt es sich, kurz darauf einzugehen. Canevaris Film bemüht sich mehr als andere seiner Gattung um ein an historischen Dokumenten orientiertes Ambiente. Die Exposition, die Starker auf dem Weg zum Lager zeigt, ist von aus dem Off eingespielten Zeugenberichten unterlegt und verspricht ein historisches Bewusstsein mit kritischem Ansatz, das nirgends eingelöst wird. Erinnern die Lagerruinen anfänglich eher an den Gutshof aus Bertoluccis *Novecento*, gelingt es dem Regisseur schließlich mit Hilfe von Statisterie und weitgehend zeitgenössi-

---

[239] Der (platte) Verweis auf Leopold von Sacher-Masochs »Venus im Pelz« ist offensichtlich.
[240] Stephen Thrower fühlt sich in seiner Rezension in Eyeball No. 1, Herbst 1989, S. 16, anlässlich dieser Szene und ihrer visuellen Gestaltung an die Ausstattungsfilme Derek Jarmans erinnert.

scher Ausstattung unangenehme Erinnerungen an bekannte Zeitdokumente zu wecken.

Ich will nun einige exemplarische Sequenzen näher beschreiben, die treffend verdeutlichen, wie sich der exploitative Blick auf die Geschehnisse des Holocaust äußert. Nach etwa zehn Minuten – wir befinden uns bereits in der Vergangenheit Starkers – folgt die Sequenz der Rekrutenausbildung, die dramaturgisch ein Teil der Exposition zu sein scheint, die jedoch tatsächlich nur dumpfe Erinnerungen an die Initiationsszenen aus *Salon Kitty* weckt: Starker hält in schwarzer Uniform vor einer Reihe nackter SS-Leute, die er in einem Gymnastikraum hat aufmarschieren lassen, eine mahnende Rede, die von einer Dia-Show begleitet wird. Die Dias sollen die Triebhaftigkeit der »jüdischen Rasse« belegen[241]: eine verhungernde Frau, die sich an Hundefutter labt, ohne zu bemerken, wie sie gleichzeitig vergewaltigt wird; Mutter und Tochter im lesbischen Akt; eine junge Skoprophagin. Sobald Fäkalien ins Spiel kommen, beginnen die Rekruten laut zu lachen. Es beginnt eine Montage von Parallelfahrten über die Leinwand, an den Gesichtern vorbei und auf Gürtelhöhe. Dabei sieht man kurz, wie einige der Rekruten sich oder andere masturbieren. Das Licht geht an und Starker mahnt die »arischen Übermenschen«, »nie einer jüdischen Frau das Privileg des Orgasmus zu schenken, sondern sie allenfalls zu missbrauchen und ihr die eigene Unterlegenheit zu demonstrieren«. Mit diesen Worten, die ebenfalls an die Einführungsrede von John Steiner und Helmut Berger erinnern und seitdem zu einer Standardsituation des SadicoNazista geworden sind – der Kommandant lässt keine Illusionen für die Häftlinge –, hetzt er die nackten jungen Männer auf eine Gruppe ebenfalls entkleideter, angeblich jüdischer junger Frauen. Zu seinem Befehl

---

[241] Es ist bemerkenswert, wie bedenkenlos dieser Film mit der jüdischen Identität der Häftlinge umgeht, während die meisten der SadicoNazista-Filme sich eher vage halten, was die Identität der Opfer betrifft.

zoomt die Kamera schnell auf den Totenkopf seiner Mütze, wiederholt diesen Effekt nach einem Schnitt auf das erstarrte Gesicht Lisas, um dann erst in die Halbtotale zu gehen. Canevari arbeitet den ganzen Film hindurch mit einer für den italienischen Exploitationfilm eher typischen »dynamischen« Bildsprache, die stets nah an den sensationellen Aspekten des Geschehens bleibt und den filmischen Akt des Sehens und Zeigens grotesk überbetont. Bildfüllend werden angsterfüllte Augenpaare gezeigt, nie wird die Kamera müde, sich in blutrünstige Details »hineinzusaugen« (Hundekiefer, die einen Frauenleib zerfleischen, Hände an Genitalien, blutbeschmierte Gegenstände). Der Schnitt ignoriert alle Regeln und montiert wild gegenläufige Bewegungen aneinander, schneidet in Zooms, erlaubt blitzartig kurze Einblendungen und Standbildfolgen, um die Dramatik zu erhöhen. Eine dieser Standbildfolgen in dieser Sequenz lässt Lisa von einem Mann in die brutalen Arme des nächsten flüchten. Ein Schnitt auf Starkers wachsamen Blick suggeriert, dass er bereits hier auf sie aufmerksam wird; auch das ist eine Parallele zu *Salon Kitty*. Während um sie herum eine Vergewaltigungsorgie ihren Lauf nimmt, die von Rücksichtslosigkeit und Brutalität gegenüber den Frauen geprägt ist (erzwungene anale Penetration, orale und vaginale Penetration mit Gymnastikkeulen, Schläge), bleibt Lisas Gesicht starr und unberührt, selbst, als ein Mann sie zur Fellatio herunterpresst. Die irreale, historisch eher undenkbare Situation, die hier geschaffen wird (SS-Leute müssen jüdische Häftlinge vergewaltigen), und die zweifelhafte dramaturgische Rechtfertigung dieser Sequenz rücken das Geschehen in Richtung einer auf perversen Thrill ausgerichteten ›Gewaltpornografie‹.

Die folgende Sequenz ist in der Tat haarsträubend in Form und Gehalt und sucht an Geschmacklosigkeit ihresgleichen. Eine Abendgesellschaft versammelt die Hauptleute des »Liebencamp« um einen Esstisch: Neben Starker haben sich ein Wehrmachtsgeneral, der Lagerarzt, ein weiterer SS-General, dessen Frau und ein ominöser »Professor« eingefunden, der offenbar für die medizinischen Experimente zuständig ist. Unter den herausgeputzten Gesellschafterinnen findet sich bereits Lisa, die stoisch an die Wand gelehnt dasteht. Nach mehrfachem Salut (hier wird die Benutzung deutscher Sprachfetzen unfreiwillig komisch) beginnt der Professor, über die »Endlösung der Judenfrage« zu lamentieren. Man solle sie nicht alle töten, sondern lieber gut ernähren und züchten, »um sie dann in hygienischen Schlachthäusern in erstklassiges Fleisch umzuarbeiten«. Sein Idee löst bei einigen der Anwesenden Entrüstung aus (der Arzt verlässt bald den Raum), bei anderen jedoch, z.B. Starker, bewirkt sie eher Belustigung und Amüsement. Der Professor geht noch weiter: Das vorliegende Hauptgericht bestünde bereits aus »ungeborenem Juden«. Die Rezeption des Zuschauers hat sich bereits hier auf einen comichaften, makabren Witz eingestellt, um sich augenblicklich von den durchaus ernstgemeinten Spannungsmechanismen dieses Films zu distanzieren. Canevari beobachtet nun in einer Reihe von Nahaufnahmen, wie die unterschiedlichen Teilnehmer des Festmahls auf das Menschenfleisch reagieren; wie in der sehr ähnlichen Sirenen-Szene aus Cavanis *La pelle* (*Die Haut*, 1980) überwinden sich schließlich alle zum Verzehr. Das Festmahl artet in eine sexuelle Orgie aus, die der Regisseur noch einmal steigern möchte: Starker und der Wehrmachtsgeneral hieven eine ohnmächtige Kellnerin nackt auf den Tisch, legen sie in eine Bratform und flambieren sie mit Cognac. Auch hier bebildert Canevari das unfassbare Geschehen mit einigen kurzen, prägnanten Nahaufnahmen, etwa wenn der General beim Geschlechtsverkehr mit einer Hand die verkohlte Leiche liebkost. Die beiden bisher beschriebenen Sequenzen stellen alle folgenden deutlich in den Schatten und erklären zur Genüge, warum gerade dieser Film in Großbritannien in

der Videonasties-Kampagne verboten wurde. In Italien selbst jedoch wird er inzwischen als ›Trashklassiker‹ sogar in Jugendclubs vorgeführt, was auf eine extrem ironische Rezeption der beschriebenen Szenen schließen lässt.[242]
Einen großen Raum in diesem Film nehmen jene Sequenzen ein, in denen dargestellt wird, wie der SS-Mann den Willen der Frau brechen möchte. Er bedient sich dabei mehrerer ritualisierter »Psychodramen« (ich benutze diesen Begriff, da der Film ausschließlich auf den sadomasochistischen Aspekt dieser Handlungen anspielt; die Handlungen spielen fast ausschließlich in einem intimen Partner-Universum ohne die Anwesenheit anderer Soldaten oder Häftlinge): an den Händen aufgehängt schwebt sie über einer Grube mit ungelöschtem Kalk, an den Füßen angekettet, baumelt sie kopfüber in ein Terrarium mit Ratten; am deutlichsten wird die sexuelle Motivation bei der Auspeitschung:

> Die rituellen Prügel erscheinen mir als die ›geschlechtlichste‹ Foltermaßnahme von allen, die am meisten phallische. Der Gefangene wird zu einer Art ›negativem‹ Koitus gezwungen. Der Rhythmus der Schläge imitiert am besten die Stöße beim Koitus; das Schreien des Geschlagenen die Erregungskurve: ›Höhepunkt‹ und Erschlaffen. (...) Der Prügelakt *dauert*; er staut Spannung, schiebt auf, erhöht ...[243]

Lisa ist in dieser Szene nackt auf den Steinboden gebunden, während Starker in schwarzer Uniform fast hysterisch um sie herumläuft und mit einer Geißel auf sie einprügelt. Es mag sich hier um die Pointierung männlicher Dominanzphantasien handeln, die die Frau als wehrloses Stück Fleisch sehen wollen (die zusammengekrümmte

---

[242] Diese Information basiert auf einer mündlichen Information, die ich nicht schriftlich verifizieren kann. Tatsache ist jedoch, dass der Film aus Holland, den USA und Italien weiterhin frei importiert werden kann.
[243] Theweleit 1977 / 1995, Bd. 2, S. 299.

Pose, in der ihr Körper zu sehen ist, reduziert sie auf einen wehrlosen Torso), doch – diesen einzigen Dreh gesteht sich der Film zu – Starkers Begierden bleiben unbefriedigt: Die Penetration durch ihn selbst bleibt vorerst aus, denn das Opfer lässt ihm aufgrund ihrer Teilnahmslosigkeit keine Chance, sich an den Schmerzensschreien zu erfreuen. Stattdessen muss ein Wachtposten sie während der Tortur vergewaltigen. Die Kamera beobachtet das Geschehen erst in der Totalen in eleganten Travelling-Shots, konzentriert sich dann jedoch ausschließlich auf Starkers schmerzverzerrtes Gesicht. Es kommt Canevari offenbar tatsächlich darauf an, seiner waghalsigen Charakterdisposition ein Konfliktpotential abzugewinnen. Das ist eher untypisch für den plakativen Exploitationfilm, der die Schauspieler unfreiwillig zu grotesken Ikonen werden lässt. Folgerichtig tritt die Lösung der Spannung erst ein, als es Lisa gelingt, das Henker-Opfer-Verhältnis zu ihren Gunsten umzukehren. Doch auch hier entspricht der Wunsch des ›starken‹ Mannes, selbst dominiert zu werden, einem sadomasochistischen Klischee. Lisa wird von der eindimensionalen Sklavin zur eindimensionalen Herrin. Sie hat jedoch auch in ihrer neuen Funktion nur die Macht, die ihr Starker zugesteht. Als es schließlich um ihr Kind geht, hat sie keinerlei Möglichkeit, dessen Tod zu verhindern.

Filme wie *Ultima orgia* benutzen vage oder falsche Vorstellungen historischer Ereignisse als Projektionsfläche für die sensationalistische Ausbeutung sexueller Obsessionen. Was sie vom tatsächlichen sadomasochistischen Ritual beibehalten, ist der spielerische Charakter, das psychoanalytische Psychodrama. Wie schon Susan Sontag beschreibt, spielen historische Szenarien in diesen Psychodramen gelegentlich eine Rolle, was Kostümierung und Ausstattung betrifft. Was den Film, der ähnlich arbeitet, davon jedoch unterscheidet, ist die grundverschiedene Rezeption. Die SadicoNazista, in denen Sadomasochismus mit verharmlosten Genozid-Elementen vermischt wird, produzieren Bilder, also lediglich auf zwei sinnlichen Ebenen wahrnehmbare Eindrücke, die automatisch neben ähnlichen Bildern angeordnet werden, z.b. dokumentarische Aufnahmen von Konzentrationslagern. Es werden Momente visuell vergleichbar, die es nicht sind und nicht sein können: Völkermord und Pornografie nähern sich – gewollt oder nicht – auf augenscheinliche Weise an. Eine moralistische Position muss bei diesem Vorgang nicht einmal im Vordergrund stehen – wichtig ist die Erkenntnis, dass die audiovisuelle Analogie, die hier produziert wird, eine revisionistische Lüge produziert. Ich kann also der eingangs zitierten Position Derek Flints letztlich nicht folgen: Er vergleicht die SadicoNazista mit den Inquisitionsdramen der späten 1960er Jahre, die vielleicht denselben exploitativen Intentionen entstammen, jedoch der audiovisuellen Bezüge entbehren: Hier liegen die Quellen in Literatur und Illustration, nicht in weltweit verbreiteten Dokumentarfilmen und Dokumenten. Auch die stilistische Vergleichbarkeit (Stereotypie der Charaktere, Inszenierung der Unterdrückung als sexuelles Ritual) funktioniert auf der Oberfläche, wird aber bereits aufgrund der historischen Distanz eher als Phantasmagorie – oder sexuelle Fantasie – wahrgenommen. Andere Exploitationfilme, die beispielsweise zeitgenössische Militärdiktaturen thematisieren, sehen sich angesichts der brennenden Aktualität durchweg zu moralischen Stellungnahmen gezwungen: Als Beispiel mag *The Evil that Men do* (*sic!*, *Der Liquidator*, 1984) von J. Lee Thompson dienen, der nur deshalb den Mietkiller (Charles Bronson) zur Heldenfigur machen kann, weil er ihn gegen einen »Teufel in Menschengestalt«, den KZ-Arzt »*el dottore*«, antreten lässt, der zur Personifikation des absoluten politischen Bösen wird; hier greift allenfalls die Kritik, derartige Konstruktionen schürten oberflächliche Rachefantasien. Einziger Ausweg aus dem Inferno ist stets das Motiv der »romantischen

Liebe«, das bewusst reduziert sogar in Pasolinis *Salò* auftaucht. Eine Leidenschaft unter derartig extremen Bedingungen muss umso stärker brennen, scheinen diese Filme zu betonen. Bezeichnenderweise markiert auch in *Ultima orgia* eine zärtliche Liebesszene den Wendepunkt. In seinem Willen, immer weitere Steigerungen anzufügen, doppelt der Regisseur diese Situation, indem er auch einer Schicksalsgenossin von Lisa die Liebschaft mit einem Wachtposten zugesteht. Diese Konstellation gibt später den Anlass, Lisas wachsende Abgestumpftheit zu demonstrieren, wenn diese untätig der Exekution des Pärchens beiwohnt.

Der SadicoNazista-Film hat durchweg das Problem, dass seine vorgeschobenen »kritischen Anmerkungen« (seien es Schrifttafeln wie in *Ultima orgia* oder etwa Kriegsverbrecherfotos wie in *KZ 9*) schnell als klägliche Rechtfertigungsversuche entlarvt werden können. Eine ernst zu nehmende moralische Position oder kritische Distanz kann also ausgeschlossen werden. Was bleibt, ist die Fantasie, das Spiel mit historischen Versatzstücken, die Suche nach Vorwänden für den audiovisuellen Exzess, der dann mehr oder weniger explizit eintritt.

Die mediale Rückkehr des Verdrängten

> Einige Leute meinen, Göth sei der Schatten, den
> das Licht Oskar Schindlers wirft, und es hätte et-
> was wie Brüderlichkeit zwischen ihnen gegeben.
> Ich glaube, Göth wäre furchtbar gerne Schindler
> gewesen, aber nicht umgekehrt. Schindler war je-
> doch Schauspieler genug, Göth dies glauben zu
> machen.
>
> Steven Spielberg über *Schindler's List*

Die Verwendung von Nazi-Ikonographie im Werk des er-
folgreichen und gefeierten Hollywood-Regisseurs Steven
Spielberg steht exemplarisch für die anhaltende Aktualität
des analysierten Phänomens. Kann sich Spielberg als Prototyp des amerikanischen Publikumsregisseurs noch stets
zugute halten, sich aus der klassischen Requisitenkiste von
Hollywoods Glanzzeit zu bedienen, bieten seine stets auf
die größtmöglichen emotionalen Affekte ausgerichteten
Filme einen Fundus an aufschlussreichen Beispielen.
Nach grundlegenden Beiträgen zum New Hollywood der
frühen 1970er Jahre (*Sugarland Express*, 1972) widmete sich
der junge Filmemacher mit *Jaws* (*Der weiße Hai*, 1975) und
Close Encounters (*Unheimliche Begegnungen der dritten Art*, 1977)
einer Aktualisierung klassischer Science-Fiction-Motive:
Seine *nature's revenge*-Fabel traf den Nerv der Zeit und hat
nichts von ihrer Wirkung eingebüßt, und seine Vision
eines außerirdischen Besuches gab den antikommunisti-
schen Parabeln der 1950er Jahre einen humanistischen
Dreh. Spielbergs erster Rückgriff in die Zeit des Zweiten
Weltkrieges mit der überdrehten Komödie *1941* (1979)
wurde auch zu seinem ersten finanziellen Desaster. Mit
slapstickartigen Einlagen illustriert er den Angriff Japans
auf die »über den Krieg erhabene« amerikanische Bevölkerung. Der Versuch, den Mythos Hollywood satirisch zu
bestätigen, ging jedoch an Publikum und Realität vorbei.

Erst zwei Jahre später konnte mit dem Abenteuerfilm *Raiders of the Lost Ark* (*Jäger des verlorenen Schatzes*, 1981) eine konzeptionell gelungene Anknüpfung an die etablierten Themen gelingen. Spielberg entwickelt die Motive der Abenteuerserials aus den 1930er Jahren, die stets mit einem *cliff-hanger*[244] endeten und schier unmögliche physische Handlungen präsentierten, mit modernen Mitteln weiter zu einem ultimativen Destillat des klassischen Abenteuerfilms. Tatsächlich gelang es ihm, mit dem draufgängerischen Archäologen Indiana Jones (Harrison Ford) selbst einen Serienhelden zu kreieren, der sich drei Kinofilme und eine Fernsehserie lang durch den abenteuerlichen Dschungel der Geschichte hangelte. Entsprechend dem vorgegebenen Muster spielen auch Indiana Jones' Abenteuer in den romantisch verklärten 1930er Jahren, also um den Beginn des Zweiten Weltkrieges, woraus Spielberg dramaturgisches Kapital zu ziehen versteht. Rückwirkend bietet sich erneut das Konzept des absoluten Bösen, gegen das der amerikanische Saubermann ins Feld ziehen kann: den Nazi, der mit seinem weltweiten Expansionsdrang Völker, Kulturen und schöne Frauen zu verschlingen droht.

The Twilight Zone (*Unheimliche Schattenlichter*, 1983) ist das Remake einer amerikanischen Fernsehserie aus den 1960er Jahren, in der in kurzen Episoden phantastische Geschichten umgesetzt wurden. Spielberg versammelte drei genre-erfahrene Regisseure um sich – John Landis[245], Joe Dante[246] und George Miller[247] –, um dem alten Konzept (für das unter anderem namhafte Autoren wie Ri-

---

[244] »Klippenhänger«: eine offenes Ende, das mitten in einer ausweglosen Situation abbricht und Neugier auf die nächste Folge schürt.
[245] *An American Werewolf in London* (*American Werewolf*, 1981).
[246] *The Howling* (*Das Tier*, 1980).
[247] *The Road Warrior* (*Mad Max 2 – Der Vollstrecker*, 1982).

chard Matheson[248] schrieben) neues Leben einzuhauchen. Beeinflusst dürfte dieses Vorhaben vom Erfolg des aufstrebenden Trivialautors Stephen King gewesen sein, der auch die Tradition der makabren Kurzgeschichte in Erinnerung brachte. Spielbergs kreative und geschmackliche Präsenz ist hier ebenso gegenwärtig wie in dem zwei Jahre zuvor von ihm selbst finanzierten und von Tobe Hooper gedrehten *Poltergeist*, den der diktatorische Produzent letztlich nahezu alleine inszeniert haben soll. Wie es häufig bei Episodenfilmen der Fall ist, zerfällt auch dieses fünfteilige Werk inhaltlich und stilistisch. Interessant ist in diesem Zusammenhang die von John Landis inszenierte erste Episode, die bereits mit den antirassistischen Tendenzen spielt, denen sich Spielberg später ernsthaft widmen wird.[249] In jener ersten Episode geht es um einen frustrierten Stammtischrassisten (Vic Morrow), der – nachdem er seine Stammkneipe verlassen hat – durch die Zeitebenen katapultiert wird: Erst wird er als Jude von der SS verhaftet, flieht, dann gerät er als entflohener Sklave in die Hände des Ku-Klux-Klan. Nach einem ›Abstecher‹ in den Vietnamkrieg, wo er als »Vietcong« von den Amerikanern beschossen wird, landet er erneut als Jude in einem Viehwaggon. Vor der Abfahrt kann er einen letzten Blick in die ›heile Welt‹ seiner Bar werfen. Doch sein Schicksal ist besiegelt. Diese Art des *shock-ending* ist typisch für die *Twilight Zone*: Stets wird aus dem ironischen Spiel irgendwann blutiger Ernst.[250] Ähnlich wie in den *Indiana-Jones*-Filmen bleibt auch diese Episode bei der Inszenierung der Nazi-Schergen auf dem Level des Comic-Strips. Die SS-Leute

---

[248] Matheson schrieb die Romane »I Am Legend« (1954) und »The Shrinking Man« (1956), die beide verfilmt wurden; außerdem ist er Drehbuchautor.
[249] Ich behandle die *Twilight Zone* hier also als kreatives Projekt des Produzenten Spielberg und betrachte die Autorenschaft der jeweiligen Regisseure als eingeschränkt.
[250] Das gilt im Übrigen auch für den Hauptdarsteller, der während der Dreharbeiten bei einen Helikopterabsturz ums Leben kam.

sind hier gesichtslose teutonische Bestien wie in einem Hollywoodfilm der 1940er Jahre.
Die folgenden Ausführungen stellen den Versuch dar, an einem sehr populären Beispiel zu belegen, wie sich filmsprachliche Elemente wie etwa Affektbilder oder Konfrontationsmomente produktiv einsetzen lassen, indem sie von der ästhetischen Infektion Gebrauch machen. Es liegt mir fern, den Film *Schindler's List* auf die Verwendung popkultureller Stereotypen zu reduzieren und darauf eine Kritik aufzubauen. Es ist offensichtlich, dass es sich bei einer derartigen Beweisführung um die Methode der rechten Kritik an diesem Film handelt (z.B. Will Tremper), die den Film seinerseits auf eine Klischeekolportage zu reduzieren versuchte und damit seinen ›authentischen Gehalt‹ anzuzweifeln trachtete. *Schindler's List* funktioniert jedoch gerade, weil er äußerst bewusst und geschickt Gebrauch von »stereotypen« Affektbildern macht: Es gelingt Spielberg, diese Momente zu einem praktikablen Simulakrum zu kombinieren. Vielleicht sind »seine Bilder falsch«, wie es Imre Kertèsz im Spiegel-Interview behauptet[251]; doch die historisch durchaus korrekten Einsichten in die fatale Bürokratie des Nazi-Genozids wurden nie zuvor in dieser Effektivität vermittelt. Diese Erkenntnis ist von äußerstem Wert für den Film und macht seine filmhistorische Bedeutung aus. Meine Analyse konzentriert sich im Rahmen meines Themas letztlich auf einen Teilbereich des Films.
Liam Neeson liefert eine vielgelobte Darstellung des Industriellen Oskar Schindler, der mit Charisma, Sex-Appeal und Opportunismus in seinen Farbrikanlagen zahlreichen jüdischen« Häftlingen durch »kriegswichtige Arbeit« das Leben rettete. Der britische Theaterschauspieler Ralph Fiennes spielt den österreichischen Hauptsturmführer Amon Göth, dem sich Schindler freundschaftlich nähert,

---

[251] Kertèsz 1996, S. 224.

um seinen Arbeitskräften helfen zu können. Er spielt diesen jähzornigen Neurotiker als Verkörperung eines Faschisten im Sinne Erich Fromms: einen destruktiven Machtmenschen mit der Unfähigkeit zu lieben. Steven Spielberg bemüht sich an zahlreichen Stellen durch Parallelmontagen, die nicht nur physische Ähnlichkeit zwischen diesen beiden mächtigen Männern zu betonen. *Schindler's List* bietet einige prägnante Ansätze, die sich für eine beispielhafte Analyse der Thematik anbieten. Ich werde mich auf zwei Beispiele beschränken.

Eine häufig diskutierte Sequenz ist jene der Balkonschüsse des Lagerkommandanten Amon Göth. Diese Sequenz ist nach etwa 72 Minuten zu finden. Göth hat gerade die Räumung des Krakauer Ghettos beaufsichtigt und seinen Dienst als Hauptsturmführer und Kommandant des Arbeitslagers Plaszow übernommen. Er betritt mit nacktem Oberkörper und lässig übergestreifter Reithose den Balkon seiner auf einem Hügel über dem Lager gelegenen Villa. Mit gewohnt affektierter Geste zieht er tief an seiner Zigarette (diese Geste wird deutlich etabliert in einer früheren Szene, in der er seine Haushälterin rekrutiert). Weit unter ihm auf dem Appellplatz zeigt die Handkamera den Prozess der Arbeit, eine schwer überschaubare Menge an Häftlingen und Kapos in Bewegung.[252] Dichter Staub weht über die Szenerie. Nur Göth, in einer Totalen aus Untersicht gefilmt, scheint erhaben darüber zu sein. Eine der Arbeiterinnen beruhigt ihre Leidensgenossin: »Das Schlimmste ist vorbei. Wir sind jetzt Arbeiterinnen.« Als die Häftlinge abtreten, greift Göth neben sich nach seinem Gewehr mit Zielfernrohr und legt an (gezeigt aus der

---

[252] Man kann davon ausgehen, dass der Regisseur und seine Ausstatter hier einem detaillierten Drang nach Authentizität nachgehen, der tatsächlich in dieser Form bisher unerreicht zu sein scheint. Ich möchte hier jedoch auf den stets im Schatten dieses Films stehenden *Triumph of the Spirit* (*Triumph des Geistes*, 1989) von Robert M. Young hinweisen, der sogar an Originalschauplätzen in Auschwitz-Birkenau gedreht werden durfte.

selben Perspektive). Die wild schwenkende subjektive Kamera folgt nun seinem suchenden Blick über den Lagerhof; Spielberg weiß, dass die Dynamisierung der visuellen Auflösung einer statischen »Schönheit« der Bilder entgegenwirkt. Auf einer Frau, die sich gerade hingekniet hat, verweilt die Kamera schließlich. Der Jäger hat seine Beute gefunden. In einer ungewöhnlichen halbnahen Einstellung in Kopfhöhe von rechts sehen wir Göth, der das Gewehr erst absetzt, als hätte er es sich anders überlegt. Er legt jedoch nur seine Zigarette auf den Balkonrand und legt wieder an. Diese Perspektive ist deshalb unangenehm, weil der Zuschauer in die Perspektive eines Zeugen gezwungen wird, der neben dem Kommandanten steht.[253] Es folgt ein kurzer Umschnitt mit Blick über Göths Schulter, der Täter und Opfer vereint. Den eigentlichen Treffer sehen wir jedoch wieder aus der Subjektiven des Schützen: Mit brachialer Wucht durchbricht die Kugel den Kopf der Frau und schlägt hinter ihr deutlich sichtbar in den Boden. Noch gelingt es dem Regisseur, an die effektiven kurzen, harten Schocks anzuschließen, von denen die Räumung des Ghettos begleitet wird. Er präsentiert die Vernichtung des Lebens als willkürlichen, sinnlosen und letztlich erschreckend banalen Akt. Nun erfolgt der Umschnitt auf Göths Geliebte, die von dem Schuss aufgewacht ist. Im Zwielicht des Zimmers stützt sie sich mit nackten Brüsten in dem zerwühlten Bett auf die Ellenbogen und blickt den Schützen empört an. Sie verdreht die Augen, als sie erkennt, was vor sich geht und stöhnt in ihr Kissen: »Oh Gott! – Amon!« Amon Göth hat sich inzwischen auf einen Stuhl gesetzt und stützt sich beim Zielen auf das steinerne Geländer. Während im Hintergrund das Chaos auszubrechen scheint, nimmt er in eleganter, fast theatralischer Machogeste die Zigarette mit dem Mund vom Ge-

---

[253] George Seeßlen verweist auf dieses Phänomen in »Natural Born Nazis«, 1996: »Spielbergs Blick und die Kamera von Janusz Kaminski suchen nicht die Erklärung, sondern die Zeugenschaft.« (S. 161).

länder und legt erneut an. In drei wackeligen, handgeführten Einstellungen versetzt uns die Kamera mitten unter die panisch durcheinanderlaufenden Häftlinge. Göth überlegt kurz und legt dann erneut an (wieder aus Kopfhöhe sichtbar). In einer weiteren Subjektiven sehen wir einen Teil des Hofes, in dem noch gearbeitet wird. Ein Frau hat sich zur Ruhe auf einer Treppe niedergelassen; die Kugel lässt ihren Körper zur Seite wegsacken; noch einmal zuckt sie ... Göths Geliebte starrt ihn enerviert an und verbirgt dann erneut ihr Gesicht im Kissen. Diesmal kniet sie bereits auf dem Bett. Ihre fast kindliche Schmollhaltung kombiniert mit ihrer weitgehenden Nacktheit verleiht dieser Geste einen kurzen sexuellen Effekt. Mit Göths Hinterkopf im Anschnitt sieht man nun, wie er den Gewehrlauf erneut über das panische Geschehen schwenkt. An dieser Stelle bricht Spielberg die bisherige Montage, die zwar nur Fragmente kurzer Aktionen kombinierte, deren Kontinuitätssprünge jedoch zumindest noch innerhalb der erzählten Zeit denkbar waren. Auf die Einstellung mit seinem Hinterkopf im Anschnitt (unscharf) und dem Appellhof (scharf) folgt die bereits bekannte Totale des Balkons aus Untersicht. Doch im Moment des Umschnitts hat Göth bereits sein Gewehr auf die Schultern gelegt. Er scheint eine Art Gymnastik anzudeuten. Ein erneuter Perspektivenwechsel in die Halbtotale hinter ihm – durch die Balkontür – zeigt ihn, wie er tatsächlich einige Dehnungsübungen durchführt, ins Zimmer geht und das Gewehr demonstrativ vor seiner Geliebten durchlädt (eine möglicherweise bewusst phallische Geste). Die junge Frau wirft sich auf dem Bett herum und schlägt mit den Worten: »Amon! Du benimmst dich wieder wie ein schlimmes Kind!« ein Wäschestück nach ihm. Die Handkamera verfolgt seinen Weg ins Bad, während er mit gutgelauner Melodie sagt: »Zeit zum Aufstehen!« und mit genüsslichem Stöhnen vor der Kloschüssel seine Hose öffnet und uriniert. Sie fordert ihn auf, Kaffee zu kochen, doch er gibt diese Pflicht barsch an sie weiter. Schon Momente nach dem Gewaltexzess ist die Banalität des Alltags wieder eingekehrt.

So präsentiert sich nach Steven Spielberg das verstörende Porträt des alltäglichen Wahnsinns in einem Arbeitslager. Die Assoziationsfolge Morgenzigarette – Schießübungen – Urinieren lässt zusammen mit dem verbalen Machismo Göths einen monströsen Charakter entstehen, der sich als überspitzte Mischung aus den Typen »Despot« und »nationalsozialistischer Parteifunktionär« präsentiert. Interessant ist auch die Inszenierung von Göths Körper: Im Gegensatz zu der militärischen Korrektheit, mit der er sonst seine graue Uniform und die pomadisierte Frisur trägt – etwa in der unmittelbar folgenden Sequenz – hat er hier nur notdürftig die Reithose angezogen, deren Hosenträger noch lässig zur Seite baumeln. Die dominanten Reitstiefel hat er jedoch bereits angezogen. Während ihm die Uniform sonst eine perfekte (im Sinne von ›normierte‹) Körperstatur mit aufrechtem Gang verleiht, wird nun sein Hohlkreuz, die erschlaffte Brustmuskulatur und der hervorstehende Bauch sichtbar. Seine gesamte Körperhaltung ist in der Balkonszene nachlässig. Im tyrannischbarschen Umgang mit seiner Geliebten hat er letztlich eine eher »schmierige« Ausstrahlung, was sich mit ähnlichen erotisch konnotierten Situationen ergänzt (z.B. zwei Szenen später bei dem Umtrunk mit Schindler, wo er sich von mehreren Frauen gleichzeitig verwöhnen lässt). Göths Haushälterin verweist Schindler später auf die Willkür, mit der Göth mordet; die Auswahl der Opfer in der vorliegenden Sequenz legt jedoch nahe, er suche sich bewusst die Häftlinge heraus, die gerade nicht arbeiten.
Bereits in Thomas Keneallys Roman »Schindler's List« (1982) ist der historische Amon Göth als sehr viriler, pseudointellektueller Typus beschrieben:

> Er stammte aus Wien und war schon 1930 der NSdAP beigetreten. Als die Partei 1933 in Öster-

reich verboten wurde, gehörte er schon zur SS. [...] Als Führer eines Sonderkommandos nahm er an Aktionen im dichtbevölkerten Getto von Lublin teil und bewährte sich so, dass ihm die Liquidierung des Krakauer Ghettos anvertraut wurde. – Göth war von athletischer Statur, hatte ein offenes, angenehmes Gesicht, langgliedrige, muskulöse Hände. [...] Gelegentlich spielte er mit den Kindern von Offizierskameraden. Er konnte auch ein sentimentaler Liebhaber sein, hatte einen ebenso unstillbaren sexuellen Appetit wie Schindler. Auch homosexuelle Neigungen waren ihm nicht fremd. Seine beiden Ehefrauen wußten aus Erfahrung, dass er zu Grausamkeiten neigte, sobald die erste Liebesglut erloschen war. Er hielt sich für sensibel, [...], und nicht selten bezeichnete er sich als Literaten. [...] Seit zwei Jahren litt er unter Schlaflosigkeit, und wenn es möglich war, blieb er bis zum frühen Morgen auf [...].[254]

Göths sexuelle Neurosen kommen in einer weiteren Sequenz des Films noch mehr zum Tragen:

Amon Göths Verhältnis zu seiner neuen jüdischen Haushälterin Helene Hirsch wird in einer kurzen Szene etabliert, in der die junge Frau die Hände des Lagerkommandanten maniküRt. Das Wohnzimmer ist hell ausgeleuchtet und vermittelt einen eher kühlen, sterilen Eindruck. In einer Detailaufnahme werden Göths Hände als äußerst gepflegt und sensibel etabliert. Das penibel gepflegte Äußere wird in krassem Gegensatz zu dem Chaos seiner Gewalttaten gestellt, bei denen er folglich Handschuhe zu tragen pflegt (etwa in der Szene, in der er auf dem Appellplatz einen Häftling nach dem anderen erschießt und ihm deren Blut ins Gesicht spritzt). Auch bei der ritualisierten sadomasochistischen Sexualität dienen Handschuhe als Mittel

---

[254] Keneally 1982 / 1994, S. 141 f.

der Distanz zum Geschehen und werden von der aktiven, also dominierenden Person getragen. Mit einem eleganten Schwenk den Arm entlang wird Göth aus Helenes Sicht in der bereits bekannten bedrohlichen Herrscherposition präsentiert. Erst jetzt erfolgt der Establishing Shot, der die Haushälterin in einer gebeugt-knienden Haltung vor dem im Stuhl thronenden Kommandanten zeigt. Einige kurze Einstellungen später – Göth fixiert Helen mit zusammengekniffenen Augen – beugt er sich plötzlich zu ihr vor. Wieder wird diese Annäherung aus der beängstigenden Untersicht gezeigt, ergänzt durch ein scharfes Schattenspiel auf seinem Gesicht. Amon Göth spielt die umfassende Machtposition, die ihm – nicht nur – in seinem Haus eigen ist, genüsslich aus. Er definiert das Verhältnis zwischen Herr und Knecht durch Präsenz und Gestik. Sein stechender Blick gleicht dem eines Raubtiers, das seine Beute fixiert und – hypnotisiert.
Wenig später findet in Göths Villa ein Fest statt, zu dem auch Schindler geladen ist. Eine polnische Sängerin verleiht der Szenerie jene schwülstige Baratmosphäre, die auch *Salon Kitty* und *Portiere di notte* eigen ist. Aus subjektiver Sicht Helene Hirschs wird Göth beim Weg die Kellertreppe hinunter gezeigt. Der Einsatz der deutlich identifizierbaren Handkamera wurde den Film hindurch stets als Zeichen der Gefahr etabliert, wirkt somit auch hier bedrohlich: Das Raubtier und sein Opfer betreten den von der Außenwelt abgeschotteten, finsteren Kellerraum, der – wie zu erwarten – nur von vereinzelten Glühbirnen expressionistisch beleuchtet wird. Wir betreten die Domäne einer tabuisierten Sexualität, das finstere Herz der Psyche. In dem scharfzeichnenden Schattenspiel wirkt Helene Hirsch in ihrem dünnen, durchscheinenden Hemd noch schwächer, ihre erotische Präsenz als prädestiniertes Opfer für Göth noch prickelnder. Ein Blick über Helenes Schulter auf Göth offenbart ein konträres Bild zu dem machiavellistischen Perfektionisten aus der vorhergehen-

den Szene: Im Licht der Glühbirne wirkt sein Gesicht entstellt und verschwitzt, das Hemd hängt lose an ihm, sein Bauch wirkt erneut deutlich verfettet. Während er sein Opfer umkreist, stammelt er Dinge, die in vielerlei Hinsicht die Interpretation des Kellerraumes als sadomasochistisches Domizil bestätigen: »Hierher gehst du also, wenn du dich vor mir versteckst.« Mit diesem Satz verrät er seine Hoffnung, auch für sie sei das (obskure) Potential an »Freiheit«, das diese Flucht offenbart, präsent. Es folgt ein einschmeichelndes Lob ihrer Fähigkeiten als Köchin und Haushälterin, danach wieder ein extrem taktischer Zug: »Falls du nach dem Krieg eine Empfehlung brauchen solltest, würde es mich freuen, dir eine zu geben.« Unwillkürlich erweckt er in ihr die Hoffnung auf ein Überleben, auf ein »Danach«. Göth überbrückt mit diesen Worten seine Verlegenheit, die ihn befällt, wenn er sich seiner Begierden, die keine rassischen Schranken kennen, bewusst wird. Dieses Diktat der Begierde schwächt zugleich seine herrschende Position, eine (unbewusste) Erkenntnis, die ihn sichtlich verwirrt und enerviert.
Helene bekommt in diesem Moment – als das begehrte Opfer – andeutungsweise die Macht des Masochisten zugestanden, dem es obliegt, die Aktion des »Sadisten« zu lenken. Die Kamera reagiert darauf, indem nun sie mehrmals aus der frontalen Untersicht zu sehen ist. In einer Nahaufnahme im Profil nähert sich Göth der Frau weiter an und inszeniert einen fiktiven Dialog: »Du musst Dir sehr einsam vorkommen, hier unten, wenn du hörst, wie vergnügt oben offenbar alle sind. [...] Du kannst antworten ... Was ist aber die richtige Antwort? – Das denkst Du doch gerade. Was will er von mir hören?« Er möchte die Situation zu seinen Gunsten »retten«, indem er sich in die gewohnte Position des Verhörenden versetzt. Helene bleibt reglos, er lässt ihr keine Möglichkeit zur Reaktion. Seine Anspielung auf ihre Einsamkeit mutet eher wie ein Eingeständnis seiner eigenen Gefühle an, die er auf sie

projiziert. Was wie der Versuch anmutet, Vertrauen aufzubauen, vertieft nur die Kluft zwischen Herr und Knecht, isoliert den Kommandanten in seinem Egozentrismus. Er fährt fort: »Die Wahrheit, Helene, ist immer die richtige Antwort!« Helene realisiert die Situation, erkennt die Unberechenbarkeit Göths – tatsächlich wäre jede Reaktion in seinem Sinne »falsch«. »Ja, ja, du hast recht. Manchmal sind wir beide einsam ...« Da eine Reaktion ihrerseits ausbleibt, sieht sich Göth gezwungen, den »Dialog« auch weiter zu inszenieren: »Ich würde so wahnsinnig gerne zu dir ... in deine Einsamkeit durchdringen. Wie das wohl wäre, frage ich mich. Ich meine, was wäre so falsch daran?« Er scheint tatsächlich die Basis einer emotionalen bzw. sexuellen Beziehung in Erwägung zu ziehen – gerade aus seiner eigenen Sicht schwächt er sich in diesem Moment grundlegend. Er muss eine Wendung erzwingen; oder zumindest andeuten: »Selbstverständlich weiß ich, dass du kein Mensch bist im eigentlichen Sinne des Wortes. Aber vielleicht hast du ja auch in diesem Punkt recht. Ich meine, aber ... Wir können nichts dafür. Weder du noch ich.« Die Weise, in der Göth hier gegen die Prinzipien der SS verstößt – er scheint sich vom Antisemitismus zu distanzieren – schwächt seine Position so weit, dass er gerade durch Helenes Standhaftigkeit und scheinbare Unberührtheit angreifbar wird. Sie gibt im Gegensatz zu ihm nichts von sich preis, gibt ihm keine Möglichkeit, sie zu attackieren. Göth bleibt im Taumel seines offenbar sexuellen Begehrens gefangen: Er geht nervös im Raum umher, umkreist sie, seine Mimik verzerrt sich stellenweise, er lacht kurz auf.

Spielbergs Film betritt hier ein Terrain, das aus den bereits beschriebenen Filmen bekannt ist: Szenen aus *Portiere di notte* und *Salon Kitty* kommen unwillkürlich in Erinnerung. Doch die Sexualisierung des Geschehens wird in dieser Szene noch einen Schritt weiter getrieben: Die erneute physische Annäherung zwischen Göth und Helene inszeniert Spielberg als bittere Hommage an eine Liebesszene des klassischen Hollywoodkinos. Mit der rechten Hand streichelt Göth der jungen Frau andeutungsweise über Haar und Gesicht: »Ist dies das Antlitz einer Ratte? Sind dies die Augen einer Ratte? Hat nicht ein Jude Augen?« Auf groteske Weise erinnert er hier gleichzeitig an Shakespeares Shylock und die berüchtigte Ratten-Sequenz aus dem nationalsozialistischen Propagandafilm *Der ewige Jude*. Er kehrt damit jedoch gleichzeitig in die Welt des Antisemitismus zurück, indem er dessen Gleichnisse (den Vergleich zwischen Juden und Ratten als »parasitärem Ungeziefer«) ernst zu nehmen scheint. Das missbrauchte Shakespeare-Zitat verweist auf die Gewohnheit der faschistischen Dogmatiker, etablierte kulturelle und künstlerische Versatzstücke aus dem Zusammenhang zu lösen und in ihrem Sinne zu schänden. Göth umgibt sich dabei mit einem ähnlich infamen Deckmantel des Ästheten wie der junge SS-Mann, der zur Räumung des Ghettos früher im Film Klavier spielte. Spielberg treibt die Inszenierung jedoch weiter: Es folgt ein Umschnitt in das Nachtclub-Ambiente, wo Schindler zu seiner sichtlichen Freude von der Sängerin umworben wird. Auch sie streckt die Hand nach ihm aus. Die Absicht des Regisseurs, diese Sequenz sexuell zu konnotieren, ist offensichtlich. Die nächste Einstellung zeigt Göth, wie er Helenes Schulter und Brust berührt mit den Worten: »Ich habe Mitleid mit dir, Helene.« Er sagt es mit einem ähnlich makabren Effekt, wie es die Katze zur Maus sagen könnte. Wieder folgt eine Parallelmontage zwischen dem erotischen Werben zwischen Schindler und der Sängerin und dem Geschehen im Keller. Simultaneität der Gestik und Proxemik sowie Tempo der Montage steuern auf einen erotisch erhitzten Höhepunkt zu, der nach einer Auflösung verlangt. In einer verstörend langen Einstellung (etwa 15 Sekunden) verändert sich unvermittelt Göths Mimik: Während er ihren Kopf leicht hebt, macht sich Widerwille in seinen Zügen be-

merkbar. »Du jüdische Schlampe! Beinah hättest du mich rumgekriegt ...« Göths indoktriniertes ›SS-Bewusstsein‹ kehrt zurück, der sexuelle Affekt muss spontan unterdrückt, ›getilgt‹ werden. Die physische Schönheit der Frau wird mit einem Mal zur Provokation.
Spielberg schneidet nun unvermittelt in einen bereits vorher etablierten zweiten parallelen Handlungsort: eine Häftlingsbaracke, in der gerade eine jüdische Hochzeit stattfindet. Um den Akt zu besiegeln, zertritt der Bräutigam mit dem Fuß ein Glas – hier ersetzt durch eine Glühbirne. Die drei korrespondierenden Handlungen – die jeweils verschiedene Dimensionen heterosexueller Beziehungen verkörpern – werden nun in schneller Folge parallel geschnitten. Das Zertreten der Glühbirne geht in Göths Schlag in Helenes Gesicht über. Die Kameraposition schräg über Göth verleiht ihm seine dominante Position zurück. Nach einem Schnitt kann man Schindler der Sängerin begeistert applaudieren sehen. Die auditiv analogisierten Geräusche des Splitterns, des Schlagens und des Klatschens betonen erneut die Unterschiedlichkeit der drei dargestellten Verhältnisse. Während Göth Helene wutentbrannt durch den Raum schleudert, wird die Parallelmontage beibehalten. Die Hochzeitszeremonie ist beendet, das Paar kann sich küssen und die Glückwünsche entgegennehmen; der Raum der Liebe korrespondiert mit dem Raum des Hasses, bzw. der brutal unterdrückten Liebe, die in Aggression umschlägt. Der Moment, in dem Göth ein volles Flaschenregal auf die Frau stürzen lässt, rundet das Geschehen auf bittere Weise ab: Er verweist erneut auf das zertretene Glas der Hochzeit. Im Gegensatz zu Göth, der sich die Liebe aus ideologischen Gründen versagen muss, kann Schindler der ihn umwerbenden Sängerin gönnerisch Beifall zollen.
Georg Seeßlen deutet die oben beispielhaft beschriebene Figurenzeichnung in einem positiven, funktionalen Licht:

[…] es gibt gewiß Schlüsselszenen, etwa Schindlers Zeugenschaft bei der Zerstörung des Ghettos von Krakau oder Amon Göths psychopathische Beziehung zu einer jüdischen Frau, aber wie der eine zum entschlossenen Gegner des Regimes, der andere zum immer blutrünstigeren Mörder wird, das ist nicht als äußeres Drama zu erkennen, nicht in wohlfeile schauspielerische oder dramaturgische Rhetorik gekleidet. Spielberg verweigert hier zu Recht das Kino der Eindeutigkeit. Und gerade weil nichts in einem geschlossenen Mythos aufgehoben ist, gibt der Film seinen Figuren und den Zuschauern einen großen Teil der Verantwortung zurück. Es gibt immer die Freiheit, sich anders zu entscheiden.[255]

Diese These entspricht eher dem, was man mit dem Film an Hoffnung verbinden könnte. In Seeßlens Ausführungen ist tatsächlich eine gewisse idealistische ›Blindheit‹ augenfällig, etwa wenn er an späterer Stelle darauf feststellt: »In Spielbergs Film gibt es keinen Augenblick der ›Faszination‹ durch den Faschismus.« Ich denke, es ist gewagt, von dem filmischen Göth nicht als einer – im beklemmenden Sinne – faszinierenden Figur zu sprechen. Des weiteren stilisiert Spielberg die Einfahrt des Zuges nach Auschwitz tatsächlich als ein mythentaugliches Inferno aus gesichtslosen Soldaten, bellenden Hunden, gleißenden Scheinwerfern und dem Ascheregen; man könnte an diesen Stellen wiederum von einem ›faschistischen Mythos des Bösen‹ reden. Die erwähnten Szenen erinnern ihrerseits an einen deutschen Kriegsfilm aus dem Jahr 1963: *Die Flucht* von Edwin Zbonek, der ebenfalls ausführlich Gebrauch von düsteren Uniformen in gleißendem Gegenlicht macht.

---

[255] Seeßlen 1996, S. 160.

Einerseits verbildlicht sich in der Inszenierung Amon Göths die grundlegende Zwiegespaltenheit des faschistischen Regimes: Der »schöne Schein«, die viel zitierte »Überwältigungsästhetik« des Dritten Reiches, will in all seiner Blendung die Massenmorde überstrahlen. Andererseits verkörpert der Schauspieler Ralph Fiennes Göth als eine extreme Form des »tragischen Helden«, eines Antihelden, dessen Unfähigkeit zu Liebe und Vergebung die einzigen Gründe für sein destruktives Verhalten zu sein scheinen. In der Kellerszene erzeugt er teilweise Mitleid mit seiner Nervosität, seiner ungeschickten Verliebtheit. Nimmt man ihn als tragischen Charakter an, ist er sehr nah an Dirk Bogardes Max aus *Portiere di notte*, einem weiteren dekadenten Neurotiker in Uniform. Die Akzeptanz, mit der die Kritik der Figur Amon Göths begegnete, ist verwunderlich angesichts des Skandals, den Liliana Cavanis Film zwanzig Jahre vorher erzeugt hatte. Steven Spielbergs Inszenierung dieses sexuell motivierten Faschisten ist demnach der logische Endpunkt einer Entwicklung, die bereits mit *Roma citta aperta* begann, in den 1970er Jahren verfeinert wurde und sich nun als akzeptables Bild des nationalsozialistischen Gewalttäters etabliert hat. Die sexuelle Konnotation faschistischer Destruktivität ist inzwischen fest verankert in der öffentlichen Rezeption.

Mythen jenseits der Geschichte

> Die Funktion des Mythos besteht darin, das Reale zu entleeren, er ist buchstäblich ein unablässiges Ausfließen, ein Ausbluten, oder, wenn man so will, ein Verflüchtigen, also eine spürbare Abwesenheit.
> Roland Barthes, *Mythen des Alltags*

> Man darf nicht den Schein (die Verführungskraft der Bilder) beseitigen. Dieser Versuch muss scheitern, damit die Abwesenheit der Wahrheit nicht an den Tag kommt.
> Jean Baudrillard, *Von der Verführung*

Während die eigentlichen, exploitativen SadicoNazista ein kurzes Dasein in den europäischen Bahnhofskinos fristeten und heute – wie bereits erwähnt – als ›Videotrash‹ in Fankreisen beliebt sind, sind die Nachwirkungen der sechs, sieben populären Beispiele bis heute nicht zu unterschätzen. Ich habe dargestellt, welcher filmspezifischer Mittel sich diese Filme bedienen, wie sie mit Hilfe eindringlicher Affektmomente Eindrücke und Bilder im Medienbewusstsein der Zuschauer verankern und in ähnlichen Zusammenhängen erneut abrufbar machen – sei es in historisch-dokumentarischem Kontext oder in den Unterhaltungsmedien. Ich schließe hier den Bogen von den pornografischen Fantasien, die Susan Sontag in ihrem mehrfach thematisierten Artikel diagnostiziert, über den von Saul Friedländer analysierten »neuen Diskurs« Ende der 1970er Jahre bis zum vorläufigen Höhepunkt der Entwicklung, *Schindler's List*, in dem es dem Regisseur gelingt, die etablierten Affektmomente bewußt als wirkungsvolle Stilmittel einzusetzen, ohne in exploitative Bereiche abzugleiten. Dass sich Werke wie *Caduta degli dei* oder *Portiere di notte* vornehmlich sinnlicher Mechanismen bedienen, liegt auf der Hand. Steven Spielberg arbeitet mit dieser Methode an einigen Stellen von *Schindler's List*, vor allem in der Kellerszene. Auffällig ist, dass viele Filme an derartigen Stellen auf eine Art etablierten ›Konsens‹ zwischen Film und Publikum zurückgreifen: Sie setzen ausschließlich auf Darsteller, die im weitesten Sinne (sexuell) attraktiv erscheinen, benutzen Inszenierungscodes aus dem klassischen Genrekino, z.B. die expressive Ausleuchtung des Horrorfilms oder die schemenhafte Weichzeichnung des erotischen Films, arbeiten mit deutlichen Kontrasten wie hochgeschlossen und nackt, Militär und Zivil, Macht und Auslieferung usw. Gelingt dem Film diese ästhetische ›Bestechung‹, kann er so eine sinnliche Verbindung zum Zuschauer knüpfen. Wie schon erwähnt, hüten sich einige Regisseure sorgsam vor einer stilisierten Darstellung (Andreas Grubers *Hasenjagd – Vor lauter Feigheit gibt es kein Erbarmen*, 1994), doch gerade in den diesbezüglich populärsten Werken der 1980er und 1990er Jahre scheinen die Filmemacher der Verführungskraft ihrer eigenen Bilder zu erliegen (Rainer Werner Faßbinders *Lili Marleen*, 1980, und Volker Schlöndorfs *Der Unhold*, 1996). Obwohl das nicht die Absicht dieser Arbeit ist, bestätigen einige der Analysen letztlich Befürchtungen, die Saul Friedländer in seinem Essay allgemeiner formulierte. In zahlreichen Fällen scheint der Filmemacher tatsächlich der Faszination seines Sujets bis zu einem gewissen Grad erlegen zu sein. An dieser Stelle offenbaren sich die Obsessionen dieser Künstler und machen sie angreifbar: Viscontis Hang zu Aristokratie und Dekadenz, Liliana Cavanis erotische Lust an Masken und Transformation, Lina Wertmüllers ewiges Geschlechterdrama und Pasolinis teilweise destruktive Homosexualität. Wiederum gelingt es Steven Spielberg scheinbar, eine neutrale Perspektive einzunehmen, da er oben genannte Elemente lediglich als inhaltliche oder stilistische Versatzstücke in *Schindler's List* einführt, doch seine Obsession wird schließlich ebenso offensichtlich: Es sind die Mechanismen des klassischen, narrativen Hollywoodkinos, der Drang, jedem Thema eine konventionelle, allgemein zugängliche, letztlich traditionelle inszenatorische Form zu verleihen. Die folgenden abschließenden Ausführungen fassen die bereits punktuell analysierten Stilmittel systematisch zusammen und zeigen, wie sich der moderne Film nach einer Phase des postmodernen Spiels, das sicherlich auch bei Wertmüller und Brass nachzuweisen wäre[256], wieder emanzipieren und auf neuen Ebenen nach Effektivität streben kann. Ein Begriff, der gelegentlich fiel, jedoch bisher nicht näher erläutert wurde, ist der des »Tabus« bzw. des »Tabubruchs«, der mit den SadicoNazista-Filmen assoziiert zu sein scheint. Tatsächlich ist das moralische Tabu der westeuropäischen Industriegesellschaft, das mit einer Darstellung des Nationalsozialismus im Unterhaltungskontext verbunden ist, gleichzeitig das wichtigste Affekt-Motiv für ein breites Publikum. Im kulturanthropologischen Kontext ist das »polynesische Wort ein allgemeiner Begriff für alles, was verboten ist. Jedes Objekt, das in die sakrale Sphäre gehört und kraftgeladen ist, kann *tabu* sein. Ein Objekt kann durch bestimmte Riten aber auch tabuisiert werden.« Es ist »eng mit dem Kraftglauben verbunden: je mehr Kraft, z.B. Mana, ein Objekt besitzt, desto größer ist seine Tabuzone«.[257] Bereits Georges Bataille führte in seiner »Psychologischen Struktur des Faschismus« (1970)[258] diese beiden ethnologischen Begriffe – »Tabu« und »Mana« – in die Faschismusdiskussion ein und betonte damit, dass selbst aus politikwissenschaftlicher Sicht die totalitären, faschistischen Systeme einen sakralen Bereich verkörpern, der sich aus ihrer zum Teil schwer erklärbaren Massenwirkung nährt. Im Faschismus

---

[256] Es ist natürlich zu diskutieren, ob es sich hier *noch* um Einflüsse der Popart handelt, oder ob sich *bereits* die Postmoderne zeigt. Wahrscheinlich handelt es sich bei einigen Vertretern des SadicoNazista-Phänomens um mögliche Bindeglieder; speziell Brass und Ken Russell sind Regisseure, deren frühe Filme eindeutig Einflüsse der Popart aufweisen.
[257] Definition aus: Walter Hirschberg (Hrsg.): Neues Wörterbuch der Völkerkunde, Berlin 1988, S. 465.
[258] Bataille 1997.

Mussolinis und mehr noch in Hitlers Nationalsozialismus wurde Politik zum Religionsersatz und die politischen Führer zu charismatischen Figuren, in denen sich die Kraft, das »Mana«, eines ganzen Volkes zu zentrieren schien. Noch heute hat diese quasireligiöse Perspektive auf faschistische Systeme offenbar Gültigkeit, nur dass in ihnen die ›Kräfte des Bösen am Werk‹ gesehen werden. Bei dem Darstellungsverbot des Faschismus, das sich zunächst im Verbot von dessen Propaganda-Materialien zeigt, wird also die sakrale Kraft dieser Ideologie nie bestritten, stattdessen sogar bestätigt.[259] Das Charisma des Faschismus wird zum negativen Mysterium, zum Mythos des Bösen. Schon die Darstellung dieser Phänomene berührt dessen moralische Tabuzone; es hat Jahrzehnte gedauert, bis gerade in Deutschland von einigen Beispielen abgesehen eine offene Beschäftigung des Films mit den Verbrechen des Nationalsozialismus möglich wurde. Das hatte andererseits auch seinen Grund in der Angst der Vertreter des »Neuen deutschen Films« vor der Verwendung bereits missbrauchter Bilder. Aus der historischen und geographischen Distanz etwa Amerikas verkehrt sich dieses Berührungsverbot zum spielerischen Element. So waren es auch vor allem amerikanische Propaganda-Filme und -Plakate, die mit einer deutlichen Sexualisierung des deutschen Faschismus bereits in Kriegstagen arbeiteten.[260] In den Vereinigten Staaten sind bis heute das offene Tragen nationalsozialistischer Symbole sowie der Vertrieb faschistischer Propagandafilme nicht verboten. Ich habe bereits darauf verwiesen, dass sich vor allem der italienische und mit Einschränkungen auch der französische und spanische Umgang mit nationalsozialistischen Motiven vom

---

[259] Das gilt sowohl für die NSdAP-Filme wie Leni Riefenstahls *Triumph des Willens* (1935) oder Hans Steinhoffs *Hitlerjunge Quex* (1933), als auch für aktuelle Produktionen wie Winfried Bonengels Dokumentarfilm *Beruf Neonazi* (1993), der von dem darin interviewten Neonazi Althans anschließend vermutlich als Schulungsfilm eingesetzt wurde.
[260] Duerr 1993 zeigt ein solches Plakat auf Seite 315.

deutschen unterscheidet, obwohl all diese Länder eigene Erfahrungen mit unterschiedlich ausgeformten faschistischen Systemen gemacht haben – wobei ich das Vichy-Regime und die Franco-Ära natürlich nicht dem Mussolini-Staat gleichstellen möchte. Bildete sich in Frankreich und Italien der Mythos vom umfassenden Widerstand, litt Spanien noch bis in die 1970er Jahre unter den Auswirkungen des Franco-Regimes. Die unterschiedliche Phänomenologie des Faschismus dieser Länder erklärt den oft weniger vorsichtigen Umgang mit dem Faschismus-Tabu in den Medien. So ist bis heute in Deutschland nur *ein* explizit sexualisierender Film zum Thema Faschismus entstanden, nämlich *Eine Armee Gretchen* (1973) von Erwin C. Dietrich, eine Militärklamotte mit Sexeinlagen, die scheinbar eher zufällig im Zweiten Weltkrieg spielt. Außerdem versuchte Faßbinder-Schüler Ulli Lommel, in seinem *Adolf und Marlene* (1976) eine satirische Dekonstruktion des Hitler-Mythos zu inszenieren, was jedoch angesichts der Klamaukhaftigkeit kaum ernstzunehmen ist. Frühere filmische Adaptionen bedienten sich entweder der Abenteuerstruktur des Kriegsfilmgenres wie Edwin Zboneks *Die Flucht*, der die Kain und Abel-Geschichte in ein Konzentrationslager verlegt, oder bemühten sich um einen kühl-distanzierten, betont unsinnlichen Stil wie Theodor Kotullas *Aus einem deutschen Leben*. Sexualpsychologische Versionen von der Art des *Portiere di notte* oder wagemutige Satiren wie *Pasqualino Settebellezze* sucht man im deutschen Film der Nachkriegszeit vergeblich. Erst mit Volker Schlöndorffs Grass-Verfilmung *Die Blechtrommel* (1980) klang ein etwas respektloserer Ton an, indem sich der Film die Perspektive eines zynischen kleinen Narren, Oskarchen, aneignet, aus dessen Sicht die Nazis als theatralische, großmäulige Schwachköpfe auftreten. Später wiederholte Schlöndorff dieses Konzept in der Tournier-Verfilmung *Der Unhold*, ohne dabei dem komplex-mythischen Ton der Vorlage gerecht zu werden. Die Darstellung der Nazifiguren erschöpft sich hier in einer hohlen, oft albernen Typenparade, die sich zum Teil auf Stereotypen des SadicoNazista-Komplexes beruft (der Verführer, der wahnsinnige Arzt, der fettleibig-dekadente Reichsmarschall). Das Tabu wird hier allenfalls gestreift, was letztlich den – eventuell angestrebten – Effekt hat, dass Schlöndorffs Filme als eigentlich harmloses Unterrichtsmaterial an Schulen herhalten müssen. Einer der radikalsten Filme, der es wagt, moralische Grenzen in seiner Darstellung und Dramaturgie zu übertreten, ist *Tras el cristal* / *Im Glaskäfig* (1992) des Spaniers Augustin Villaronga. Dieser morbide Psychthriller erzählt von dem pädophilen ehemaligen KZ-Arzt Klaus (Günther Meisner), der nach einem Selbstmordversuch in einer eisernen Lunge liegt. »Eine unheimliche, bizarre Erhabenheit erfüllt das Zimmer von Klaus, [...], feierlich aufgebahrt wie ein Leichnam aus Stein – vollkommen allein, isoliert und abhängig, umgeben von dicken roten Vorhängen, die immer vor die Fenster gezogen bleiben.«[261] Als Krankenpfleger verschafft sich der junge Angelo (David Sust) Zugang zu dessen Haushalt und beginnt gleich am ersten Abend, hemmungslos seine obsessive Leidenschaft zu dem älteren Mann auszuleben: Er öffnet den »Glaskäfig« und treibt Fellatio mit dem Erstickenden. Nachdem er Klaus' Frau getötet hat, beginnt er, die Villa selbst zum Konzentrationslager umzugestalten: Drahtverhau und Stacheldraht säumen nun die Treppe. Auch die pädophilen Neigungen des alten Mannes führt Angelo fort: Er opfert ihm kleine Jungen auf dieselbe Weise, wie es Klaus einst selbst getan hatte. In einem finalen Gewaltakt outet sich Angelo als ehemaliges Opfer und lässt Klaus qualvoll verenden. Die Transformation wird vollendet, indem der junge Mann sich selbst in die eiserne Lunge legt und die unheilvolle Saat symbolisch an Klaus' junge Tochter weitergibt, die zu seiner Hüterin wird. Villaronga konfrontiert den Zuschauer mit bedrückend finsteren Bildern und einer kühlen, synthetischen

---

[261] Stevenson o.J., S. 25.

Musik, die den Zuschauer gnadenlos den unfassbaren Gewaltakten ausliefert; deutlich zeigt er z.B. den Todeskampf eines kleinen Jungen, dem Angelo eine Benzinspritze gesetzt hat. Doch das Tabu ist hier nicht nur der Kindesmord, die pädophile Vergewaltigung oder die orale Schändung des Sterbenden, es ist wiederum die Tatsache, dass ein Opfer selbst zum Täter wird – noch deutlicher als in *Portiere di notte* oder *Kapo*. Den Bezug zur Vergangenheit, die in dem ›Kristallkäfig‹ konserviert ist, schafft Angelo, indem er Klaus aus seinem Kriegstagebuch vorliest. Klaus will davon nichts mehr wissen, trachtet bereits durch seinen Suizid-Versuch danach, die Vergangenheit auszulöschen. Angelo kehrt die Verhältnisse systematisch um, und wieder ist eine obsessive Leidenschaft die Triebkraft der Handlungen. *Tras el cristal* wurde bei seiner Vorführung beim Berliner Filmfest schweigend übergangen und ist erst in den letzten Jahren auf Heimmedien verbreitet.

Die Reaktion eines Teils des französischen Publikums auf Louis Malles *Lacombe Lucien* lässt auf einen wiederum anders gelagerten Tabubruch schließen. Der Regisseur selbst sagt dazu:

> People who lived through this period knew that this was completely true and honest about what actually happened. And people who were not French took it for what it was: a reflection on the nature of evil. The controversy was between French intellectuals and politicians. Those who attacked the film did it on the grounds that it was fiction; we had invented and put on the screen a character who was complex and ambiguous to the point where his behaviour was acceptable. For them it justified collaboration – which certainly is not what I was trying to do.[262]

Zunächst ist anzumerken, dass die französische Auseinandersetzung mit der Kollaboration während der deutschen

---

[262] Malle in French 1993, S. 103.

Besetzung bei weitem nicht so ausgeprägt ist wie die deutsche Beschäftigung mit der Nazivergangenheit. Die Verdienste der Résistance haben sich als der wesentliche Beitrag zur Geschichte des Zweiten Weltkriegs etabliert. Malle schuf nun eine Geschichte, die einerseits einen Nazi-Kollaborateur in den Mittelpunkt stellt und ihm weniger die Résistance, als vielmehr einen jüdischen Schneider als Gegenpol gegenüberstellt. Die Ambivalenzen in der Motivation des Charakters wurden übersehen, sowie dessen Hinrichtung durch die Résistance, die nur im Abspann erwähnt wird, als zynisch empfunden. Malle wurde als Verräter an der französischen Geschichte empfunden, er beteuerte jedoch, dass die Geschichte des Bauernjungen Lucien auf verlässlichen Recherchen basiert. Nur ein Jahr zuvor erregte Marcel Ophüls mit seiner »Chronique d'une ville francaise sous l'occupation« *Le Chagrin et la pitie* (1969) einen Skandal, da es ihm mit diesem sehr komplexen Dokumentarfilm gelungen war, das Geflecht aus Anpassung und Widerstand, das die französische Bevölkerung während des Krieges ausmachte, aufzudecken. Auch der Schriftsteller Alain Robbe-Grillet betont in seiner Autobiografie »Le Miroir qui révient« (1984), dass eine pro-nationalsozialistische Einstellung in einigen gesellschaftlichen Kreisen Frankreichs während des Zweiten Weltkriegs nicht ungewöhnlich war.[263] Es sind demnach nicht nur Bilder, die zensiert werden, sondern zugleich eine bestimmte Perspektive auf die Geschichte.

Nach David Bordwells Definition[264] arbeitet der klassische narrative Film mit einer linearen Erzählweise. Bei dieser traditionellen Form des Filmemachens setzt der Zuschauer die vollständige Topographie der filmisch evozierten Welt voraus. Auch wenn nur Ausschnitte daraus zu sehen sind, setzt er diese Topographie virtuell doch immer wieder zusammen. Daraus ergibt sich ein dynamisches

---

[263] dt. Alain Robbe-Grillet: Der wiederkehrende Spiegel, Frankfurt / Main [1984] 1986 / 1989, S. 110 ff.
[264] nach Bordwell / Thompson 1993.

System, da er immer mehr über sie erfährt und sie immer wieder korrigieren kann. Folglich nimmt der Zuschauer eine vollständige Chronologie der Ereignisse an, auch dann, wenn der Film sie verändert, etwa in Form von Rückblenden.

Es obliegt also dem Zuschauer, eine nicht linear entwickelte Handlung in seiner interpretierenden Wahrnehmung neu zu ordnen, so dass ein virtueller »linearer« Film entstehen kann, der den Maßstäben, des »literarischen« *cinema impur* nach André Bazin genügt.[265] Die Zerstörung der linearen Erzählweise kann dazu dienen, die Relativität der individuellen Wahrnehmung zu verdeutlichen, wie es Akira Kurosawa in *Rashomon* (1951) tat. Andererseits kann ein nichtlinearer Film die Chronologie der erzählten Zeit in Frage stellen und Momente der Irritation schaffen. David Lynch arbeitet derart z.B. in dem Psychothriller *Lost Highway* (1996), der eine Spaltung des schizophrenen Protagonisten in zwei gleichwertige eigenständige Charaktere zeigt und somit einen radikalen Bruch mit der Publikumserwartung riskiert. Das Bedürfnis des Zuschauers nach einem folgerichtigen, logisch nachvollziehbaren Gang der Ereignisse wird enttäuscht. Der Effekt ist mitunter verunsichernd und beängstigend, weshalb zahlreiche Psychothriller mit linearen Lücken arbeiten. Die nichtlineare Erzählweise im Rahmen der SadicoNazista-Filme hat hingegen eine andere Funktion: Hier geht es um die Erschaffung eines historischen Simulakrums, dem durch das filmische Nebeneinander verschiedener Epochen ein Gefühl für historische Authentizität eingehaucht werden soll.

Man sollte sich noch einmal vergegenwärtigen: Film ist die Montage audiovisueller Elemente zum Zwecke der Narration. Ein wesentliches Merkmal dieses Mediums ist demnach weder das Bild (wie in der Malerei, z.T. im Theater,

---

[265] Während sich der »reine Film« (*cinema pur*) nur auf die Möglichkeiten seiner eigenen Medialität verlässt, ahmt der »unreine Film« (*cinema impur*) die dramaturgischen Techniken der Literatur nach und strebt nach dem Simulakrum der inszenierten Realität.

in der Bildenden Kunst, in der Fotografie), noch Ton und Musik (wie im Theater, im Hörspiel usw.), sondern die bewusste Zusammensetzung dieser Bauteile, eben die Montage. Es verwundert kaum, dass sich progressive Filmemacher von jeher zuerst mit der Montage als kreativem und manipulativem Schritt beschäftigt haben (Sergej Eisenstein sei als berühmtestes Beispiel genannt). Als eine Antwort auf die moderne Literatur der 1950er und 1950er Jahre[266], die ebenfalls mit Textmontagen und Fragmentierung der linearen Erzählstruktur operierte (*nouveau roman*), drehte der französische Dokumentarfilmer Alain Resnais in Zusammenarbeit mit der Schriftstellerin Marguerite Duras das verschachtelte Drama *Hiroshima Mon Amour* (1959). Erzählt wird die kurze Romanze einer französischen Schauspielerin und eines japanischen Geschäftsmannes, die sich in Hiroshima nach dem Krieg kennenlernen. Beide sind durch die Vergangenheit stigmatisiert: Sie bekam die Verachtung des eigenen Volkes zu spüren, da sie während des Krieges mit einem deutschen Soldaten liiert war, und er hat seine ganze Familie bei der Bombardierung Hiroshimas verloren. Im Gegensatz zu der von Pierre Kandorfer als »intellektuelle Montage«[267] bezeichneten Methode, die Resnais zuvor in *L'Année dernière à Marienbad* (*Letztes Jahr in Marienbad*, 1961) anwendete, und mit deren »Hilfe der Filmschöpfer Montageteile ohne abgeschlossene Begriffsfunktion so montieren will, dass sie erst im intellektuellen Nachvollzug des Publikums ein Ideogramm auslösen«[268], handelt es sich bei *Hiroshima mon amour* bereits um ein Vorbild der von Annette Insdorf in

---

[266] Mir ist bewusst, dass die Montage nicht das einzige Kriterium der filmischen Moderne ist; nicht zu vergessen ist diesbezüglich auch die Tiefenschärfeinszenierung und Innere Montage bei Orson Welles etc. In unserem Zusammenhang ist jedoch der Bereich der Montage am aussagekräftigsten.
[267] Pierre Kandorfer: Dumont's Lehrbuch der Filmgestaltung, Köln [1978] 1994, S. 249.
[268] a.a.O.

ihrem Buch »Indelible Shadows« eingeführten »Meaningful Montage«[269]:

> Films that depict a character's memory of a horrific past – and that character's enslavement by it – can have more consistency and integrity than a movie that purports to show the past in an objective way. A fictional reconstruction of a concentration camp is not quite as »truthful« as one person's subjective memory of it, for the latter acknowledges the partiality of the recollection. [...] This is a cinema of flashbacks: a filmic device that permits the visible, palpable past to surface into the present.[270]

Die bedeutungsvolle Montage ist also der Versuch, durch logische und chronologische Zuordnung und Neuordnung der Montageelemente verallgemeinerbare Aussagen zu erschaffen. Die Gefahr der Mythenbildung ist hier evident. Als Beispiel dient etwa *The Pawnbroker* (*Der Pfandleiher*, 1965) von Sidney Lumet, der die Geschichte eines New Yorker Pfandleihers (Rod Steiger) erzählt, der immer wieder von seinen Erinnerungen an die Haft im Konzentrationslager heimgesucht wird. Die Erinnerung wird durch kunstvolle Montage mit der Gegenwart verbunden: Momente der Besinnung des Protagonisten, momentane visuelle Entsprechungen und Analogien der Handlung geleiten in die Schreckenszeit zwanzig Jahre davor. Lumets Werk ist das erste bekannte Beispiel für diese Verschachtelungsdramaturgie, die bis in die 1980er Jahre in unterschiedlicher Konsequenz auftaucht. Betrachtet man die Filme, die sich dieser dramaturgischen Konstruktion bedienen, als Ganzes, lassen sich Rückschlüsse auf eine spezielle Dramaturgie ziehen, die offenbar ebenfalls mit einer Form von ›ästhetischer Infektion‹ des Zuschauers zusammenhängt. Ich werde dies an einem dreistufigen Modell zu erläutern versuchen.

---

[269] Insdorf 1983 / 1989, S. 29 ff.
[270] a.a.O., S. 29.

In der ersten Stufe wird der Versuch unternommen, Glaubwürdigkeit zu erzeugen, d.h. das Geschehen als historisch-authentisch zu etablieren. Filme wie *Sophie's Choice* (*Sophies Entscheidung*, 1982) von Alan J. Pakula oder *La Passante de Sans Souci* (*Die Spaziergängerin von Sans-Souci*, 1982) von Jacques Rouffio – Holocaust-Bearbeitungen, die keine SadicoNazista-Elemente aufweisen – bedienen sich dieses Modells, verharren aber in diesem Zustand und begnügen sich mit dem angestrebten historischen Simulakrum. *The Pawnbroker* zeigt, wie man auf dieser Basis einen Schritt weiter gehen kann: Durch die Analogie vergangener und gegenwärtiger Ereignisse wird auf der zweiten Stufe die Allgegenwart des faschistoiden Terrors betont: Der Protagonist sieht sich in den 1960er Jahren mit ähnlich entbehrungsreichen Erfahrungen und vergleichbar destruktiver, selbstzweckhafter Gewalt und Hass (Streetgang-Terror in New York) konfrontiert. Diese Allegorie zeigt sich schließlich durch die spezielle *cross*-Montage. Während in den hier zitierten und von Annette Insdorf eingehend analysierten Filmen sich diese Vorgehensweise einer sehr klassischen Art der Parallelisierung bedient – nämlich der, die sich vor allen seit David Wark Griffith im Spielfilm etabliert hat, um Anteilnahme und Spannung des Zuschauer zu garantieren –, gehen die Filme von Cavani und Wertmüller einen Schritt weiter, den Schritt, der zum Ziel der Kritiker wurde.

Die Filme *Portiere di notte* und *Pasqualino Settebellezze* erschaffen innerhalb ihrer aufgelösten Zeitstruktur eine Analogie zwischen politischem ›Willen zur Macht‹ und sexueller Begierde; d.h. zu der manipulativen Struktur der nichtlinearen Handlung kommen deutliche Affekt-Momente, die es dem Zuschauer, der sich ernsthaft auf diese Filme einlässt, schwer macht, sich dieser Konstruktion zu entziehen. Zudem können beide Filme sowohl auf der affektiven – also rein sinnlichen – Ebene rezipiert werden, als auch auf einer zusätzlichen intellektuellen, da sie dem gebildeten Zuschauer zahlreiche – wenn auch gelegentlich schwer zuzuordnende – interkulturelle Verweise zu bieten haben. Gertrud Koch gibt anlässlich des Films *Pasqualino Settebellezze* zu bedenken:

> … der gesamte Film basiert auf einer völligen Auflösung linearer Zeit in komplexe Rückblenden. Fast alle Stationen, die Pasqualino durchläuft, stellen sich darum ästhetisch als räumliche Konstruktionen dar, in denen die historische Zeit aufgelöst wird in die Stationen eines grotesken Welttheaters, auf dessen Bühne historische Epochen ineinander verschmelzen. In dieser ästhetischen Konstruktion gibt es in der Tat keine historische Entwicklung und Differenz. […] Die Verschmelzung historischer Brüche in ein fließendes Raumkontinuum ist ein Konzept der Enthistorisierung.[271]

Pasolini geht in *Salò* insofern geschickter vor, da er sich durch die symmetrische, klinische Konstruktion der Inszenierung einer rein affektiven Rezeption weitgehend verweigert. Es ist also anzunehmen, dass eine auf primäre sinnliche Rezeption abzielende Dramaturgie, wie sie v.a. den exploitativen Filmen eigen ist, die Gefahr der Entpolitisierung gravierender historischer Ereignisse erst recht in sich trägt. Wertmüller und Cavani bewegen sich hier auf dem schmalen Grat, der es der Neigung und Mündigkeit des Rezipienten überlässt, wie er die Elemente einordnet: Gerade die Mixtur aus »meaningful montage« und Affektbildern erweist sich als problematisch.

Zusammenfassend lässt sich mutmaßen, die Filme der ersten Ebene der »meaningful montage« spekulieren schlicht auf eine historische Glaubwürdigkeit, den ›True-Story‹-Effekt. Sie wollen dem Zuschauer ein glaubwürdiges historisches Simulakrum bieten. Die Filme der zweiten Ebene präsentieren Analogien zwischen Gegenwart und Vergangenheit und erzeugen den Eindruck einer Allgegenwart des (vergangenen) Schreckens. Dazu kommt die

---

[271] Koch 1985, S. 25.

Unauslöschlichkeit der Erfahrungen, die die Erinnerung der Protagonisten dominieren; der Protagonist in *Kaddish nach einem Lebenden* (1969) von Karl Fruchtmann etwa sieht sein gesamtes gegenwärtiges Erleben dominiert von der Erinnerung an die Schrecken des Konzentrationslagers. Die Filme dieser zweiten Ebene zielen also auf einen Bewusstwerdungseffekt, sie verfolgen eine politische oder moralische »Mission«. Sie versuchen nachzuvollziehen, wie sich die verdrängten Schrecken der Vergangenheit nach und nach wieder in das alltägliche Bewusstsein der Opfer drängen und sie aus ihrem »Heilsschlaf«[272] erwecken. Natürlich können auch diese Filme mitunter nicht auf Affekt-Momente verzichten, wenn etwa Gewalt (in *Pawnbroker* die Vergewaltigung, in *Kaddish* die Züchtigung) und Demütigung dargestellt werden, die Filme erschöpfen sich jedoch nie in diesem Bereich. Erst die Filme der dritten Ebene, die »meaningful montage« und Affektsituationen kombinieren, wagen sich in den explizit sexuellen Bereich vor (ich möchte die Vergewaltigung aus *Pawnbroker* bewusst nicht dazu zählen). Der Versuch, die Schrecken der Geschichte – und Gegenwart – in Form eines sadomasochistischen Psychodramas zu inszenieren, kann nur als »Spiel« stehen. Auch hier mag die Allgegenwart der Dominanzlust deutlich werden, doch – und hier nähere ich mich den bisherigen Rezensenten an – die Verbindlichkeit sexueller Begierde lässt kaum wesentliche Rückschlüsse auf die Mechanismen einer politischen Diktatur zu.

---

[272] Gerd Sautermeister in: Koebner 1987.

Von der Enthistorisierung zur Entpolitisierung

Die Enthistorisierung nationalsozialistischer Motive findet auf der ersten Ebene in Form einer aus dem Zusammenhang gerissenen Exponierung ästhetisch rezipierter Details statt. Mit fast geschmacklosem Pragmatismus bildet z.B. der Uniformkundler Robin Lumsden in seinem Buch »A Collector's Guide to the Waffen SS« ein Foto mehrerer Waffen-SS-Soldaten ab, die gerade unter Aufsicht der Alliierten einige ausgemergelte KZ-Leichen tragen. Die Bildunterschrift schließt mit dem Kommentar: »The Unterscharführer on the left, however [*sic!*], wears the double-armed swastika collar patch of a permanent non-SS camp guard.«[273] Lumsden wischt das eigentlich erschreckende Potential dieses Fotos beiseite, indem er dessen Dokumentarwert auf einen einzigen, kaum sichtbaren Kragenspiegel reduziert. Gerade in der Militaria-Literatur werden die historischen Verbrechen nicht geleugnet, sondern eher ignoriert. In einem weiteren Schritt findet die Wahrnehmung historischer Ereignisse des Dritten Reiches nur noch in Form ihrer Dramatisierung in Hollywood-Filmen statt. Um zu zeigen, in welchem Ausmaß das heutige Geschichtsbild ein Produkt der Medienindustrie ist, stellte der New Yorker Fotograf Piotr Uklanski 1998 in London über hundert Fotografien prominenter Hollywoodstars in Nazi-Uniformen aus (u.a. Omar Sharif, Edward Fox, Robert Vaughn, Dirk Bogarde und Marlon Brando). Jeremy Millar, der Kurator des Ausstellungsortes, der Photographer's Gallery, äußerte sich dazu folgendermaßen: »Von den Ledermänteln und grauen Felduniformen geht ein dunkler Glanz aus. Die Soldatenkleidung der Wehrmacht und der SS-Verbände haben längst Sex-Appeal erworben, wurden zum Fetisch erhoben und haben einen Nazi-Chic begründet.«[274] Hier wird das Dritte Reich auf eine seiner ästhetischen Veräußerlichungen reduziert, die

---

[273] Lumsden 1994, S. 118.
[274] Millar zit.n.: N.N. 1998.

jedoch zugleich in ihrer medialen Projektion präsentiert werden. Der Betrachter wird in ein Spannungsfeld zwischen der Identifikation mit den Stars und der ›Ästhetik des Schreckens‹, mit der sie sich umgeben, gezwungen, das ihn in teilweise kaschierter Form auch bei der Rezeption von Filmen des SadicoNazista-Komplexes erwartet.

Auf diese Weise führt ein direkter Weg von der dekadenten, ›perversen‹ Lust des Künstlers und Rezipienten am Tode zu einem ›Tod der Geschichte‹. Nicht nur die fragmentierende Montage, sondern auch die Projektion der Geschichte ins private Universum leisten eine Zerstückelung, eine Fragmentierung historischer Zusammenhänge. Vergangenheit und Gegenwart werden erst in Bezug gesetzt, um schließlich in einem schlüssigen, individuellen Modell zu verschmelzen. So löst Cavanis *Portiere di notte* die Situation des Lagers aus dem konkreten Kontext, pflanzt sie ins Niemandsland der individuellen Erinnerung, stülpt ihr förmlich eine subjektive Perspektive über und verwandelt so das historische Phänomen in eine pure Allegorie. Die Ex-Nazis der 1950er Jahre vertreten hier weniger das geheime Fortleben des Nationalsozialismus, als die Latenz eines mythischen Faschismus, wie er die dekadente, morbide Welt des »Nachtportiers« zu dominieren scheint. Ich habe gezeigt, auf welche Weise Cavanis Film funktioniert, doch die Fragmentierung und letztlich die Enthistorisierung des Phänomens bleiben streitbar. Ähnlich ist es bei Michael Manns Fantasyfilm *The Keep* (1983), der einen mythischen, seinerseits machthungrigen und grausamen Dämon gegen das »Böse an sich« in Gestalt des Waffen-SS-Sturmbannführers Kämpffer (Gabriel Byrne) antreten lässt. *The Keep* verleiht den Vertretern des Nationalsozialismus den Appeal des »Absoluten«, der sich nur zu gut mit dem mythisierten, ahistorischen Bild des Nazis deckt, der in der populären Kultur immer wieder als Comicfigur des Schreckens herhalten muss – hier vor allem in der amerikanischen Kultur. Die Tradition des amerikanischen Superhelden, der unter dem ›deutschen Dämon« aufräumt, reicht von den frühen »Superman«-Comics der 1930er und 1940er Jahre bis zu Steven Spielbergs Abenteuerfilm *Indiana Jones and the Last Crusade* (*Indiana Jones und der letzte Kreuzzug*, 1989). Bei *The Keep* ist es gar der »Gesandte Gottes« (Scott Glenn), ein infernalischer Engel, der dagegen in den Kampf ziehen muss. Thomas Koebner schreibt in seinem Aufsatz »Polemik gegen das Dritte Reich« über die Thematisierung des Faschismus in der Exilliteratur:

> Theologische Vorstellungen erleben in der dämonisierenden Kritik des Dritten Reichs ihre Wiederbelebung: Es ist die Rede vom »Leviathan« – dem Tier aus dem Abgrund –, vom »Antichrist«, vom »Satan«. Dieses System scheint nur noch in *apokalyptischen Kategorien* zu fassen zu sein.[275]

Thomas Koebner kennzeichnet hier eine damalige Tendenz, die offenbar bis heute nichts an ihrer Gültigkeit verloren hat. In ihrem Willen zur »kritischen« Darstellung machen Filme wie *The Keep* einerseits oder vergleichsweise unreflektiertere Nazi-Zombie-Filme wie *L'Abime des morts vivants* (1981) von Jess Franco, *Le Lac des morts vivants* (*Zombie's Lake*, 1980) von Jean Rollin oder *Il était une fois … le diable* (*Devil's Story*, 1986) von Bernard Launois faschistische Energien zur dämonischen Macht und verweisen sie somit ins mythische Reich der Legenden, von dem sich der aufgeklärte Mensch nur allzu leicht distanzieren kann. Auch auf einen weiteren, vermutlich noch fataleren Aspekt verweist Koebner: Die Stigmatisierung zum ›absolut Bösen‹ und die damit einhergehende Verdammung ins Reich der Legende erweckt in den Menschen eine fatale Logik – die Erwartung einer sicheren Bestrafung des Bösen.

Die Mythisierung eines historischen Phänomens – und sei es auf der trivialsten Ebene – birgt somit immer die Gefahr der Enthistorisierung. Der deutsche Faschist wird

---

[275] Koebner 1992, S. 228, kursiv im Originaltext.

zum trivialen, zum populärkulturellen Mythos[276] verklärt, aus seinem historischen Kontext herausgelöst und ist folglich universell einsetzbar. Anders als der latente Faschismus, den Georg Seeßlen in der populären Kultur diagnostiziert[277], wird das konkrete Bild des Nationalsozialimus zu einem Stereotyp, dessen sich alle Vertreter der Popkultur bedienen können: Seien es Rockmusiker (Lemmy Kilmister von der Rockband Motörhead, der mit SS-Jacke auftritt, die Glamrocker von Kiss, die in den 1970er Jahren die Doppel-Sig-Rune im Namen führten, der Popmusiker David Bowie, der auf der Diamond-Dogs-Tour mit Führergruß die Bühne betrat), Performancekünstler (wie die slowenische Formation Laibach, die nicht müde wird, faschistoide Versatzstücke zu verarbeiten), Folk-Liedermacher (Death in June, die den SS-Totenkopf als Emblem führen), Bikergruppen, die sich mit Emblemen des Dritten Reiches schmücken (zu sehen in Kenneth Angers *Scorpio Rising*), Schriftsteller (Alain Robbe-Grillet, der immer wieder mythische Bilder vom Nationalsozialismus als morbides Spiegelbild wählt[278], Stephen King, dessen Novelle »Apt Pupil«, 1984, auf den durchaus begründeten Mythos vom überlebenden deutschen Kriegsverbrecher ›von nebenan‹ rekurriert) oder Fotografen (immer wieder aus dem Bereich der Aktfotografie wie Helmut Newton, Günter Blum oder Richard Kern). Die Beispiele ließen sich beliebig fortsetzen und zeugen letztlich von der umfassenden Adaptierbarkeit und Verfügbarkeit dieser inzwischen fast willkürlichen Zeichen, denen die Serialität ihres Auftretens jedes authentische Potential geraubt hat. Geschichte ist hier zum schaurigen Gemeinplatz geronnen. Die Fähigkeit des Unterbewusstseins zur Differenzierung ist im Chaos von Zitat, Serialität und Stereotypisierung

---

[276] Ich verwende den Begriff des »Pop« als Kürzel für die Phänomene der jeweils zeitgenössischen Populärkultur, also Popmusik, Mainstreamfilme, Fernsehserien, Trendzeitschriften u.ä.
[277] siehe Seeßlen 1994 und 1996.
[278] z.B. in Alain Robbe-Grillet: Le Miroir qui révient, s.o.

verloren gegangen. Ich kehre somit zu dem ersten Zitat dieses Buches zurück. Hans Jürgen Syberberg stellte fest: »Die Reaktion der heutigen Generation auf die Vergangenheit wird nicht die auf die Historie sein, sondern auf den Befund der Gegenwart« und deren »Bild der Vergangenheit«.[279] Das Bild vom Faschimus ist allenfalls zum Faszinosum vom ›absolut Bösen‹, von einer zutiefst inhumanen, nihilistischen Weltsicht geworden. Als solches ist erklärbar, wie Adolf Hitler zum Anti-Propheten werden konnte, wie ihn Charles Manson seinen Anhängern predigte[280], zum Symbol eines materialistischen Sozialdarwinismus wie in der kalifornischen Church of Satan von Anton Szandor LaVey[281] oder zur Reinkarnation des Antichristen in den Liedern der britischen Folkband Current 93 (»Hitler as Kalki«[282]). Ein derartig enthistorisiertes, fragmentiertes Bild vom Nationalsozialismus hat längst seinen politischen Gehalt, seine politische Identität verloren. Was bleibt, ist ein diffuses Bild, eine auf sich selbst verweisende Ikone. Aus einer konkreten politischen Bedrohung ist ein Schreckgespenst geworden, von dem eine Distanzierung – selbst für den tatsächlichen Neofaschisten – leicht fällt.

Das sexualisierte Bild vom dekadenten Faschisten hatte sich bereits während des Krieges in der Propagandakultur entwickelt, tauchte im italienischen Neorealimus auf (in Roberto Rossellinis *Roma, citta aperta*), warf seine Schatten auf die Filme der französischen Nouvelle Vague (z.B. in *Les Cousins / Schrei, wenn Du kannst*, 1958, von Claude Chabrol), verfestigte sich im internationalen Kriegsabenteuerfilm (z.B. in J. Lee Thompsons *The Passage / Der Pass des Todes*, 1978) und in den SadicoNazista-Werken der 1970er

---

[279] Syberberg 1978, Umschlagtext.
[280] nach: Ed Sanders: The Family. Die Geschichte von Charles Manson, Reinbek bei Hamburg [1971] 1995.
[281] Der Verweis auf einen »nationalsozialistischen Okkultismus« in Anton LaVey, Satanic Rituals, New York 1972, zeugt davon.
[282] »Hitler as Kalki« ist inklusive eines kommentierenden Textes auf der LP / CD »Thunder Perfect Mind« (1992) vertreten.

Jahre, um schließlich in Form verbreiteter Fernsehserien wie *Holocaust* (1978)[283] ganz dem großen Publikum zugänglich zu sein. Dekadenz, sexuelle Perversion und deutschtümelnde Bildungspose (»Nietzsche und Wagner«) werden zum Kennzeichen dieser stereotypen Darstellung. Gerade durch die Popularität der Fernsehproduktionen kann man von einer weitreichenden Internalisierung dieser Stereotypen seitens des Publikums ausgehen.
Der Film der 1990er Jahre, der noch immer in einer – wenn man so will – postmodernen oder postklassischen[284] Phase verfangen ist, muss sich der stereotypen Bilder und Klischees, die er benutzt, wohl bewusst sein. Zitat, Intertextualität und Selbstreferentialität gerieten zu Stilmitteln, auf denen eine neue Generation von Filmemachern ihr Kino der Affekte aufbaut, das häufig an seinem bewußten Gestus des Künstlichen krankt. Wieder ist die Montage Dreh- und Angelpunkt des Grundproblems der Kunst seit der Moderne: Kann es eine konstruktive und eventuell geschichtstreibende Kraft der Montage geben?

Was geschieht mit der Montage und was geschieht durch Montage noch, wenn die Einsicht, die in ihrem Ursprung steht, die Einsicht, dass einem beschleunigten und jede Einheitlichkeit entbehrenden historisch-sozialen Prozess nur mit schnellen, diskontinuierlichen Bildern beizukommen ist, wenn man Sinn, Telos und Wahrheit heraustreiben will, ungewiß wird? Was geschieht mit Montage, wenn die Gewissheit schwindet, dass überhaupt ein Sinn ist, der rekonstruiert werden kann?[285]

---

[283] Diese populäre und erfolgreiche Serie enthält nur Anklänge an derartige Motive, z.B., wenn Meryl Streep sich prostituiert, um ihren Geliebten im Lager zu besuchen. Die wesentlichen Nazi-Charaktere werden eher als gefühlsarme Bürokraten geschildert, wobei auch hier die stereotype Charakterzeichnung einigen meiner Kategorien entspricht, so z.B. der »Drahtzieher« Heydrich, gespielt von David Warner.
[284] David Boardwell etablierte diesen Ausdruck in den letzten Jahren, vor allem in: Rost (Hrsg.) 1995.
[285] Kiefer 1993, S. 233 f.

Die Kennzeichnung und Bloßstellung des künstlichen Bildes – das Simulakrum – als solches, überwindet es nicht gleichzeitig. Mehrere Versuche in dieser Hinsicht unternahm der amerikanische Regisseur und Drehbuchautor Oliver Stone: In der Serial-Killer-Groteske *Natural Born Killers* (1994)[286] betreibt er das eklektische Spiel der Zeichen mit dem ernsthaften Gestus des seherischen Moralisten, der auf den unzähligen Verweisen zunächst einen schwarzen Humor aufbaut, jedoch letztlich die Hoffnung hegt, seine brutale Mediensatire habe kathartischen und bewusstseinserweiternden Charakter. Tatsächlich erzwingt er in einer streng kalkulierten Struktur aus unterschiedlichen visuellen Stilen, Musikgenres und Schauspielertypen eine »Implosion« der Zeichen. »Implosion« bezeichnet die wechselseitige Aufhebung der Bedeutung von benutzten Zeichen. Sein scheinbar konsequent strukturiertes Flechtwerk führt langsam ins delirierende Chaos und richtet durch oft willkürliche Neucodierung eine sich selbst zersetzende Mixtur der Bilder und Töne an. Besonders deutlich wird dieses Phänomen in der zentralen Vergewaltigungssequenz: Auf den Wänden und im Fernseher sind Bilder aus der Geschichte (Drittes Reich, Vietnam) und bekannten Filmen (*The Wild Bunch / Sie kannten kein Gesetz*, 1969, von Sam Peckinpah und *Scarface*, 1983, von Brian de Palma) zu sehen. Reduziert auf den kleinsten gemeinsamen Nenner, die Aggression, spiegeln sie diffus die seelische Verfassung des Protagonisten und bringen bedenkenlos eine zwiespältige Allgemeingültigkeit ins Spiel, die sich vordergründig auf ein Geschichtsbewusstsein beruft, im Endeffekt jedoch lediglich historische und filmische Gewalt parallelisiert. Stone inszenierte hier ein Simulakrum der neuen Generation: *Natural Born Killers* ist nicht mehr eine funktionierende Satire, sondern nur noch das

---

[286] Ich verwende diesen Film als extremes Beispiel in dem Bewusstsein, dass es sich dabei lediglich um *eine* mögliche Sichtweise dessen handelt. Tatsächlich macht die semiotische Vielfältigkeit des Werkes auch weniger kritische Interpretationen möglich.

Modell einer Mediensatire und insofern ein Simulakrum. Es ist zu vermuten, dass Stone in der Vielzahl von Perspektiven – einer Summe von Subjektiven – die Möglichkeit sieht, der Vielschichtigkeit der Realität ein angemessenes Abbild gegenüberzustellen. Einen anderen Weg wählt der Franzose Luc Besson, der mit dem Mysterythriller *Subway* (1985) dem postmodernen Kino einen viel zitierten Prototyp geliefert hatte. Bereits zu Beginn der 1990er Jahre – und vor allem in *Léon / Léon – Der Profi* (1994) – suchte er nach der Möglichkeit, mit Hilfe populärer und klassischer Genrestrukturen und Zitate ein neues ›authentisches‹ Kino der Gefühle zu erschaffen. *Léon* genügt sich nicht mehr in seiner Funktion als distanziertes, augenzwinkerndes postmodernes Spiel, sondern will seine groteske Liebesgeschichte zwischen dem tumben Killer und dem zwölfjährigen Mädchen ernstgenommen wissen. Besson konstruiert also aus klassischen Versatzstücken und von der Basis einer umfassenden populärkulturellen Medienkompetenz aus ein melodramatisches, postklassisches Kino. Populäre Versatzstücke aus Film- und Popgeschichte (von der Typenbesetzung bis zur Musik) stellen hier die Medien der ›ästhetischen Infektion‹ dar und appellieren über die zielsichere Aktivierung der Affekte direkt an die Emotion des Rezipienten. Bessons Vision von einer neuen Authentizität ist damit jedoch nicht anti-intellektuell, sondern trans-intellektuell: Sein Film ist sowohl rein affektiv, als auch intellektuell analysierbar, bemüht sich jedoch, durch die Aktivierung der im Mediengedächtnis des Zuschauers gespeicherten Eindrücke eine intensive emotionale Reaktion hervorzurufen. Jürgen Felix zeichnet in seinem Aufsatz »Schnittstellen der Identität« einen ähnlichen Weg von der gepflegten Künstlichkeit zur Re-Authentisierung des Kinos am Werk von David Lynch nach, dessen rein aus Medienstereotypen konstruierte Figuren in *Wild at Heart* (1990) bereits vor *Lost Highway* (1996) – einer radikalen Hinwendung zur Subjektivität – nach einer zwar ironischen aber dennoch rudimentär authentischen Rezeption verlangten: »Wenn ich [...] von ›Schnittstellen der Identität‹ spreche, so meint das zweierlei: einmal die Art und Weise, wie sich diese Identitäten im Anschluss an mediale Vorbilder konfigurieren, zum anderen diejenigen Bruchstellen, die diese Selbstbilder durchziehen.«[287] Eine derartige Metatechnik korrespondiert mit dem von Roland Barthes beschriebenen »Mythos zweiter Ordnung«[288]: Die Filmemacher bauen mit ihren Zeichensystemen jeweils auf bereits etablierte Mythen erster Ordnung auf.

Aus zwei unterschiedlichen Richtungen wurde die Enthistorisierung im Film der 1950er bis 1980er Jahre genährt: Einerseits führte die Serialisierung bekannter Elemente zur Entstehung von stereotypen Bildern, andererseits ließ die fragmentierende Montage die fassbare Chronologie zersplittern und eliminierte die Raum-Zeit-Kontinuität, die als zumindest simuliertes Bindeglied Film und Historie gemeinsam war. Es wurde gezeigt, dass mit der Enthistorisierung die Entpolitisierung der Bilder verknüpft ist. Was sich aus den zum Großteil entleerten Zeichen des Films der 1970er Jahre ergab, waren neue, medial geprägte Mythen, die oft an die Stelle der (noch) historischen Mythen traten. Das Kino der 1990er Jahre, zum Teil selbst einer nachgeschichtlichen Position verpflichtet, ist sich darüber bewusst, dass es lediglich aus der ständigen Wiederholung des Bekannten ein mehr oder weniger perfektes Simulakrum der (historischen) Wirklichkeit konstruieren kann, und die Rezeption ihrer Selbstbilder als »authentisch« nur auf gezielten Brüchen mit den Stereotypen basieren kann. Aber hier liegt zugleich die Chance dieses neuen Kinos. Durch den medienkompetenten Rekurs, die konstruktive Arbeit mit dem Zuschauer, wird die Reauthentisierung der Bilder und die Rehistorisierung der neuen Mythen möglich.

---

[287] Felix in: ders. (Hrsg.): Unter die Haut. Signaturen des Selbst im Kino der Körper, St. Augustin 1998, S. 309.
[288] Barthes [1957] 1964, S. 121 f.; im Original: S. 221 ff.

In meiner Analyse von Steven Spielbergs *Schindler's List* habe ich gezeigt, auf welche Weise sich der Regisseur filmischer Stereotypen vom Nationalsozialismus bedient, um seinen historisch inspirierten Figuren einen für jeden medienkompetenten Zuschauer erfassbaren charakterlichen Umriss zu verleihen, ohne den stereotypen Ursprung seiner Stilmittel bloßzulegen. Er verführt den Rezipienten mit dem Reiz des Bekannten.[289] *Schindler's List* überwindet schließlich seinerseits, wie bereits bei Luc Besson und etwa David Lynch angedeutet, die Beliebigkeit seiner Zeichen durch einen reflektierten Umgang mit ihnen und einer bewussten Aktivierung der Medienkompetenz des Publikums. In den beiden an früherer Stelle analysierten Sequenzen gelingt es dem Film mehr als etwa den italienischen Werken der 1970er Jahre, die sich eher auf literarische Traditionen berufen und somit eine tiefere Deutung dem gebildeten Analytiker vorbehielten, durch eindringliche Affektbilder den Zusammenhang zwischen privater Obsession und politischer Ideologie zu verdeutlichen; auch hier zeigt sich der Versuch, einen Bewusstseinsprozess jenseits des Zuschauerintellekts anzuregen. Zugleich bricht er die temporäre Eindimensionalität, indem er das Verhalten der Protagonisten eben nicht in den erwarteten Bahnen verlaufen lässt: So kommt es in Göths Keller nicht zum sexuellen Missbrauch, der im SadicoNazista der 1970er Jahre obligatorisch gewesen wäre. Die Reauthentisierung erfolgt also auf dieser Ebene durch den gezielten Bruch mit der Publikumserwartung, eine Taktik, die im Vergleich zu vielen Filmen der 1970er Jahre auf diese Weise neuartig erscheint. Lediglich Pasolini schien bei *Salò* darauf bedacht zu sein, mit den Erwartungen zu brechen, indem er immer wieder in deutliche Distanz zum Dargestellten geht. Eine Katharsis bleibt in beiden Fällen (vorerst) aus. Geht man vom Erfolg dieser ästhetischen Taktik von *Schindler's List* aus, kann man vermuten, es dürfte dem

---

[289] Stiglegger 2006.

Rezipienten schwerfallen, sich der authentischen (bzw. re-authentisierten) Wirkung dieser Sequenzen zu entziehen und sich somit zu distanzieren, wie es häufig den Sadico-Nazista-Filmen der 1970er Jahre vorgeworfen wurde. Es kommen noch weitere Faktoren hinzu: Spielberg führt eine in Farbe gefilmte Rahmenhandlung ein, die – wie im Montagekapitel analysiert – ebenfalls den historischen Anspruch des Films unterstreichen soll. Gezeigt wird ein kurzer Auszug aus einem jüdischen Fest. Mit dem Erlöschen der Kerze, deren Qualm durch einen *match cut* in den einer einfahrenden Lokomotive übergeht, vollzieht der Film den Sprung in die nationalsozialistische Vergangenheit. Von nun an dominiert kontrastreiches Schwarzweiß die Bilder, ein Verweis auf die europäische und amerikanische Filmtradition jener Zeit. Die finale ›Rückkehr‹ von Göths Hinrichtung in die filmische Gegenwart, die späten 1990er Jahre, bietet einen weiteren Reauthentisierungsansatz: Viele der überlebenden »Schindler-Juden« werden zusammen mit ihren Nachkommen am Grab Oskar Schindlers in Jerusalem gezeigt. Hier gibt sich der Regisseur keinerlei Versuchung hin, das Geschehen filmisch zu dramatisieren oder zu stilisieren. Die Sequenz wirkt in ihren sonnendurchfluteten, grobkörnigen Einstellungen wie der Teil einer Fernsehreportage. Die realen Opfer von damals autorisieren den quasidokumentarischen Anspruch des Films mit ihrem Mitwirken und ihrer zum Teil namentlichen Nennung. Sollte das historische Simulakrum *Schindler's List* dahingehend gelingen, erreicht Steven Spielberg hier eine Reauthentisierung des modernen Films, die ihm leider gerade in den folgenden Filmen wie dem Sklavendrama *Amistad* (1996) und dem Kriegsfilm *Saving Private Ryan* (*Der Soldat James Ryan*, 1997) – der wiederum weitgehend den Gesetzen des klassischen ›Kriegsabenteuers‹ gehorcht – versagt sein sollte. Und wenn Amon Göths Balkonschüsse vom Zuschauer wieder als authentischer Schrecken erlebt werden, sollte auch eine Re-Politisierung der semiotisch ›entleerten‹ Stereotypen vom Nationalsozialismus möglich sein. Allein seine Funktion als deutlicher Schritt in diese Richtung sichert dem Film *Schindler's List*, dem letzten und reifsten Hybriden des SadicoNazista, einen Platz in der Filmgeschichte.

Zur Kontinuität des SadicoNazista-Phänomens

> Why has Nazi Germany, which was a sexually repressive society, become erotic?
>
> Susan Sontag[290]

Kommen wir zu einem Fazit: Das sexualisierte Bild vom dekadenten Nationalsozialisten hatte sich bereits während des Krieges in der Propagandakultur Russlands, der USA und der anderen Alliierten entwickelt.[291] So arbeiteten Propagandaplakate oft mit Motiven sexueller Bedrohung durch den ideologischen Feind. Zwischen 1969 und 1985 gab es im italienischen Kino der Autoren sowie im generischen Kommerzkino Italiens eine Tendenz der sexualisierten Dramatisierung politischer Szenarien, die sich auch auf weitere europäische und weltweite Filmproduktionen auswirkte, indem die zuvor etablierten Stereotypen immer wieder zitiert und variiert in späteren Filmen auftauchten. Politische Verhältnisse wurden dabei auf eine trieborientierte Modellhaftigkeit reduziert.[292] Diese Reduktion bzw.

---

[290] Sontag 1981, S. 101 f.
[291] Das Bild vom homosexuellen bzw. »perversen« Faschisten kam tatsächlich schon sehr früh auch in Deutschland selbst auf. In der Weimarer Republik gab es Versuche von Teilen der Schwulenbewegung, die NS-Bewegung für Homosexuelle zu öffnen (was teilweise gelang). Andererseits wurde die Verbindung von Homosexualität und Nationalsozialismus auch von den parteipolitischen Gegnern genutzt, um Propaganda gegen die NS zu machen; siehe: Susanne zur Nieden: Homosexualität und Staatsräson, Frankfurt am Main 2005.
[292] Dies knüpft an die psychoanalytischen und linken Theorien Wilhelm Reichs an, die sich von einer befreiten liberalisierten Sexualität auch eine befreite Gesellschaft versprachen und im Umkehrschluss »gesunde«, »normale« Sexualität an bestimmte Formen des Politischen (einen gesunden, echt männlichen Staat) knüpften. Dabei wurden als »pervers« und anormal deklassifizierte Sexualpraktiken und Personen zugleich verantwortlich gemacht für eine grausame und »perverse« Politik. Dieser Umstand trug nicht zuletzt auch dazu bei, dass sich der Paragraph, der Homosexualität strafrechtlich verfolgte und der während der NS-Zeit verschärft worden war, in der bundesdeutschen Nachkriegszeit ungebro-

Vereinfachung komplexer gesellschaftlicher Verhältnisse schafft eine für das Publikum leicht nachvollziehbare Identifikationsebene, denn durch die Reduktion auf das Leidenschaftliche, Triebgesteuerte und Pathologische wurden auch schwer fassbare historische Phänomene wie Genozid, Rassismus und Folter scheinbar verständlich. Die Filme dieser Tendenz geben so einfache und oberflächliche Antworten auf komplexe Fragen, denn die Geschichte wurde auf eine melodramatische Bühne reduziert, um elementare menschliche Konflikte und große Erzählungen bzw. – im SadicoNazista-Kontext – banale pornographische Phantasien darzustellen. Historische Ereignisse wurden ihrer zeitgebundenen Einzigartigkeit beraubt und zum universalen und zyklisch erzählbaren populären Mythos stilisiert. Anknüpfend an von mir an anderer Stelle formulierte Thesen sowie den Aufsatz »Rhetoriken der Pornografisierung. Rahmungen des Blicks auf die NS-Verbrechen« der Kunsthistorikerin Silke Wenk (2002) kann man sagen, dass speziell die Sexualisierung von Faschismus und Nationalsozialismus dazu beitrug, totalitäre Systeme und ihre Verbrechen auf Formen sexueller Devianz zu reduzieren und so »Beruhigung dort zu versprechen, wo weiterhin Beunruhigung angebracht ist«.[293] Diese Verkürzung führt möglicherweise zu einer Form des leicht reproduzierbaren Nazi-Kitsches – durchaus im Sinne des österreichischen Schriftstellers Herrmann Broch, der

---

chen übernommen wurde und sich bis in die 1990er Jahre hinein halten konnte. Vgl. Susanne zur Nieden: Die Aberkannten. Der Berliner Hauptausschuss »Opfer des Faschismus« und die verfolgten Homosexuellen, in: Frei, Norbert u.a.: Die Praxis der Wiedergutmachung, Wallstein, 2009, 264-89; vgl. auch: Bruns, Claudia: Politik des Eros. Der Männerbund in Wissenschaft, Politik und Jugendkultur (1880-1934), Böhlau 2008. Zudem: Theweleit, Klaus: Männerphantasien (2 Bde.), München 1977 / 1995.

[293] Wenk, Silke: Rhetoriken der Pornografisierung. Rahmungen des Blicks auf die NS-Verbrechen, in: Eschebach, Insa / Jacobeit, Sigrid / Wenke, Silke (Hrsg.): Gedächtnis und Geschlechts. Deutungsmuster in Darstellungen des Nationalsozialistischen Genozids, Frankfurt / New York 2002, S. 269-294, S. 270.

»Kitsch« als eine »Übererfüllung gängiger Erwartungen« definierte.[294] Letztlich tauchen bereits in Werken des italienischen Neorealismo (etwa bei Roberto Rossellinis *Roma citta aperta*) vergleichbare Tendenzen auf, die den männlichen nationalsozialistischen Gewalttäter als effeminiert und unterschwellig homosexuell darstellen, während seiner deutschen Gespielin Ingrid lesbische Aspekte zugeordnet werden.

Abschließend lässt sich sagen, dass der italienische Exploitationfilm der 1970er Jahre wohl am drastischsten die Stereotypisierung der Bilder von Nationalsozialismus und Holocaust betrieben und gefördert hat, wenn auch – man möchte sagen glücklicherweise – nur mit mäßigem kommerziellem Erfolg. Prototypisch für die internationale SadicoNazista-Strömung wurde allerdings *Ilsa – She-Wolf of the SS*, der alle oben definierten Kategorien erfüllt, in Österreich auf DVD erschienen ist und international sogar als T-Shirt-Motiv vertrieben wird. Zudem gibt es *Ilsa*-Actionfiguren in Uniform und einen deutlichen Reflex dieser Popularisierung von Nazi-Stereotypen in der Manga-Kultur Japans, wo großäugige, zerbrechliche Mädchen in SS-Uniformen zum sexuellen Fetisch erhoben wurden. Im *cosplay* (costume-play), dem damit verbundenen Kostümkult, kehren die Uniformen auch in die gesellschaftliche Wirklichkeit zurück. Zudem kann man in der internationalen Rock- und Hip-Hop-Szene eine diffuse Präsenz von vergleichbar martialisch-faschistischen Assoziationen beobachten, wie sie etwa die deutsche Industrial-Metalband Rammstein evoziert[295]. Auch die explizite Ikonografie der Bühnenshows der US-amerikanischen Rockband Marilyn Manson[296] oder eine spezifische MySpace-Wer-

---

[294] Wenk 2002, S. 284 f.; Broch zit. n.: Broch, Hermann: Der Kitsch. In: Ders.: Dichten und Erkennen (Essays; Bd. 1), Zürich 1955, S. 342 ff.
[295] Z.B. im Videoclip *Pussy* (2009), in dem der Sänger vor einer deutschen Bundesflagge agiert, wozu pornografische Vignetten parallelmontiert werden.
[296] Marilyn Manson verwendeten ein Bandlogo, das eng an das Emblem der britischen Faschisten um Oswald Mosley (Blitz in einem Kreis) ange-

bung der Berliner Rapper K.I.Z. (2009)[297] kann in diesem Kontext gesehen werden. Der Auftritt der US-amerikanischen Sängerin und Schauspielerin Scarlett Johansson in SS-Uniform in der Comic-Verfilmung *The Spirit* (2009) von Frank Miller zeigt diese Popularisierung ebenso wie der Grindhouse-Trailer *Werewolf-Women of the SS* (2004) des US-amerikanischen Rocksängers und Filmemachers Rob Zombie und dessen Zeichentrickfilm *The Haunted World of El Superbeasto* (2008).

Es steht außer Frage, dass diese Stereotypen Wirkung hinterlassen haben: Ich habe gezeigt, wie deutlich sich gerade Steven Spielberg in *Schindler's List* auf diese Mechanismen bezieht. So ist SadicoNazista als Strömung vielleicht eine Kuriosität der betont tabulosen 1970er Jahre, doch die Sexualisierung des Bildes vom Nazi-Folterknecht hat sich allgemein tief verankert im zeitgenössischen, populärkulturellen Bewusstsein Europas, Japans und Amerikas. 1976 kommentierte der französische Philosoph Michel Foucault das SadicoNazista-Phänomen ebenso polemisch wie treffend: »Das ist ein gewaltiger Irrtum über die Geschichte. Der Nazismus wurde im 20. Jahrhundert nicht von den Verrückten des Eros erfunden, sondern von den Kleinbürgern, den übelsten, biedersten und ekelhaftesten, die man sich vorstellen kann. Himmler war eine Art Landwirt, der eine Krankenschwester geheiratet hatte. Man muss begreifen, dass die Konzentrationslager der gemeinsamen Phantasie einer Krankenschwester und eines Hühnerzüchters entsprossen sind. […] Man hat dort Millionen Menschen getötet, ich sage dies also nicht, um die Vorwürfe zu entkräften, die es diesem Unternehmen zu machen gilt,

---

lehnt war. Auf Promotionfotos ist der Sänger immer wieder mit deutschen Uniformteilen zu sehen, u.a. im Interview mit Michael Moore, wo er eine schwarze SS-Uniform trägt.

[297] In dieser Werbung im Netzwerk MySpace werden sadomasochistische Ikonografie und SS-Uniformteile vermischt.

sondern gerade um es von allen erotischen Werten zu entzaubern, die man ihm zuschreiben wollte.«[298]

---

[298] Foucault, Michel: Sade, ein Sergeant des Sex. Interview mit Gérard Dupont. Aus: Cinématographe, No. 16, Dez. 1975-Jan 1976. In: Von der Freundschaft als Lebensweise. Michel Foucault im Gespräch, Berlin 1984, S. 65.

Mythos und Wahrheit im sexualisierten Bild des deutschen Faschismus

Ein Nachwort von Dr. Robert Sommer, Berlin

> Not God but a swastika
> So black no sky could squeak through.
> Every woman adores a Fascist,
> The boot in the face, the brute
> Brute heart of a brute like you.
> Sylvia Plath, *Daddy*

Sex, Gewalt und Nazisymbole – Das SadicoNazista-Phänomen

Ende der 1990er Jahre erschienen in der linksliberalen italienischen Tageszeitung *La Reppublica* Videokassetten der Reihe *Sex and Violence. Cinema estremo Italiano* als wöchentliche Beilage. Auf den Hüllen waren Szenen sexueller Gewalt und Erniedrigung gepaart mit nationalsozialistischen Symbolen zu sehen: Der nackte Rücken einer Frau mit SS-Schirmmütze vor einer Hakenkreuzfahne (Bruno Mattei: *Casa Privata per le SS*), eine Frau, die einen Soldatenstiefel leckt (R. Lee Frost: *Camp 7 Lager Femminile*), eine Frau auf einem Seziertisch vor einer Blondine in schwarzer Uniform (Don Edmonds: *Ilsa la Belva des Deserto*). Diese Videokassetten des »extremen italienischen Kinos« waren schnell vergriffen. Für Filmfreaks wurden sie zu begehrten Sammlerstücken.

Die originalen Filmversionen dieser Exploitationfilme liefen bereits Ende der 1970er Jahre in Italien auf Kinoleinwänden, in billigen Bahnhofskinos. Sie folgten dem Kassenschlager von Liliana Cavani *Il portiere di notte (Der Nachtportier)* sowie Pier Paolo Pasolinis *Salò (Salò oder die 120 Tage von Sodom)* und beuteten die Verbrechen des Dritten Reiches exploitativ aus. Bereits die originalen Filmplakate dieser »SS-Sexploitation-Filme« suggerieren Gewalt- und

Hardcorepornografie. In Wirklichkeit waren die Filme meist nur am Rande softpornografisch. Teilweise versuchten Regisseure Horror durch eine Ebene von Authentizität zu erreichen und setzten dafür historisches Filmmaterial ein. Die Verknüpfung von billig produzierten Softpornos mit dokumentarischen Fotos von den Verbrechen der Nationalsozialisten macht diese Filme schwer ansehbar. So erzeugt etwa Sergio Garrones *Lager SS 5 – l'inferno per le donne,* eines der extremsten Beispiele des (s)exploitativen italienischen Kinos, Ekel statt sexuelle Erregung. Trotz des reißerischen Potentials und der expliziten Darstellung von Gewalt- und Sexualakten, floppten die SS-Sexploitation-Filme. Damit endete dieses geschmacklose Kapitel der Filmgeschichte nach wenigen Jahren. Jedoch waren diese Filme nur eine Spielart der SadicoNazista-Filme, wie der Mainzer Film- und Kulturwissenschaftler Marcus Stiglegger in beeindruckender Weise zeigt.

Die von sexualisierten Nazi-Stereotypen durchdrungenen SadicoNazista-Filme erschienen bereits Ende der 1960er Jahre und hielten alsbald Einzug in den Kanon der Filmgeschichte. Die Kombination von faschistischer Diktatur und sexuellem Sadismus war und ist ein beliebtes Thema in der Filmindustrie. Der Nazi und Faschist als sexueller Gewalttäter ist ein verbreiteter und immer wieder reproduzierter Mythos, und er verkauft sich gut. Stiglegger spannt einen weiten Bogen von den SadicoNazista-Klassikern, wie Luchino Viscontis Film *La caduta degli dei (Die Verdammten),* Tinto Brass' *Salon Kitty,* Bernardo Bertoluccis *Il conformista (Der große Irrtum)* oder Liliana Cavanis *Il portiere di notte (Der Nachtportier),* über Pier Paolo Pasolinis radikale Faschismus-Kritik *Salò* und die sensationslüsternen und (soft)pornografischen Exploitation-Nachfolger hin zu Steven Spielbergs Klassiker *Schindler's List (Schindlers Liste),* in dem Elemente der SadicoNazista-Filme nachwirken. Stiglegger ordnet die Flut der obszönen und (soft)pornografischen Bilder. Er schuf mit seiner als Dissertation 1999 entstandenen Untersuchung, die nun in überar-

beiteter Fassung vorliegt, ein analytisches Grundlagenwerk und ein Kompendium, also ein neues Standardwerk.
Anhand der Analysen der filmischen Hauptwerke gelingt es ihm, die Mythen in den Werken zu isolieren. Unter Rückgriff auf die Theorien von George Bataille, Michel Foucault und Roland Barthes dekonstruiert er die filmischen Bauwerke aus Gewalt und Sexualität. Er zeigt die immer wiederkehrende Verwendung von Stereotypen und Mythen. Das, so zeigt er, führt dazu, die Geschichte des Faschismus in Europa zu verschleiern, statt sie offen zu legen.

Faschismus und Sexualität – Mythos und Realität

Warum aber gibt es eine solche Flut der sexualisierten Faschismus-Bilder? Diese Frage lässt sich nicht eindeutig klären. Noch nicht. Doch Stigleggers Analyse der Sadico-Nazista-Filme legt das Fundament für die Beantwortung dieser Frage. Aber steht nicht das sexualisierte Bild italienischer Faschisten und deutscher Nazis im Widerspruch zur gängigen Deutung des historischen Phänomens Faschismus? Es ist gängig, insbesondere den deutschen Faschismus als sex-feindlich zu deuten. George Mosse erklärte sogar den Nationalsozialismus unter anderem durch die Unterdrückung sexueller Triebe. Neue Untersuchungen, wie etwa die Arbeiten von Dagmar Herzog, zeigen vielmehr, dass der italienische und deutsche Faschismus alles andere als sex-feindlich waren. Insbesondere in ihren Anfangsphasen war der Bruch mit bürgerlichen oder religiösen Moralvorstellungen eine zentrales Element faschistischer Ideologien.
In Italien spielte der Machismus eine wichtige Rolle, sowohl im Selbstbild Benito Mussolinis, als auch in den Schriften der sympathisierenden Futuristen wie Filippo Tommaso Marinetti. Es waren auch die modischen schwarzen Uniformen der *fasci*, die Kritik an der Sexualmoral der katholischen Kirche und der Drang nach militä-

rischen Eroberungen, welche die Faschisten sexy machten. Die Faschisten machten kein Hehl aus ihrem Faible für schöne Frauen und besangen in ihrem Kampflied *Facetta Nera* eine schöne Äthiopierin. Die Sehnsucht nach afrikanischen Frauen war nicht nur Fiktion. Sex war ein wichtiges Element der faschistischen Kolonialpolitik in Eritrea und Äthiopien. 1940 lebten 15.000 afrikanische Frauen mit italienischen Männern.

Doch auch der deutsche Faschismus war nicht sex-feindlich. Der Bruch mit bestehenden Moralvorstellungen war ein wichtiges Element seiner Ideologie. Die Nazis wollten eine *neue* Sexualpolitik. Sie propagierten den Bruch mit der ausschweifenden »jüdischen« Sexualität der Weimarer Zeit und stellten den Sex in den Kontext der Produktion des Nachwuchses und der Befriedigung des Mannes.

In der Behandlung der Prostitution gaben sich die Nazis pragmatisch. Bordelle wurden während des Dritten Reiches wieder eingeführt und unter staatliche Aufsicht gestellt. In der Weimarer Republik hingegen waren sie verboten gewesen. In Städten mit mehr als 30.000 Einwohnern durften Prostituierte legal arbeiten. Für ausländische Zwangsarbeiter wurden Bordelle errichtet, um sie von den deutschen Frauen fern zu halten. Für deutsche Soldaten gab es Bordelle in den besetzten Gebieten in ganz Europa und Nordafrika. Die Wehrmacht übernahm die Kontrolle über die Prostitution in Frankreich und baute ein verzweigtes und staatlich-kontrolliertes Bordellsystem aus. Die abgekämpften Soldaten sollten sich in Frankreich ausgelassen erholen können.

Ferner noch spielte Sexualität in den paramilitärischen Organisationen des NS-Staates eine wichtige Rolle. Der Führer der Schutzabteilung (SA) Ernst Röhm war offen homosexuell und außerdem für sexuelle Ausschweifungen bekannt. Nachdem sich Hitler Röhms entledigt hatte und die SA zerschlagen war, begann der Aufstieg Heinrich Himmlers und seiner Schutzstaffel (SS) zur wichtigsten paramilitärischen Organisation im Dritten Reich. Obwohl

Heinrich Himmler ein »sehr sittliches« Leben führte, propagierte er ein Ende der »falschen Prüderie«. Er verstand männliche Sexualität als »natürliche Kraft«, die es galt einzusetzen. Etwa befahl er seinen SS-Männern, sich um einsame Frauen im deutschen Hinterland zu kümmern. Den Befehl musste er nach Protesten von Wehrmachtsangehörigen, deren Frauen sexuelle Beziehungen zu SS-Männern hatten, zurücknehmen. Himmler ließ überall, wo er es für richtig hielt, Bordelle errichten. Sie entstanden für SS-Männer im besetzten Polen. Himmler wollte so sexuelle Beziehungen mit den »rassisch minderwertigen« Polinnen verhindern. Bordelle ließ Himmler auch für ukrainische Wachmänner der Konzentrationslager auf dem Gebiet des Deutschen Reichs errichten. Ukrainern war der sexuelle Umgang mit deutschen Frauen verboten. Da sie nun aber im Dienst der SS standen, hatten sie auch ein Anrecht auf sexuelle Befriedigung – in speziell für sie eingerichteten Bordellen, mit weiblichen KZ-Häftlingen aus Polen. Bordelle errichtete Himmler auch in den Konzentrationslagern. Sie waren jedoch nicht für deutsche SS-Männer, wie etwa die SadicoNazista-Filme immer wieder suggerieren, sondern für die KZ-Häftlinge selbst. Sie wurden ab 1942 in den größten KZs wie etwa in Dachau, Auschwitz, Monowitz, Mauthausen, Buchenwald und Sachsenhausen eingerichtet. Der Bordellbesuch sollte Anreiz zur Steigerung der Arbeitsleistung der KZ-Häftlinge sein. Himmler sah es als seine Pflicht an, diese Natürlichkeit als Antriebsmittel für höhere Leistungen[299] auszunutzen. Der Bordellbesuch blieb ausschließlich nicht-jüdischen Häftlingen vorbehalten. Für die Bordelle rekrutierte die SS nicht-jüdische weibliche KZ-Häftlinge, meist mit falschen Versprechungen auf Entlassung aus dem KZ oder unter Zwang. Die Lagerbordelle waren Orte der Erniedrigung – für die Frauen und für die männlichen Besucher. So unterlag der Bordellbesuch strengen Regeln. Die Frauen waren in der

---

[299] Schreiben von Heinrich Himmler an Oswald Pohl vom 5. März 1943 in: Institut für Zeitgeschichte München, MA 304/0812.

Bordellbaracke eingesperrt und warteten auf die Eröffnung des Bordells am Abend. Zu den Öffnungszeiten mussten die Frauen in ihren Zimmerchen auf die Männer warten. Nach jedem Mann mussten sich die Frauen mit Seifenlauge spülen.

Ein männlicher Häftling musste für den Bordellbesuch einen offiziellen Antrag stellen. Die SS stellte jeden Abend Bordelllisten zusammen, auf denen oft vermerkt wurde, zu welcher Frau der Mann zu gehen hatte. Die Nummern der zugelassenen Häftlinge wurden auf dem Abendappell verlesen. Die Bordellbesucher marschierten geschlossen zum Bordell, erhielten dort eine Spritze oder bekamen eine unbekannte Salbe auf ihre Genitalien geschmiert. Ein SS-Mann wies die Männer einem Zimmer zu, vor dem sie in einer Reihe warten mussten – oft bereits mit herunter gelassener Hose. Dabei wurde auch auf die Rassengesetze geachtet: so durfte ein deutscher Häftling nur zu einer deutschen Frau, und ein Pole nur zu einer slawischen Frau. Jeder männliche Häftling durfte fünfzehn Minuten bei der Frau bleiben. Erlaubt war nur die Missionarsstellung. Durch einen Spion in der Tür überwachte ein SS-Mann die Einhaltung der Regeln. Meist waren die Männer gar nicht zum Sex in der Lage. Sei es, weil die Situation keine Erotik zuließ, oder auch, weil sie selbst zu geschwächt von der KZ-Haft waren. Die Realität unterscheidet sich stark von den Szenen in den SadicoNazista-Filmen.

Der Faschist als Vergewaltiger – das Bild

Das Bild der deutschen Faschisten als Täter sexueller Gewalt entstand bereits im Krieg. So zeigt ein sowjetisches Propagandaplakat eine lechzende Bulldogge in SS-Uniform, die sich über eine halbnackte Frau hermachen will. In der Serie der amerikanischen Propaganda-Plakate mit dem Titel *Deliver us from Evil* (*Erlöse uns vom Bösen*) erschien ein Plakat mit SS-Männern, die weibliche Häftlinge der

Konzentrationslager mit entblößten Oberkörpern als sexuelle Opferbeute zeigen. Die Plakate ähneln stark den späteren SadicoNazista-Filmplakaten. Die Stigmatisierung politischer und militärischer Gegner als sexuelle Gewalttäter ist überaus effektiv, denn sie brandmarkt den Gegner als unmenschliche, gnadenlose Bestie. Durch diese Praktiken lassen sich in der Regel auch die letzten Kritiker eines Krieges zum Schweigen bringen.

Diese Methode ist keine Erfindung der Alliierten im Zweiten Weltkrieg. Auch die italienischen Faschisten bedienten sich dieser Bildsprache. Auf einem Propagandaplakat ist ein farbiger alliierter Soldat zu erkennen, der eine europäische Frau vergewaltigen will. Darunter steht: *Difendila! Potrebbe essere tua madre, tua moglie, tua sorella, tua figlia* – »Verteidige sie! Es könnte deine Mutter, deine Frau, deine Schwester, deine Tochter sein«. Faschistische Propaganda trifft auf italienischen Machismus. Erinnern wir uns auch an die antisemitischen Propagandaplakate der Nationalsozialisten, in denen ein dicker Jude und/oder Bolschewist eine deutsche Frau vergewaltigen will.

Das Bild der deutschen Faschisten als Täter sexueller Gewalt wurde jedoch auch in Berichten von Überlebenden der Konzentrationslager untermauert. Es tauchen immer wieder Berichte von Vergewaltigungen in den Lagern der Nazis auf – etwa bei Selektionen in Auschwitz-Birkenau. Solche Berichte basieren oft auf Gerüchten, die in den Lagern zirkulierten. Der Wahrheitsgehalt solcher *gehörten Schilderungen* war oft sehr gering. Bereits der Soziologe Wolfgang Sofsky fand heraus, dass sich die SS bei Verbrechen und Mordtaten an Orte zurückzog, die nicht einsehbar waren. Es ist unumstritten, dass deutsche Soldaten und SS-Männer sexuelle Gewalttaten verübten. Es gibt Belege, dass Gewaltexzesse mit sexuelle Gewalttaten einher gingen, für Vergewaltigungen an der Front und in den besetzten Gebieten. Dennoch lässt sich gerade über die Konzentrationslager sagen, dass exzessive Formen sexueller Gewalttaten eher selten waren.

Die Auschwitz-Überlebende Jenny Spritzer, die in der Politischen Abteilung in Auschwitz arbeitete, in denen auch Fälle von sexuellen Übergriffen aktenkundig wurden, sagte dazu: »Ich wurde von so vielen Menschen gefragt, ob uns denn die SS-Männer nicht zu nahe getreten waren. Diese Frage ist einfach absurd, wenn man bedenkt, dass sie alle sogar Angst hatten, sich bei einem Privatgespräch mit uns erwischen zu lassen. Abgesehen davon, hätte sich keine der Jüdinnen mit einem SS-Mann eingelassen. Während meiner ganzen Zeit in Auschwitz hörte ich nur von drei Fällen, die sich draußen in Birkenau ereigneten. Es waren genügend schöne Mädchen unter uns, die den SS-Leuten gefielen, aber die Angst vor der eigenen Knute war größer. Selbst im betrunkenen Zustande vergaßen sie sich nicht, und ich musste mich manchmal selbst wundern, wie diszipliniert sie waren.«[300]

Nach dem Krieg schrieb sich das Bild des SS-Mannes als Vergewaltiger jüdischer Frauen langsam aber sicher in das kollektive Gedächtnis. Zunächst war es ein »offenes Geheimnis«, über das niemand sprechen wollte, doch genau diese Tabuisierung schien den Wahrheitsgehalt zu untermauern. Das Wissen um Bordelle in den KZ vermischte sich mit dem Bild des Nazis als Vergewaltiger jüdischer Frauen. Daraus entstand der Mythos von Lagerbordellen in denen jüdische Frauen deutschen Soldaten zu Diensten sein mussten. Dieser Mythos verbreitete sich durch den Roman *House of Dolls* (*Das Haus der Puppen*) des israelischen Autors Yehiel De-Nur, den er unter dem Pseudonym »Ka-Tzetnik 135633« veröffentlichte. Darin erzählt er die fiktive Geschichte einer jungen Frau, die in das Lagerbordell im Stammlager Auschwitz kam und dort als Prostituierte für deutsche Soldaten arbeiten musste. Das 1955 erschienene Buch wird bis heute als wahre Geschichte gehandelt. Auf dem Cover der amerikanischen Ausgabe von 1997 steht »based on the haunting diaries of Daniella Pre-

---

[300] Spritzer 1980, S. 60.

leshnik«. In Israel war es viele Jahre in Gymnasien Pflichtlektüre. Erst in den letzten Jahren wurde der Wahrheitsgehalt der Werke von Ka-Tzetnik 135633 in Frage gestellt – etwa vom renommierten Holocaust-Forscher Omer Bartov oder aktuell durch den Literaturwissenschaftler Jeffrey Wallen.

»Das Tagebuch der Daniella Preleshnik« gibt es so wohl nicht. Ein Lagerbordell in Auschwitz existierte tatsächlich. Es funktionierte jedoch anders, als im Buch beschrieben – dies lässt sich anhand überlieferter Akten der SS nachweisen. Am 20. April 1943 veranlasste die SS-Führung von Auschwitz die beschleunigte Errichtung einer Bordellbaracke für die Häftlinge des Stammlagers. Das Bauvorhaben wurde zwar genehmigt, doch nie verwirklicht. Statt dessen ließ die SS die erste Etage des Häftlings-Wohnblocks 24a, unmittelbar neben dem Tor mit der Aufschrift *Arbeit macht frei,* zu einem Bordell umbauen. Dieses wurde im Oktober 1943 eröffnet und war mit 21 Bordellzimmern das größte Bordell in einem KZ. Es bestand bis wenige Tage vor der Räumung von Auschwitz im Januar 1945. Die Frauen für das Lagerbordell rekrutierte die SS im Frauenlager Birkenau. Es waren über 60 Frauen, mehr als die Hälfte von ihnen war deutscher Herkunft, die anderen stammten aus Polen oder der UdSSR. Keine von ihnen war jüdischer Herkunft. Dies deckt sich mit den Forschungsergebnissen zu anderen Lagerbordellen – auch dort wurden von der SS keine jüdischen Frauen eingesetzt.

Das widerspricht Ka-Tzetniks Geschichte, denn die Protagonistin ist Jüdin. Auch war das Bordell in Auschwitz für Häftlinge gebaut, um deren Produktivität zu steigern. SS-Männer und Wehrmachtsangehörige hatten keinen Zutritt. Das belegen Zeitzeugenaussagen von SS-Männern und von KZ-Häftlingen. Es zeigt sich, dass die »wahre Geschichte«, wie sie vom Auschwitz-Überlebenden Ka-Tzetnik 135633 niedergeschrieben wurde, nicht wahr sein kann. Es vermischen sich ganz offensichtlich Wahrheit und Dichtung. Wahrscheinlich wurde das Bordell in Auschwitz von ehemaligen Häftlingen als eines für SS-Männer verstanden, denn es fällt schwer sich vorzustellen, dass die SS hunderttausende Juden in den Gaskammern von Birkenau ermordete und gleichzeitig ein Bordell für KZ-Häftlinge errichtete.

Dennoch, der Mythos des Bordells für SS-Männer in Auschwitz, in dem jüdische Frauen sexuell versklavt wurden, hält sich hartnäckig. Das Buch *The House of Dolls* lieferte sogar den Plot für einen der ersten SS-Sexploitation-Filme, nämlich Lee Frosts *Love Camp 7* aus dem Jahr 1969. Der Mythos von weiblichen Gefangenen, die in Bordellen der SS und Wehrmacht vergewaltigt wurden, wurde auch in den pornografischen Groschenromanen, den sogenannten *Stalag*-Heften, aus dem Israel der 1950er und frühen 1960er Jahren aufgegriffen. In diesen Heften waren die Opfer keine jüdischen Frauen – dies wäre ein zu radikaler Tabubruch gewesen – sondern meinst alliierte Agentinnen. Dieses Muster wurde auch in vielen SS-Sexploitation-Filmen übernommen.

Das Bild von durch die SS sexuell ausgebeuteten Häftlingen brannte sich nicht nur in das kollektive Gedächtnis des jungen Israels ein. Ähnliches geschah auch in Italien. Bis heute wird in der italienischen Gesellschaft davon ausgegangen, Frauen konnten nur die KZ überleben, weil sie sich sexuell ausbeuten ließen. In den USA verbreitete sich das Bild perverser nationalsozialistischer Sexualverbrechen – etwa durch die *pulp literature*, wie die *Man's Adventure* Hefte der 1950er und 1960er Jahre, deren Cover mittelalterliche Folterakte an spärlich bekleideten Frauen von Männern in SS-Uniformen vor Hakenkreuzfahnen zeigen. Und der Trend setzt sich fort – nicht nur in den Exploitation-Filmen – er zieht sich durch die gesamte Geschichte der Holocaust-Filme. Dies macht Stigleggers Buch deutlich.

Sexuelle Bestien in Uniform – ein Fazit
Im sexualisierten Bild des deutschen Faschisten liegen Mythos und Wahrheit weit auseinander. Bordelle, in denen sich SS-Männer mit weiblichen jüdischen KZ-Häftlingen amüsierten, oder sie vergewaltigten, hat es so nicht gegeben. Es vermischen sich historische Fakten mit Gerüchten und formieren sich zu einem Mythos. Es gab Bordelle in den KZ – aber die Frauen darin waren keine Jüdinnen und die Besucher keine deutschen SS-Männer. Die einzigen SS-Bordelle in den KZ gab es für die ukrainischen Wachmänner. Deutsche Wachmänner konnten Bordelle in den Städten nahe der Lager besuchen.
Das Bild der deutschen Faschisten als sexuelle Bestien wurde durch die Propagandaplakate der Alliierten aus Kriegszeiten bereits in reißerischer Form verbreitet. In sehr ähnlicher Form wurde es auf den Covern der *Men's Adventure Magazines*, der israelischen *Stalag-Heftchen* und den SadicoNazista-Filmplakaten reproduziert. Die dazu gehörigen Geschichten lieferten fiktive Erzählungen wie Ka-Tzetniks Roman *House of Dolls*. Die wiederum wurden in den SadicoNazista-Filmen aufgegriffen und von den reißerischen SS-Sexploitation-Nachfolgern ausgebeutet. Dies trieb die Sensationalisierung faschistischer Gewalt voran, während gleichzeitig das Thema enthistorisiert wurde. Aufgrund unzureichender Quellenerschließung konnte leider die historische Forschung dieser Entwicklung wenig entgegensetzen.
Diese Kombination aus sexuellen Kontexten und stereotypen Bildern des Nationalsozialismus durchzieht die filmische Bildgeschichte. So vermischen sich bis heute Softsex-Szenarien mit der Holocaust-Ikonographie – sogar in bedeutenden Holocaust-Filmen wie Steven Spielbergs *Schindler's List*. Stiglegger hat die Tür zu einem der dunkelsten Film-Räume aufgestoßen. Er zwingt uns den Blick zu schärfen für die vielfältigen Variationen des Mythos der *erotischen Bestien in SS-Uniformen*.

Wenn Roland Barthes schreibt, die Funktion des Mythos bestünde darin, »das Reale zu entleeren«, füllt Stiglegger das Reale wieder auf, indem er uns die SadicoNazista-Bilderflut ordnet und erklärt. Durch die SadicoNazista-Filme wird der Mythos der erotischen Bestie in SS-Uniform immer wieder neu in unser kollektives Gedächtnis geschrieben und damit an folgende Generationen weitergegeben. Dies zu verstehen ist der erste Schritt, den Mythos zu zerstören und ihn durch ein reales Bild vom Faschismus zu ersetzen.

Bibliografie

Aizac, Jean: Les Damnés, in: Téléciné no. 163, 1970, S.7-18
Alemann, Claudia: Der Nachtportier, in: Medium, März 1975, S. 32 f.
Améry, Jean: Cinéma. Arbeiten zum Film, Stuttgart 1994
ders.: Jenseits von Schuld und Sühne. Bewältigungsversuche eines Überwältigten. Stuttgart [1977] 1980
Andrews, Nigel: Hitler as Entertainment, in: American Film, April 1978, S. 53
Angerer, Marie-Louise (Hrsg.): The body of gender: Körper / Geschlechter / Identitäten, Wien 1995
Arnold, Frank und Peter W. Jansen, Gertrud Koch, Christa Maerker, Wilhelm Roth: Louis Malle, München / Wien 1985
Aristarco, Guido: Der späte Visconti zwischen Wagner und Mann, in: Film und Fernsehen, Nr. 5, 1992, S. 18-25
Arns, Alfons: Passionen und Grotesken. Pier Paolo Pasolinis Salò oder Die 120 Tage von Sodom, in: Film Faust, Heft 58, 1987, S.39-47
ders.: Von der Romantik zur Barbarei. Luchino Viscontis filmische Blicke auf Deutschland und die Deutschen, in: Zibaldone Nr. 16, November 1993, S. 105-120
Avisar, Ilan: Screening the Holocaust. Cinema's Images of the Unimaginable, Bloomington / Indianapolis 1988
Bachmann, Gideon: Sodom oder das stilisierte Grauen, in: Die Zeit, 30.1.1976
Bädekerl, Klaus: Luchino Visconti »Die Verdammten« (»Götterdämmerung«), in: Filmkritik Nr. 3, S.144 f.
Baer, Volker: Eine Oper nur, kein Zerrbild. Luchino Viscontis Die Verdammten, in: Der Tagesspiegel, 13.9.1970
ders.: Die Eingeschlossenen von Salò, in: Der Tagesspiegel, 1.2.1976
Barthes, Roland: Der Baum des Verbrechens, in: Tel Quel (Hrsg.): Das Denken von Sade, München 1969
ders.: Mythologies, Paris 1957; dt.: Mythen des Alltags, Frankfurt am Main 1964 (gekürzt)
Ders.: Sade-Pasolini, in: Der Pfahl. Jahrbuch aus dem Niemandsland zwischen Kunst und Wissenschaft V, München 1991, S. 134 ff.
Bataille, Georges: L'érotisme, Paris 1957; dt. Der heilige Eros, Berlin 1979 (gekürzt); Die Erotik, München 1994 (erweitert)
ders.: Die Literatur und das Böse, München 1987
ders.: Die psychologische Struktur des Faschismus. Die Souveränität, München [1970] 1997
ders.: Les Larmes d'Eros, Paris 1961; dt.: Die Tränen des Eros, München 1993
Baudrillard, Jean: L'échange symbolique et la mort, Paris 1976; dt.: Der symbolische Tausch und der Tod, München 1990
ders.: De la séduction, Paris 1979; dt.: Von der Verführung, München 1991

ders.: L'Histoire, un scénario rétro, in: Ca, Nr. 12 / 13; dt.: Geschichte, ein Retro-Scenario, in: Kool Killer oder Der Aufstand der Zeichen, Berlin 1978, S. 49-58

Baumann, Hans D.: Horror - Die Lust am Grauen, München 1993

Benjamin, Walter: Das Kunstwerk im Zeitalter seiner technischen Reproduzierbarkeit, Frankfurt am Main 1977

Bergman, Ingmar: Das Schlangenei, Hamburg 1977

Bettelheim, Bruno: Überleben in Extremsituationen, München 1982

Biller, Maxim: Nimm mich, Adolf!, in: Tempo, März 1986

Blask, Falko: Baudrillard zur Einführung, Hamburg 1995

Bleuel, Hans Peter: Das saubere Reich. Die verheimlichte Wahrheit. Eros und Sexualität im Dritten Reich, [1972] Bergisch Gladbach 1979 / 1981

Blumenberg, Hans C.: Ruhr-Oper. Luchino Visconti: Götterdämmerung, in: Film Nr. 12, S. 33 f.

Bock, Sigrid und Manfred Hahn: Erfahrung Exil. Antifaschistische Romane 1933-1945, Berlin / Weimar 1981

Bohrer, Karl-Heinz: Gewalt und Ästhetik als Bedingungsverhältnis, in: Merkur, Heft 4, 52. Jg., April 1998, S.281-293

Bohrer, Karl Heinz: Waberlohe. Viscontis Film Die Verdammten, in: Frankfurter Allgemeine Zeitung, 12.2.1970

Bondanella, Peter: Italian Cinema, New York 1991

Bonitzer, Pascale: Le Regard et la voix. Essais sur le cinéma, Paris 1976

ders.: Le Boureau derrière la porte, in: Cahiers du Cinéma No 251 / 252, Juli / August 1974

Bonucci, Marie-Anne Matard: Italian Fascism's Ethiopien Conquest and the Dream of Prescribed Sexuality, in: Dagmar Herzog (Hg.): Brutality and Desire. War and Sexuality in Europe's Twentieth Century. New York 2009, S. 91-108.

Boom, Mareike und Dirk Bogarde, Nagisa Oshima: Charlotte Rampling With Compliments, München 1986

Bordwell, David und Kristin Thompson: Film art: an introduction, New York u.a. [1979] 1993

Bouineau, Jean-Marc: Le petit livre de Paul Verhoeven, Garches 1992

Boyer, Alain-Michel: Pier Paolo Pasolini. Qui êtes-vous?, Lyon 1987

Brittmacher, Hans: Ästhetik des Horrors, Frankfurt am Main 1994

Busche, Andreas: Die Lesbencamps der Foltermiezen, in: Kleine Welt # 3, 1997, S. 26-31, 66-69

Canby, Vincent: An Epic Film About Honor and Survival, in: The New York Times, 25.1.1976

Canetti, Elias: Masse und Macht, Hamburg 1960

Cavani, Liliana: Leserbrief an Le Monde, 25. April 1974

Chaix, Marie: Le Fascisme à la mode, in: Nouvel Observateur, 492 / April 1974

Chotjewitz, Peter: Neapolitanische Groteske, in: Der Spiegel 42, 1985, S. 269-273

Cruz, Omayra: Tits, Ass & Swastikas. Three Steps Toward A Fatal Film

Theory, in: Andy Black (Hrsg.): Necronomicon Book 2, London 1998, S. 88-98

de Lauretis, Teresa: Cavani's »Night Porter«: A Woman's Film?, in: Film Quarterly No.2, 1976 / 1977, S. 35-38

Demirovic, Alex: Das Schlangenei, in: filmfaust, 1. Jg., Dezember 1977, S. 106

Donner, Wolf: Die Unehrlichkeit unserer Gesellschaft, in: Die Zeit, 13.2.1976

Dorn, Margit: Der Nachtportier, in: Faulstich, Werner und Andreas Vogel (Hrsg.): Sex und Gewalt im Spielfilm der 70er und 80er Jahre / 1. Lüneburger Kolloquium zur Medienwissenschaft, Bardowick 1991, S. 32-44

Duerr, Hans Peter: Obszönität und Gewalt – Der Mythos vom Zivilisationsprozeß, Frankfurt am Main 1993 (*Sexuelle Gewalt im Konzentrationslager:* »*Im Vorhof der Hölle*"«, S. 309 ff.)

Dworkin, Andrea: Intercourse, New York 1987

dies.: Pornography: Men Possessing Women, New York 1981; dt.: Pornographie: Männer beherrschen Frauen, Köln 1987 / Frankfurt am Main 1990

Ebert, Susanne und Dieter Vervuurt: Noch einmal: »Aus einem deutschen Leben«, in: filmfaust, 1. Jg., Dezember 1977, S. 109-113

Eder, Klaus (Hrsg.): Syberbergs Hitler-Film, München / Wien 1980

Feldmann, Sebastian und Hans Jansen, Dietrich Kuhlbrodt, Daniel Schmid, Walter Schobert, Wolfram Schütte: Werner Schroeter, München / Wien 1980

Ferro, Marc: Does A Filmic Writing of History Exist?, in: ders.: Cinema and History, Detroit 1988, S. 158-164

Fest, Joachim C.: Der interessant gemachte Faschismus, in: Frankfurter Allgemeine Zeitung, 7.2.1976, S.21

Fichte, Hubert: Jeder kann der nächste sein, in: Der Spiegel, 9.2.1976

Filmstelle VSETH / VSU: Lina Wertmüller / Martin Scorsese, Zürich 1986

Fischer, Volker: Ästhetisierung des Faschismus. NS-Nostalgie im Spielfilm, in: Hinz, B. u.a. (Hrsg.).: Die Dekoration der Gewalt: Kunst und Medien im Faschismus, Gießen 1979

Flint, David: Fanged Up SS Frauleins, in: Redeemer Vol. 1 / No. 2 1994, S. 6 ff.

Fontana, Liliana und Fabio de Agostini: Filmerotikon. Antologia del cinema proibito, in: Playmen, Anno XIII, August 1979, S. 127 ff.

Foucault, Michel: Anti-Retro. Entretien avec Michel Foucault, in: Cahiers du Cinéma, No. 251 / 252, Juli / August 1974

Foucault, Michel: Sade, ein Sergeant des Sex. Interview mit Gérard Dupont. Aus: Cinématographe, No. 16, Dez. 1975-Jan 1976. In: Von der Freundschaft als Lebensweise. Michel Foucault im Gespräch, Berlin 1984, S. 65

Foucault, Michel: Surveiller et punir. Naissance de la prison, Paris 1975; dt.: Überwachen und Strafen. Die Geburt des Gefängnisses, Frankfurt am Main 1976 / 1992

Französisches Büro des Informationsdienstes über Kriegsverbrechen: Konzentrationslagerdokument F 321, Frankfurt am Main 1988
French, Philip (Hrsg.): Malle on Malle, London 1993
Friedländer, Saul: Kitsch und Tod. Der Widerschein des Nazismus, München 1986
ders.: Historisierung des Nationalsozialismus, in: Freibeuter, Heft 36, S. 33-52
Fromm, Erich: Anatomie der menschlichen Destruktivität, Stuttgart 1974
Geitel, Klaus und Hans Helmut Prinzler, Martin Schlappner, Wolfram Schütte: Luchino Visconti, München / Wien 1975
Gemeinschaftswerk der evangelischen Publizistik e.V. (Hrsg.): Arnoldshainer Filmgespräche Bd.4 – Ästhetik des Bösen im Film, Frankfurt/M.1987
Genet, Jean: Das Totenfest, Lüneberg [1951] 1986
Gerhardt, Rudolf: Ein Film als Fall, in: Frankfurter Allgemeine Zeitung, 14.2.1976
Gödtel, Rainer: Sexualität und Gewalt, Hamburg 1992
Gorsen, Peter: Sexualästhetik. Grenzformen der Sinnlichkeit im 20. Jahrhundert, Reinbek bei Hamburg 1987
Grant, Kevin: La bestia in calore, in: Diabolik Number 1, S. 45
Grau, Günther (Hrsg.): Homosexualität in der NS-Zeit. Dokumente einer Diskriminierung und Verfolgung, Frankfurt am Main 1993
Greene, Gerald und Caroline: S-M. The Last Taboo, New York 1995
Greene, Naomi: Fascism in Recent Italian Films, in: Film Citicism, Vol.6, Nr.1, Herbst 1981
Dies.: Pier Paolo Pasolini. Cinema As Heresy, Princeton 1990
Gregor, Ulrich: Schreie in der Wüste, in: Frankfurter Allgemeine Zeitung, 4.11.1975
Grimminger, Rolf: Terror in der Kunst, in: Merkur Heft 2, 52. Jahrgang, Februar 1998, S.116-127
Habe, Hans: Pasolini oder Die Grenzen der Freiheit, in: Welt am Sonntag, 29.2.1976
Hamacher, Rolf-Ruediger: Sieben Schönheiten, in: Filmdienst, Nr. 21, 15.10.1985
Hanck, Frauke: Viscontis Gruselkabinett. Industrielle im Dritten Reich: Die Verdammten, in: Die Welt, 7.2.1970
Hayward, Susan: Key Concepts in Cinema Studies, London / New York 1997
Heinzlmeier, Adolf und Berndt Schulz: Tabus im Kino, Hamburg 1989
Herzog, Dagmar: Sexuality in Europe. A Twentieth-Century History. Cambridge 2011.
Hill, John und Pamela Church Gibson: The Oxford Guide to Film Studies, New York 1998
Hodgkiss, Clark: K.Z. 9 Lager di stermino, in: Diabolik Number 1, S. 47
Höhne, Heinz: Der Orden unter dem Totenkopf. Die Geschichte der SS, München 1967 / 1992

Horlacher, Kurt: Portiere di notte, in: Zoom-Filmberater, 26. Jg., Nr. 20, 16. Oktober 1974, S. 19 f.
ders.: Salon Kitty, in: Zoom-Filmberater, 28. Jg., Nr. 14, 21. Juli 1976, S 20
Horst, Sabine: Schindlers Liste, in: epd Film 3/94, S.28 ff.
Houston, Beverle und Marsha Kinder: Sex and Politics in ›Weekend‹ (1967), ›Sweet Movie‹ (1974), and ›Seven Beauties‹ (1975): The Way Out, in: dies.: Self and Cinema. A Transformalist Perspective, Pleasantville / New York 1980
dies.: The Nightporter as Daydream, in: Literature / Film Quarterly, Vol. 3 / Fall 1975, No. 4, S. 363-370
Insdorf, Annette: Indelible Shadows. Film and the Holocaust, Cambridge 1983 (1. Aufl.) / 1989 / 1990 (2. Aufl.)
Jaeggi, Urs: Pier Paolo Pasolinis letzter Film …, in: Zoom-Filmberater, 28. Jg., Nr. 20, 20. Oktober 1976, S. 1
Jenny, Urs: Luchino Visconti »Die Verdammten« (»Götterdämmerung«), in: Filmkritik Nr. 3, S. 146-147
Jost, Francois (Hrsg.): Robbe-Grillet, Obliques No 16 / 17
Jung, Fernand: Der Nachtportier, in: Jugend / Film / Fernsehen, Heft 2 / 1975, S. 115-118
Jungheinrich, Hans-Klaus und Peter Kammerer, Alberto Moravia, Pier Paolo Pasolini, Hans Helmut Prinzler, Wolfram Schütte: Pier Paolo Pasolini, München / Wien 1985
Kael, Pauline: Seven Beauties, in: The New Yorker, Vol. 51, Nr. 52, 16.2.1976
Kaes, Anton: Deutschlandbilder. Die Wiederkehr der Geschichte als Film, München 1987
Karasek, Hellmuth: Noch zumutbar?, in: Der Spiegel, 16.2.1976
Ka-Tzetnik 135633: House of Dolls. New York 1955; deutsche Version: ders.: Das Haus der Puppen. München 1995.
Keneally, Thomas: Schindlers Liste, München [1982] 1983 / 1994
Kertèsz, Imre: Diese Stille, dieses Nichts, in: Der Spiegel 18/1996, S. 224 ff.
Keßler, Christian: Der Tod ist ein Meister aus Deutschland. Die »Naziporno«-Welle, in: ders.: Das wilde Auge. Ein Streifzug durch den italienischen Horrorfilm, Wimmer 1997, S. 288-304
Kiefer, Bernd: Kulturmontage im Posthistoire. Zur Filmästhetik von Hans Jürgen Syberberg, in: Horst Fritz (Hrsg.): Montage in Theater und Film, Tübingen 1993, S. 229 ff.
ders.: Schönheit im Vergehen. Eine Miniatur zur ›Deutschen Trilogie‹ von Luchino Visconti, in: Zeichen und Wunder, 7. Jg. / Nr. 25, April 1996, S. 23 ff.
Kilb, Andreas: Die allegorische Phantasie. Zur Ästhetik der Postmoderne, in: Bürger, Christa und Peter (Hrsg.): Postmoderne: Alltag, Alledorie und Avantgarde, Frankfurt am Main 1987, S. 84-113
Kilb, Andreas: Des Teufels Saboteur, in: Die Zeit Nr. 10, 4.3.1994, S. 68
ders.: Leben und Tod als Arabeske. Visconti: Die Verdammten (ZDF),

in: Frankfurter Allgemeine Zeitung, 3.9.1985
King, Stephen: Frühling, Sommer, Herbst und Tod, Bergisch-Gladbach [1982] 1984 (darin »*Apt Pupil / Der Musterschüler*«)
Klein, T. Jefferson: Bertolucci's Dream Loom. A Psychoanalytic Study of Cinema, Amherst / Massachusetts 1987
Klöckner, Beate: Die wilde Ekstase des Paradieses. Der pornographische Film, Frankfurt am Main 1984
Kluge, Alexander: Lebensläufe, Frankfurt [1963] 1986
Knapp, Gottfried: Die ersten Kreise der Hölle, in: Süddeutsche Zeitung, 29. / 30.11.1975 (zu *Salò*)
Kochenrath, Hans Peter: Melodrama. Luchino Visconti Götterdämmerung, in: Film, Heft 12, S. 32 f.
Koebner, Thomas: Der unversehrbare Körper, in: ders.: Lehrjahre im Kino. Schriften zum Film, St. Augustin 1997, S. 212-240
ders.: Vorstellung von einem Schreckensort. Konzentrationslager im Fernsehfilm, in: Heuer, Renate und Ralph-Rainer Wuthenow: Konfrontation und Koexistenz, Frankfurt/New York 1996, S. 299 ff.
ders. (Hrsg.): »Bruder Hitler«. Autoren des Exils und des Widerstands sehen den »Führer« des Dritten Reiches, München 1989
ders. (Hrsg.): Deutschland nach Hitler. Zukunftspläne im Exil und aus der Besatzungszeit 1939-1949, Oplanden 1987
ders.: Unbehauste. Zur deutschen Literatur in der Weimarer Republik, im Exil und in der Machkriegszeit, München 1992
Kogon, Eugen: Der SS-Staat. Das System der deutschen Konzentrationslager, München 1974/1994
Kolker, Robert Phillip: Bernardo Bertolucci, London 1985
Korn, Karl: Die Grenzen des Darstellbaren, in: Frankfurter Allgemeine Zeitung, 6.2.1976 (zu *Salò*)
Korte, Helmut und Werner Faulstich (Hrsg.): Action und Erzählkunst - Die Filme von Steven Spielberg, Frankfurt / Main 1987
Kosinski, Jerzy: Der bemalte Vogel, Bern / München / Wien 1965
Kosinski, Jerzy: Seven Beauties. A Cartoon Trying to be a Tragedy, in: The New York Times, 7.3.1976
Kracauer, Siegfried: Das Ornament der Masse. Essays, Frankfurt am Main 1977
ders.: Von Caligari zu Hitler. Eine psychologische Geschichte des deutschen Films, Frankfurt am Main 1979
Kraft-Ebing, Richard von: Psychopathia sexualis, München [1886] 1997
Kuhlbrodt, Dietrich: Bent, in epd Film 11 / 98, S. 45
Kuhn, Otto: Der Garten der Finzi Contini, in: Pädagogik und Film, Juni 1973
ders.: Salon Kitty, in: Filmbeobachter, 15.10.1976, S. 8 f.
Kunczik, Michael: Gewalt und Medien, Köln [1987] 1996
Leiser, Erwin: »Mein Kampf«, Frankfurt am Main / Hamburg 1961
Lenne, Gerard: Der erotische Film, München [1981] 1983 / 1990
Leonhardt, Rudolf Walter: Die Grenzen des schlechten Geschmacks, in: Die Zeit, 13.2.1976 (zu *Salò*)

Leuthold, Beatrice: Eine Geschichtslektion von eher zweifelhaftem Geschmack, in: Tages Anzeiger, 14.2.1977
Liehm, Mira: Passion And Defiance, Berkeley / Los Angeles / London 1984
Lischke, Gottfried und Angelika Tramitz: Weltgeschichte der Erotik, Band IV. Von Marilyn bis Madonna, München 1995
Loewenstein, Rudolph M.: Psychoanalyse des Antisemitismus, Frankfurt am Main 1967 / 1971
Löffler, Sigrid: Kino als Ablaß. Steven Spielbergs mißlungener Holocaust-Film, in: Wochenpost, 24.2.1994
Loshitzky, Yosefa: The Radical Faces of Godard and Bertolucci, Detroit 1995
Lumsden, Robin: SS Regalia, London 1996
ders.: The Black Corps, Shepperton, Surrey 1992
ders.: The Waffen-SS, Shepperton, Surrey 1994
Maerz: Leichenverbrenner, in: Splatting Image Nr.6, 1991
Mann, Klaus und Kurt Tucholsky: Homosexualität und Faschismus, Kiel 1990
Märthesheimer, Peter und Ivo Frenzel (Hrsg.): Im Kreuzfeuer: Der Fernsehfilm *Holocaust*, Frankfurt/M. 1979
Martin, John: Nazi Business, in: The Dark Side Nr.44, März 1995, S. 56 ff.
McBride, Joseph: Steven Spielberg. A Biography, London 1997
Meert, Michael: Aus einem deutschen Leben, in: filmfaust, 1. Jg., September / Oktober 1977, S. 69 f.
Mellen, Joan: Fascism in Contemporary Film, in: Film Quarterly 24, Nr. 4, Summer 1971, S. 2-19
Meyer-Gosau, Frauke und Wolfgang Emmerich: Gewalt. Faszination und Furcht. Jahrbuch für Literatur und Politik in Deutschland 1, Leipzig 1994
Mirbeau, Octave: Garten der Qualen, [Vaduz/Liechtenstein]
Mishima, Yukio: Geständnis einer Maske, Reinbek bei Hamburg [1949] 1964 / 1994
Mitscherlich, Alexander: Medizin ohne Menschlichkeit. Dokumente des Nürnberger Ärzteprozesses, Frankfurt am Main 1991
Monaco, James: Film verstehen, Reinbek bei Hamburg 1980 / 1995
Moravia, Alberto: Der Konformist, Reinbek bei Hamburg [1951] 1965
Mulvey, Laura: Visuelle Lust und narratives Kino [1975], in: Nabakowski, Gislind und Helke Sanders, Peter Gorsen (Hrsg.): Frauen in der Kunst, 2 Bde., Frankfurt am Main 1980
N.N.: Dokumentation: Urteilsbegründung in Sachen Pasolinis DIE 120 TAGE VON SODOM; Landgericht Saarbrücken, in: Film-Korrespondenz Nr. 10, 4.10.1977
N.N.: Spiel mit dem Nazi-Chic, in: Der Spiegel 32 / 1998, S. 87
N.N.: Urteil des BGH, 21. April 1978, in: Film und Recht, Nr. 7 / 78
Nagel, Ivan: Wachsfigurenkabinett an der Ruhr. Luchino Viscontis Die Verdammten im Münchner Gloria-Palast, in: Süddeutsche Zeitung,

30.1.1970
Nassi, Enrico und Fabian Cevallos: Salon Kitty. Storia di un film, Rom 1975

Neudeck, Rupert: Total mißlungen? Cavanis Nachtportier und seine Rezeption, in: Film Korrespondenz, Nr. 4 / 1.4.1975

Niethammer, Lutz: Posthistoire. Ist die Geschichte zu Ende?, Reinbek bei Hamburg 1989

Norden, Peter: Salon Kitty, München 1970 (Vorlage zum gleichnamigen Film)

Nowell-Smith, Geoffrey und James Hay, Gianni Volpi: The Companion to Italian Cinema, London 1996

ok.: Der Konformist, in: Evangelischer Filmbeobachter, 22. Jg, Nr. 30, 25. Juli 1970, S. 312 f.

Palmerini, Luca M. und Gaetano Mistretta: Spaghetti Nightmares. Italian Fantasy-Horrors As Seen Through The Eyes Of Their Protagonists, Key West, Florida 1996

Pasolini, Pier Paolo: Chaos. Gegen den Terror, Berlin 1981, S.160-163

Patterson, Cleaver: The Night Porter, in: Film Review, Oktober 1997, S. 28

Pätzold, Kurt: Verfolgung, Vertreibung, Vernichtung, Leipzig 1984

Polhemus, Ted und Housk Randall: Rituals of Love: Sexual Experiments, Erotic Possibilities, London 1994

Pflaum, Hans Günther: Rainer Werner Fassbinder. Bilder und Dokumente, Gräfelfing 1992

Phelix, Leo und Rolf Thissen: Pioniere und Prominente des modernen Sexfilms, München 1983

Phillips, Baxter: Swastika. Cinema of Oppression, London 1976

Pilling, Jayne und Mike O'Pray: Into The Pleasure Dome. The Films of Kenneth Anger, London 1989

Praz, Mario: Liebe, Tod und Teufel. Die schwarze Romantik, 2 Bde., München 1970

QRT: Zombologie. Teqste, Berlin 2006

Reich, Wilhelm: Die Massenpsychologie des Faschismus, Köln 1971 / 1986

Rambol, Espen Svenningsen: Polsefilm, in: Film Magasinet Nr.4, 1998, S. 75

Ratschewa, Marie: Die 120 Tage von Sodom, in: Medium, Nr. 1, Januar 1976

Reichel, Peter: Der schöne Schein des Dritten Reiches. Faszination und Gewalt des Faschismus, München / Wien 1991 u. Frankfurt am Main 1993

Robbe-Grillet, Alain: Corinthes letzte Tage, Frankfurt am Main [1994] 1997

Rosner, Heiko: Schindlers Liste. Der definitive Film über das Grauen des Naziterrors, in: cinema April 1994, S.50 ff.

Rost, Andreas (Hrsg.): Der schöne Schein der Künstlichkeit, München 1995

ders.: Zeit, Schnitt, Raum, München 1997
Sade, Marquis de: Die hundertzwanzig Tage von Sodom oder Die Schule der Ausschweifung, Dortmund [1782 / 1784] 1979 / 1987 (Romanvorlage zu *Salò*)
Sartre, Jean-Paul: Der Pfahl im Fleische, Reinbek bei Hamburg [1949] 1951 / 1988
Scheers, Rob van: Paul Verhoeven, London [1996] 1997
Schepelern, Peter: Triers elementes, Kopenhagen 1997
Scheu, Jan P.: Dressed To Kill, in: Schlagzeilen Nr.14, Jan.1993, S. 28
Schifano, Laurence: Luchino Visconti. Fürst des Films, Gernsbach 1988
Schlappner, Martin: Der Niedergang einer Familie als politisches Gleichnis. Luchino Viscontis La Caduta degli dei, in: Neue Züricher Zeitung, 21.3.1970
Schmitt-Sasse, Joachim (Hrsg.): Widergänger. Faschismus und Antifaschismus im Film, Münster 1993
Schnell, Ralf (Hrsg.): Gewalt im Film, Bielefeld 1987
Schober, Siegfried: Luchino Visconti »Die Verdammten« (»Götterdämmerung«), in: Filmkritik Nr. 3, S.145 f.
ders.: Der nächste Tango?, in: Der Spiegel, 1.12.1975
Schroeter, Werner: Viscontis seriöse Nazioperette, in: Filmkritik, Heft 3, S.139-143
Schütte, Wolfram: Auf dem Grunde des Pessimismus, in: Frankfurter Rundschau, 3.2.1976
ders.: Befremdlicher und verwirrender Genuß. Luchino Viscontis Film Die Verdammten, in: Frankfurter Rundschau, 12.2.1970
Schütz, Heinz: Transformation und Wiederkehr. Zur künstlerischen Rezeption nationalsozialistischer Symbole und Ästhetik, in: Kunstforum, Bd. 95, Juni / Juli 1988, S. 64 ff.
Schutz, Sabine: »Une sale histoire«. Die unbewältigte *Occupation* bei Patrick Modiano, Frankfurt am Main 1998
Schweitzer, Otto: Pasolini, Reinbek bei Hamburg 1986
Scott, Gini Graham: Dominanz und Demut, München 1994
Seeßlen, Georg: Erotik: Ästhetik des erotischen Films, Marburg 1996
ders.: Der Faschismus und der Erlkönig, in: Strandgut, Nr. 9, 1996, S.8 f.
ders.: Kino der Gefühle, Reinbek bei Hamburg 1980
ders.: Natural Born Nazis, Berlin 1996
ders.: Tanz den Adolf Hitler, Berlin 1994
ders.: Unbefangen. Über Volker Schlöndorfs Film »Der Unhold«, in: Kultur / News, September 1996, S. 18
Servadia, Gaia: Luchino Visconti: A Biography, New York 1983
Shaviro, Steven: The Cinematic Body, Minnesota 1993
Shik, Na‹ama: Sexual Abuse of Jewish Women in Auschwitz-Birkenau, in: Dagmar Herzog (Hg.): Brutality and Desire. War and Sexuality in Europe's Twentieth Century. New York 2009, S. 221–247.
Siciliano, Enzo: Pasolini. Leben und Werk, Weinheim und Berlin [1978] 1994
Silverman, Kaja: Masochism and Male Subjectivity, in: Camera Obscura:

A Journal of Feminism and Film Theory 17, 1988, S. 31-66
dies.: Masochism and Subjectivity, in: Framework: A Film Journal, Issue 12 / 1980, S. 2-9
Smith, Adrian Luther (Hrsg.): Delirium. A Guide to Italian Exploitation Cinema 1975-1979, London 1997
Sofsky, Wolfgang: Die Ordnung des Terrors: Das Konzentrationslager, Frankfurt am Main 1993
ders.: Traktat über die Gewalt, Frankfurt am Main 1996
Sommer, Robert: Das KZ-Bordelle. Sexuelle Zwangsarbeit in nationalsozialistischen Konzentrationslagern. Paderborn 2009
Sontag, Susan: Against Interpretation, New York 1967; dt.: Kunst und Antikunst, 24 literarische Analysen, München / Wien 1980
dies.: Styles of Radical Will, London 1969
Sontag, Susan: Under the Sign of Saturn, New York 1980; dt.: Im Zeichen des Saturn, München / Wien 1981
Spaich, Herbert: Rainer Werner Fassbinder, Weinheim 1992
ders.: Die Verdammten, in: Pädagogik und Film
Spritzer, Jenny: Ich war 10291. Tatsachenbericht einer Schreiberin der politischen Abteilung aus dem Konzentrationslager Auschwitz. Darmstadt 1980.
Steele, Valerie: Fetish: Fashion, Sex and Power, Oxford 1996
Steinborn, Bion: »1900« 1. und 2. Teil. Aus einem Gespräch über »1900«, in: filmfaust, 1. Jg., April / Mai 1977, S. 46-61
Stevenson, Jack: Der vergessene Film: Tras el cristal, in: Howl, 1990, S.25-26
Stiglegger, Marcus: Cinema Beyond Good and Evil? Nazi exploitation in the cinema of the 1970s and its heritage. In: Elizabeth Bridges, Dan Magilow and Kris Vander Lugt (eds.): Nazisploitation. The History, Aesthetics and Politics of the Nazi Image in Low-Brow Film and Culture, London/New York 2012, S. 21-37
ders.: Dekadenz und Tod. Sexualisierung des Nationalsozialismus im Kino, in: testcard Nr.4, Mainz 1997, S. 194-209
ders.: Filme aus Fleisch und Blut: Tinto Brass, in: Splatting Image Nr.30, Juni 1997, S. 5-12
ders.: Gewalt, Lust und Terror. Pornografie und Gewalt im Kino der 1970er Jahre bis heute, in: Oliver Demny / Martin Richlin (Hrsg.): Sex und Subversion. Pornofilme jenseits des Mainstreams, Berlin 2010, S. 87-103
ders.: Jenseits von Gut und Böse. Das nur halb so kontroverse Werk der Liliana Cavani, in: Splatting Image Nr. 25, März 1996, S.13 ff.
ders.: Körper/Panzer. Faschistische Männerkörper in der populären Kultur, in: kritische berichte. Zeitschrift für Kunst- und Kulturwissenschaften, 1.2013, Jg. 41, S. 5-24
ders.: Nazi Chic und Nazi Trash. Faschistische Ästhetik in der populären Kultur, Berlin 2011
ders.: ›Sadiconazista‹ Die Sexualisierung des Holocaust im italienischen Kino zwischen 1969 und 1985. In: Claudia Bruns / Asal Dardan / Anet-

te Dietrich (Hrsg.): »Welchen der Steine du hebst« Filmische Erinnerungen an den Holocaust, Berlin 2012, S. 192-207
ders.: Der Schauspieler als Ikone. Über die Kunst der Pose, in: Thomas Koebner (Hrsg.): Schauspielkunst im Film. Erstes Symposium (1997), St. Augustin 1998
der.: Verdichtungen. Zu Ikonologie und Mythologie populärer Kultur, Hagen 2014
ders.: Von Berlin nach Salò. Sexualisierung von Politik im italienischen Kino der 1970er Jahre. In: Francesco Bono / Johannes Roschlau (Hg.): Tenöre, Touristen, Gastarbeiter. Deutsch-italienische Filmbeziehungen, München 2011, S. 119-132
Stirling, Monica: A Screen of Time. A Study of Luchino Visconti, London 1979
Streff, Jean: Le Masochisme au cinéma, Barcelona [1978] 1990
Stroemfeld / Roter Stern (Hrsg.): FRAUEN + FILM Heft 39 – Masochismus, Frankfurt am Main 1985
Syberberg, Hans-Jürgen: Hitler, ein Film aus Deutschland, Reinbek bei Hamburg 1978
ders.: Syberbergs Filmbuch, Frankfurt am Main 1979
ders.: Der Wald steht schwarz und schweiget. Neue Notizen aus Deutschland, Zürich 1984
ders.: Vom Unglück und Glück der Kunst in Deutschland nach dem letzten Kriege, München 1990
Tarratt, Margaret: The Damned: Visconti, Wagner and the ›Reinvention of Reality‹, in: Screen 11, Nr. 3, S. 44-56
Theweleit, Klaus: Das Land, das Ausland heißt, München 1995
ders.: Männerphantasien (2 Bde.), München 1977 / 1995
tho.: Die Verdammten, in: Evangelischer Filmbeobachter, 22. Jg., Nr. 6, 7. Februar 1970, S. 56 ff.
Thompson, Mark: Lederlust, Berlin 1993
Thomsen, Christian Braad: Rainer Werner Fassbinder. Leben und Werk eines maßlosen Genies, Hamburg [1991] 1993
Todorov, Tzvetan: Angesichts des Äußersten, München 1993
Thrower, Stephen: Beast in Heat: Horrifying Experiments of S.S. Last Days a.k.a. Nazi Holocaust, in: Eyeball, Issue No. 1, Autumn 1989, S. 10 f.
ders.: The Gestapo's Last Orgy, in: Eyeball, Issue No. 1, Autumn 1989, S. 15 f.
ders.: Tras el cristal, in: Eyeball, Issue No. 3, Summer 1992, S. 8 f.
ders.: Women's Camp 119, in: Eyeball, Issue No. 2, Summer 1990, S. 26
Tiso, Ciriaco: Liliana Cavani, Bologna 1975
Tohill, Cathal: Video Nazis!, in: The Dark Side Nr. 31, April 1993, S. 5 ff.
Tohill, Cathal und Pete Tombs: Immoral Tales. European Sex And Horror Movies 1956-1984, New York 1994
Tonetti, Claretta Micheletti: Bernardo Bertolucci, New York 1995
Tournier, Michel: Der Erlkönig, Frankfurt am Main [1972] 1984

Treut, Monika: Die grausame Frau, Basel / Frankfurt am Main 1984
Tremper, Will: Indiana Jones in Ghetto von Krakau, in: Die Welt, 26.2.1994
Tuchman, Mitch: The Ilsa Blitz. Voluptuous Actress Dyanne Thorne, in: Playboy, 19??, S.51 ff.
Ungari, Enzo: Bertolucci, München 1984
USE: »Nazis« wie im alten Rom, in: Filmdienst, 30. Jg., 2.8.1977
Villeneuve, Roland: Grausamkeit und Sexualität, Berlin 1988
Vogel, Amos: Film als subversive Kunst, St. Andrä-Wördern / Österreich 1974 / 1997
Jeffrey Wallen: Testimony and Taboo: The Perverse Writings of Ka-Tzetnik 135633, in: Dapim: Studies on the Holocaust, 2014/28:1, S. 1-16
Weigand, Friedrich: Von den Schrecken einer Gegenwelt, in: Stuttgarter Zeitung, 2.2.1976
Wein, Rainer: In a Glass Cage, in: Psychic Cinema Nr. 2 / 3, Sommer 1996, S.34 f.
Weiss, Christoph (Hrsg.).: »Der gute Deutsche«. Dokumente zur Diskussion um Steven Spielbergs »Schindlers Liste« in Deutschland, St. Ingbert 1995
Weiss, Ernst: Ich – der Augenzeuge, München [1939 / 1940] 1977
Wenk, Silke: Rhetoriken der Pornografisierung. Rahmungen des Blicks auf die NS-Verbrechen, in: Eschebach, Insa / Jacobeit, Sigrid / Wenke, Silke (Hrsg.): Gedächtnis und Geschlechts. Deutungsmuster in Darstellungen des Nationalsozialistischen Genozids, Frankfurt / New York 2002, S. 269-294
Wetzstein, Thomas A. und Linda Steinmetz, Christa Reis, Roland Eckert: Sadomasochismus: Szenen und Rituale, Reinbek bei Hamburg 1993
Wildmann, Daniel: Begehrte Körper. Konstruktion und Inszenierung des »arischen« Männerkörpers im »Dritten Reich«, Würzburg 1998
Williamson, Gordon: Die SS. Hitlers Instrument der Macht, Klagenfurt 1998
Wilson, Edmund: Auf dem Weg zum Finnischen Bahnhof. Über Geschichte und Geschichtsschreibung, Frankfurt am Main 1974
Witiko, Alexander: Lick My Boots Forever, Dog, in: Splatting Image Nr.26, Juli 1996
ders.: Fleisch aus der Todesfabrik. Schuld und Sühne des Exploitationkinos, in: Splatting Image Nr.27, Oktober 1996, S.19ff.
Williams, Linda: Hard Core: Power, Pleasure, and the Frenzy of the Visible, Berkeley 1989; dt.: Hard Core. Macht, Lust und die Traditionen des pornografischen Films, Basel / Frankfurt am Main [1989] 1995
Witte, Karsten: Fetisch-Messen. Notizen zu Kenneth Anger, in: Frauen und Film, Heft 38, S. 72-78
ders.: Die Körper des Ketzers. Pier Paolo Pasolini, Berlin 1998
ders.: Pasolini. Körper / Orte, in: Medium, Heft 5, S. 33-38
Wood, David (Hrsg.).: Torture Garden. From Bodyshocks to Cybersex. A Photographic Archive of the New Flesh, London 1996, S. 36, 54, 55,

104 und 105
Yule, Andrew: Steven Spielberg. Father of the Man, London 1996
Zimmer, Jacques: Le Cinéma érotique, Paris 1988

Mythos|Moderne
Kulturkritische Schriften
Herausgegeben von Marcus Stiglegger
Eisenhut Verlag

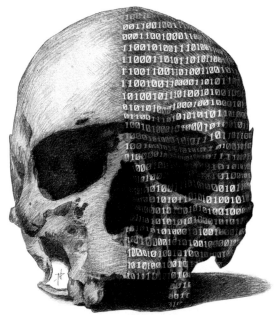

Band 1: Verdichtungen. Zur Ikonologie und Mythologie populärer Kultur (2014) 170 Seiten ISBN 978-3-942090-34-6 € 12,90 Die Studien erkunden den engen Bezug zwischen Mythos und Moderne in Phänomenen der populären Kultur, in Film, Musik und Literatur, und münden in eine Ikonologie und Mythologie populärer Kultur.
Band 3: Auralmythologie (2015) ca. 130 Seiten ISBN 978-3-942090-37-7 € 12,90 Mythische Tendenzen in der Performanz und Selbstdarstellung von Rockbands – über Neurosis, Wolves in the Throne Room, Agalloch und Fields of the Nephilim.
Band 4: Körperpanzer (2015) ca. 130 Seiten ISBN 978-3-942090-38-4 € 12,90 Essay über den faschistischen Männerkörper in der populären Kultur – Kino, Musik und Werbung.

Eric W. Steinhauer: Der Tod liest mit ...
Seuchengeschichtliche Aspekte im Buch- und Bibliothekswesen.

2013, 132 Seiten, € 12,90 ISBN 978-3-942090-27-8 (Bibliotope, herausgegeben von Tobias Wimbauer, Band 12)

Dass es im Buch- und Bibliothekswesen zahlreiche Berührungspunkte zur Seuchengeschichte gibt, ist wenig bekannt. Dabei sind entsprechende Fragestellungen kein skurriler Spleen verstaubter Altbestandsbibliothekare, sondern gestatten gerade aus der Randständigkeit ihres Blickwinkels heraus bestimmte kulturelle Funktionen von Bibliotheken zu erkennen sowie deren mögliche künftige Gestalt zu umreißen. Die vorliegende kleine Untersuchung ist die erste bibliothekarische Seuchengeschichte überhaupt.

Tobias Wimbauer (Hg.): Ernst Jünger in Paris
Ernst Jünger, Sophie Ravoux, die Burgunderszene und eine Hinrichtung

Mit Beiträgen von Felix Johannes Enzian, Henning Ritter, Alexander Rubel, Jörg Sader und Tobias Wimbauer. 2011, 136 Seiten, € 12,90 ISBN 978-3-942090-06-3 (Bibliotope, Band 6)

»Doch will ich Ihnen ein offenes Geständnis machen: ich kann ihn [den Boten] nicht wieder sehen. Warum? Der Grund ist lächerlich: Er hat mich mit lebhafter Eifersucht erfüllt. Und das ist doch wirklich nicht angemessen – ich muss Ihre Gegenwart entbehren und soll dann noch eifersüchtig sein. Nein, schreiben Sie mir auch keine Briefe mehr, senden Sie mir keine Notizbücher – die rote Farbe brennt mich beim Anblicke. Doch wirken Sie für mich als mein guter Geist.« Ernst Jünger an Sophie Ravoux, 10. Januar 1946

EISENHUT VERLAG